MANAGEMENT

FERNANDO TRÍAS DE BES
PHILIP KOTLER

Innovare per vincere

Il metodo A-F:
dalla creatività, al lancio, alla gestione

Rizzoli ETAS

Titolo originale: *Winning at Innovation. The A to F Model*
Traduzione dall'inglese di Roberto Merlini

Fotocomposizione: Studio Norma, Parma

ISBN 978-88-17-05180-4

Prima edizione Rizzoli Etas: ottobre 2011

Ai miei figli, Blanca, Alejo e Gonzalo,
dalla cui infanzia ho imparato tutto quello che c'è da sapere
sulla creatività, l'immaginazione e il pensiero dirompente.

Fernando Trias de Bes

Ai miei due fratelli, Milton e Neil Kotler,
per il gran lavoro in innovazione che hanno portato a termine
nel settore pubblico e nel mondo dei musei.

Philip Kotler

Sommario

Introduzione IX

1 Barriere imprenditoriali all'innovazione 1

PARTE PRIMA

2 Quadro complessivo del modello A-F 17

3 Attivatori 26

4 Browser 46

5 Creatori 76

6 Developer 121

7 Esecutori 137

8 Facilitatori 164

9 I vantaggi di progettare i processi di innovazione con il modello A-F 193

PARTE SECONDA

10 Pianificare l'innovazione 233

11 Parametri 251

12 Come promuovere una cultura creativa 267

13 Incentivi e ricompense 287

Note 297

Ringraziamenti 305

Introduzione

A CHI SI RIVOLGE QUESTO LIBRO

Questo libro si rivolge a coloro che vogliono imparare a trasformare un'organizzazione tradizionale in un'organizzazione innovativa.

È un tema che interesserà i CEO, i direttori generali, gli addetti all'R&D, i professional del marketing e i responsabili dei nuovi prodotti o dell'innovazione. Ma anche chiunque abbia sotto di sé delle persone e voglia più creatività e più innovazione nella loro performance. Il libro è altrettanto utile per gli studenti di amministrazione aziendale o più in generale di management.

L'obiettivo principale di questo lavoro è identificare e definire gli elementi più importanti di un innovation management efficace e creativo. Tenteremo di realizzarlo attraverso il modello A-F, che permette di strutturare e classificare quasi tutte le idee principali sull'innovazione pubblicate negli ultimi anni. *Innovare per vincere* è una preziosa guida all'innovazione, un manuale in cui si possono trovare le teorie, le tecniche e le scoperte più rilevanti in quest'area.

COM'È STRUTTURATO

Per trasformare un'organizzazione tradizionale in un'organizzazione innovativa bisogna lavorare in quattro aree. Queste quattro aree si

FIGURA 0.1 **SISTEMA DI INNOVAZIONE TOTALE**

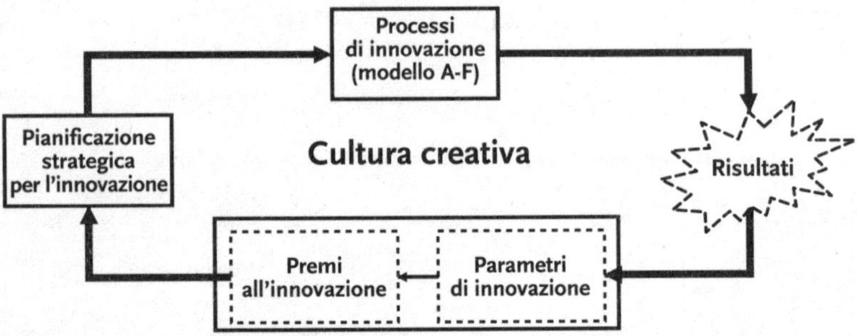

possono paragonare alle quattro gambe di una sedia: se ne manca una, la sedia diventa instabile e rischia addirittura di cadere.

Se i manager vogliono promuovere l'innovazione all'interno della loro azienda, devono gestire simultaneamente le quattro aree. La buona notizia è che esse si alimentano a vicenda, rinforzandosi reciprocamente. È quello che abbiamo chiamato "Sistema di innovazione totale".

La prima area è la pianificazione strategica per l'innovazione, in cui si definiscono le priorità e gli obiettivi, e si garantisce coerenza con la strategia generale, la missione e gli obiettivi. La pianificazione strategica per l'innovazione genera progetti di innovazione. I progetti saranno attuati tramite processi di innovazione. Il processo di innovazione è lo strumento fondamentale per trasformare un'idea in un'innovazione. Dedicheremo una parte consistente del libro al processo di innovazione. Ci sono vari modelli e vari tipi di processo di innovazione. Il più noto è il sistema *stage-gate* (letteralmente: "fase-cancello"). Qui proponiamo uno schema nuovo e diverso, che consentirà alle imprese di progettare flessibilmente i loro processi di innovazione. Lo abbiamo chiamato "modello A-F", e vale per qualunque tipo di impresa, di settore e di innovazione. I progetti di innovazione – nuovi prodotti, nuovi servizi, nuovi processi, nuovi modelli di business –, una volta implementati, producono dei risultati, che possono essere positivi o negativi. I risultati ottenuti si possono e si devono misurare. Come dice T. Davila, "non possiamo immaginare ciò che non possiamo misurare"[1]. I criteri di misurazione dei risultati si chiamano parametri di innovazione e si possono usare, allo stesso tempo, per costruire un sistema premiante che incentiva i manager

FIGURA 0.2 **SISTEMA DI INNOVAZIONE TOTALE E CAPITOLI**

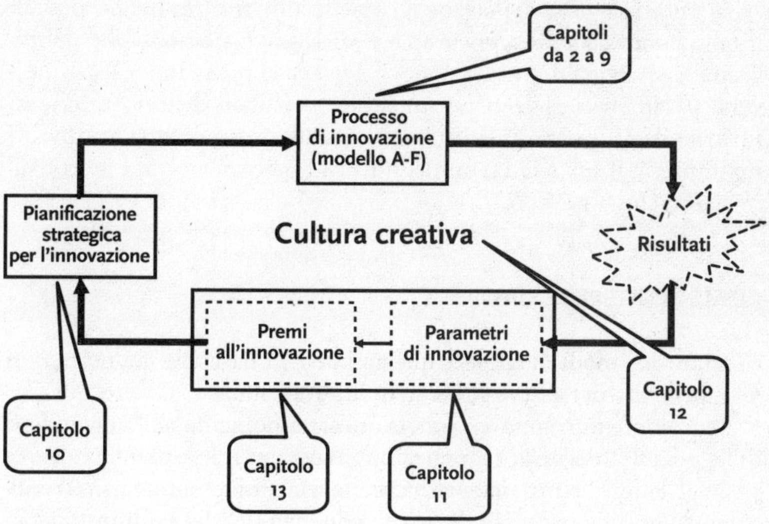

responsabili dell'innovazione. È la terza area: parametri e ricompense. Le tre aree (pianificazione strategica dell'innovazione, processi, parametri/ricompense) si iscrivono in un contesto che prende il nome di cultura creativa (la quarta area), un elemento essenziale se vogliamo che l'innovazione si determini a tutti i livelli dell'azienda, evitando i ghetti dell'innovazione.

Questo libro è organizzato in base al Sistema di innovazione totale. Ma non seguiremo l'ordine del ciclo. Partiremo dai processi, sviluppando e spiegando il nostro modello A-F, il contributo più originale di questo lavoro. Vogliamo partire dai processi anche perché sono l'elemento critico del motore di innovazione. È più facile capire la funzione della pianificazione strategica per l'innovazione, della cultura e dei parametri/ricompense quando il processo di innovazione è del tutto chiaro e si sa come progettarlo.

Nella *Parte prima*, il *capitolo 1* tratta le barriere principali all'innovazione e alla creatività che troviamo all'interno delle imprese. Il *capitolo 2* offre un quadro generale del modello A-F. I *capitoli* da *3* a *8* illustrano uno per uno i sei ruoli del modello A-F: attivatori, browser (navigatori), creatori, developer (sviluppatori), esecutori e facilitatori. Il *capitolo 9* spiega i vantaggi del modello A-F, i nuovi compiti collaborativi che emergono dal modello e come usarlo per progettare processi di innovazione in qualunque tipo di attività o di organizzazione.

La *Parte seconda* (*capitoli 10-13*) copre le altre tre aree del Sistema di innovazione totale: il *capitolo 10* è dedicato agli elementi che definiscono la strategia di innovazione; il *capitolo 11* passa in rassegna i diversi parametri utilizzati per misurare i risultati di innovazione di un'azienda; il *capitolo 12* spiega come instillare una cultura creativa in un'impresa; il *capitolo 13*, infine, illustra i meccanismi per incentivare coloro che innovano.

COME LEGGERE IL LIBRO

Ci sono vari modi di leggere questo libro, in base alle conoscenze e all'esperienza del lettore in tema di innovazione.

Se il lettore non conosce ancora questo argomento, gli suggeriamo di leggere il libro nella sequenza originale, dall'inizio alla fine.

Se il lettore è un manager che ha già implementato nella sua azienda qualche processo di innovazione ma non ha sviluppato le altre aree del Sistema di innovazione totale, potrebbe trovare più utile iniziare dalla *Parte seconda* e poi, se è interessato a un diverso modo di organizzare i processi di innovazione dell'azienda, leggere la *Parte prima* partendo dal *capitolo 9* per passare ai *capitoli* da *3* a *8*.

Se il lettore è già un esperto di innovazione e vuole concentrarsi unicamente sulle novità apportate da questo libro, gli suggeriamo di andare direttamente al *capitolo 9* e poi leggere i paragrafi di suo interesse dei *capitoli* da *3* a *8*.

Vogliamo sottolineare infine che questo libro è un compendio esaustivo di ciò che è stato pubblicato e scritto nella letteratura disponibile sull'innovazione. Molti altri libri sull'innovazione adottano un approccio specialistico: il nostro, crediamo, fornisce la visione progettuale più completa dell'intero processo di innovazione. Se lavorate in un'azienda convinta che le imprese muoiano senza innovazione, e se pensate che la vostra azienda debba costruire una nuova struttura per creare innovazioni di successo, *Innovare per vincere* è il libro giusto per voi.

Il contenuto principale di questo testo non sta in ciascuno degli elementi esaminati e in ognuna delle tecniche descritte, ma nel modo in cui li abbiamo organizzati. Il modello A-F include tecniche che esistono già, alcune recenti e altre consolidate da tempo. Il valore del modello deriva dalle modalità con cui tutte quelle tecniche si possono strutturare, organizzare e usare per progettare processi e modelli flessibili di innovazione.

Noi pensiamo che nell'area dell'innovazione, almeno per quanto riguarda i processi e i modelli, ci fosse un gran bisogno di un modello integrativo, una metodologia in grado di utilizzare le teorie e le tecniche attuali e future.

Questo era il nostro scopo, e abbiamo concepito il modello A-F partendo da quella premessa. Nella nostra concezione, doveva essere un sistema finalizzato a guidare il vostro pensiero innovativo, così come il sistema delle 4 P ha aiutato i professional del marketing a organizzare le loro attività e le loro teorie. Noi speriamo che il modello di innovazione A-F fornisca il quadro di riferimento necessario per costruire una pratica di successo in quell'eccitante area del management che si chiama *innovazione*.

Capitolo 1

Barriere imprenditoriali all'innovazione

IL GAP TRA IL BISOGNO E LA CAPACITÀ DI INNOVARE

Nella realtà imprenditoriale di oggi, l'innovazione come disciplina non ha ancora raggiunto lo stadio di sviluppo in cui può soddisfare la pressante esigenza di innovare. Scopriamo che in molte aziende, per quanto concerne l'innovazione, il bisogno eccede la capacità. Una statistica rivelatrice: benché il 96% dei manager veda nella creatività una parte integrante del proprio lavoro, sorprendentemente, solo il 23% è riuscito a integrarvela sistematicamente[1]. Ma senza creatività non c'è innovazione. E non è l'unica statistica. Varie indagini su come innovano le imprese dimostrano che c'è un vasto consenso sull'esigenza di innovare, ma anche un'estesa insoddisfazione per le modalità con cui viene attuata l'innovazione. I manager sono del tutto consapevoli di questo gap.

> L'innovazione è un processo complicato – difficile da misurare e difficile da gestire. Molti la riconoscono solo quando genera un'impennata nella crescita. Quando i ricavi e gli utili declinano in una fase di recessione, i manager concludono spesso che i loro sforzi di innovazione non sono giustificati. Pensano che forse, dopotutto, l'innovazione non è così importante[2].

> I dirigenti affermano che l'innovazione è molto importante, ma l'approccio delle loro aziende è spesso informale, e i leader non si fidano delle proprie decisioni di innovazione[3].

Qualcosa di simile è accaduto qualche decina di anni fa con il marketing. Quando è stata dimostrata la superiorità del marketing come strumento di management, c'erano pochi professionisti di questo settore in possesso di un'esperienza sufficiente, perché le business school cominciavano allora a inserire il marketing nei loro programmi e ci sarebbe voluto un po' di tempo prima che i neodiplomati entrassero nel mercato del lavoro. E c'erano poche società di consulenza commerciale, a parte il fatto che le aziende non si sentivano del tutto a loro agio nell'esternalizzare una funzione così importante come il marketing. Inoltre, gli uffici marketing nascevano all'interno di quelle che allora si chiamavano direzioni vendite, il che comportava anche una ristrutturazione interna, con tutti i conflitti che ne derivavano.

Analogamente, l'innovazione era sinonimo di innovazione tecnologica, per cui se ne occupavano principalmente la funzione R&D e gli ingegneri.

Oggi sappiamo che questa è una visione troppo limitata delle fonti di innovazione. La *Figura 1.1* mostra un mix eterogeneo di fonti di idee innovative[4].

Inoltre, come vedremo nella dimensione A del modello A-F presentato in questo libro, ci sono tanti altri tipi di innovazione (del mo-

FIGURA 1.1 **FONTI DI IDEE INNOVATIVE**

Il valore delle persone
Fonti più significative di idee innovative
% di rispondenti che hanno selezionato fino a tre opzioni.

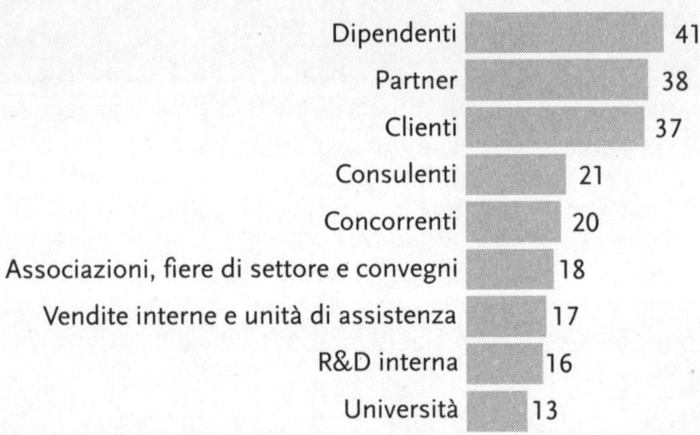

Fonte: IBM, *The Global CEO Study*, 2006.
I dati sono tratti dalle interviste a 765 CEO e leader aziendali.

dello di business, di processo, di mercato, del cliente target ecc.). In molti casi, queste tipologie di innovazione non richiedono una nuova tecnologia, ma nuove modalità di sfruttamento di quelle in essere. Un utilizzatore esemplare di questa filosofia è 3M: con sole 38 tecnologie di base, l'azienda è riuscita a immettere sul mercato 50.000 prodotti e 2.000 brand[5]. ExxonMobil, per fare un altro esempio, ha sviluppato l'apprezzato sistema Speedpass, che consente agli automobilisti di pagare direttamente il rifornimento alla pompa, attraverso l'osservazione dei clienti e l'utilizzo di tecnologie che venivano già applicate ad altri prodotti e ad altri servizi.

Un altro esempio evidente di questa dinamica è che nella classifica delle aziende più innovative del mondo, il Boston Consulting Group (BCG) assegna i punteggi più elevati all'inventiva imprenditoriale in termini di prodotti, esperienza del cliente, modelli di business e processi. Il fatto che la tecnologia rientri o non rientri nell'innovazione è del tutto irrilevante[6].

Quando un'azienda limita il suo approccio all'aspetto tecnologico o al reparto R&D, rinuncia al potenziale creativo dei professional che lavorano in altri reparti. Non fraintendeteci: non stiamo dicendo che l'R&D non dovrebbe innovare o non dovrebbe essere coinvolto nel processo di innovazione. Stiamo dicendo che oltre all'R&D e alla tecnologia, ci sono tanti altri reparti e tanti altri modi di generare innovazione nell'impresa. Il gap tra il bisogno e la limitata capacità di innovare ha a che fare anche con politiche poco lungimiranti che restringono la politica e la strategia di innovazione unicamente ai reparti tecnici.

La conseguenza di una visione limitata di questo tipo è che in molte aziende il management non ha grandi risultati da mostrare per i suoi investimenti in innovazione. Alcuni gruppi dirigenti hanno successo, ma molti altri perdono soldi e arrivano addirittura a mettere a rischio il business. Se non si abbina alla creazione e all'accaparramento di valore, l'innovazione tecnologica non soddisfa i desideri dei clienti ed è destinata perciò al fallimento.

> Le aziende affermano sempre più spesso di aver reso i loro processi di innovazione più focalizzati sul mercato e più customer-driven. Ma i tassi di insuccesso dei nuovi prodotti rimangono elevati in modo inaccettabile, stimati come sono tra il 50% e il 90%[7].

Il scarso sviluppo dell'innovazione come branca del management d'impresa non è l'unico problema. Ci sono altre barriere e altri vincoli di cui tener conto.

PROBLEMA 1: CHE COSA SIGNIFICA VERAMENTE INNOVAZIONE

Quando un'azienda lancia un'innovazione rivoluzionaria o radicale, come ha fatto Apple con l'iPhone o Google con il suo apprezzatissimo motore di ricerca, finisce sulle prime pagine dei giornali e viene portata a esempio sulla stampa e nei convegni. "Questa sì che è innovazione!", esclamano ammirati giornalisti ed esperti. Con il tempo, questi titoli e questi prodotti rivoluzionari finiscono per creare nella nostra mente un'immagine distorta di ciò che significa veramente innovazione. Siamo convinti che l'innovazione sia un nuovo prodotto, un nuovo servizio o un'applicazione che abbaglia il mondo e ridefinisce totalmente le regole del mercato.

È vero che le innovazioni radicali mettono in ombra tutto il resto, ma l'innovazione non si riduce a questo. Anzi, lanciare continuamente innovazioni radicali potrebbe essere controproducente per un'azienda: le grandi innovazioni comportano enormi investimenti, richiedono tempo per generare un profitto e costituiscono inevitabilmente una grossa scommessa[8].

Questo mito dell'innovazione radicale vista come l'unica forma di innovazione, o quantomeno la più visibile o la più riconosciuta, causa tantissimi problemi ai manager. Quando un senior manager pretende più creatività o più innovazione, i dipendenti pensano automaticamente, ed erroneamente, che si chieda loro di ideare qualche prodotto o qualche servizio rivoluzionario. Le conseguenze sono disastrose, perché la pressione che grava sui dipendenti li paralizza del tutto. Proporre un'innovazione radicale è una responsabilità e un rischio e, piuttosto che mettere a repentaglio la carriera, le persone preferiscono non proporre nulla.

In realtà, l'innovazione non è fatta solo di giganteschi balzi in avanti. Anche l'innovazione graduale, che procede passo dopo passo, è innovazione: ed è necessaria quanto o più della versione radicale. È l'innovazione graduale che rende veramente sostenibile un'attività economica. L'innovazione dovrebbe intendersi anche come sviluppo di una cultura innovativa all'interno dell'azienda, una cultura che le consenta di produrre e di portare sul mercato un flusso costante di innovazioni più piccole e incrementali.

È a questo punto, per paradossale che possa apparire, che si determina l'innovazione radicale. È difficilissimo, se non impossibile, per un'azienda lanciare con successo un'innovazione rivoluzionaria senza averne lanciato prima un buon numero di minori. In assenza di questo processo, è improbabile che possa sviluppare la propria cultura dell'innovazione fino a produrre un risultato clamoroso. L'azienda che non ha sviluppato l'abitudine all'innovazione non può pensare di far bene quando deve fare innovazioni straordinarie.

Che l'innovazione graduale o continua, protratta nel tempo, finisca per produrne una radicale è facile da dimostrare. Pensate per esempio all'industria automobilistica. Nei decenni scorsi, l'obiettivo degli ingegneri non era progettare un'automobile completamente nuova. Quasi tutta l'innovazione è stata graduale, e ha preso di mira componenti e aspetti specifici della performance: freni più efficaci, consumi più bassi, maggiore potenza, accelerazione più rapida ecc. Di conseguenza, grazie a tutta una serie di piccole modifiche, se confrontiamo un'auto di oggi con una fabbricata cinquant'anni fa, la differenza è enorme. E ci siamo arrivati passo per passo, e non in un colpo solo.

La soluzione, perciò, non è pensare di creare un'innovazione radicale oggi, ma concepire l'innovazione come una serie di piccoli passi che si susseguono nel tempo per culminare alla fine in un'innovazione radicale.

PROBLEMA 2: L'INCERTA ASSEGNAZIONE DI RESPONSABILITÀ

Chi è responsabile dell'innovazione all'interno dell'azienda? Alla fine del XX secolo essa competeva alla funzione R&D, perché tutti ritenevano sostanzialmente che innovazione significasse progresso tecnologico. Tutte le volte che un'azienda aveva bisogno di un'innovazione non tecnologica, la reazione immediata era affidarne la responsabilità al marketing. Ma gli uffici marketing erano troppo occupati nell'operatività quotidiana. Dovevano dimostrare la propria efficienza nella gestione del prodotto e del brand, il che non comportava necessariamente che fossero pronti a innovare. Per giunta, l'innovation marketing è totalmente diverso dal continuity marketing, dove risiede il vero potenziale degli uffici marketing. Abbiamo assistito quindi a un conflitto tra R&D e marketing, in cui la prima pensava che gli addetti al marketing non fossero in grado di accaparrarsi del valore, e il secondo pensava che gli ingegneri non fossero abbastanza creativi.

> Noi affermiamo che il Product Development (l'R&D) e il Marketing devono diventare partner stretti se l'azienda spera di ottimizzare la propria performance di innovazione. Sfortunatamente, troppo spesso la relazione tra Development e Marketing è mal definita e conflittuale[9].

In certe realtà, l'innovazione era suddivisa tra R&D e marketing, ma restava priva di una direzione strategica. C'era una sorta di cortocircuito tra coloro che avrebbero dovuto sviluppare le innovazioni e il top management che avrebbe dovuto metterle a frutto.

Di conseguenza, come ha osservato il *McKinsey Quarterly*[10], molti dirigenti decidono di procurarsi idee e innovazione da fonti esterne e informali, anziché dalle proprie business unit e dai team interni che loro stessi hanno messo a lavorare in questo campo. Di solito, quando un'impresa esternalizza totalmente la propria innovazione, incontra seri problemi al momento di implementare le innovazioni suggerite da consulenti esterni. Come nel caso dell'impresa che non innova mai e tutt'a un tratto lancia un'innovazione radicale, quando si obbligano dei professional a implementare cambiamenti che non hanno né ideato né approvato, si devono mettere in conto inefficienze ed effetti collaterali controproducenti.

Ma se l'innovazione è fondamentale per la sopravvivenza di un'azienda, perché si rileva questa costante assenza di responsabilità? Un aspetto che differenzia l'innovazione da altre forme di management è che, mentre ai singoli reparti dell'azienda vengono assegnate funzioni chiaramente definite, l'innovazione, così come la concepiamo oggi, si determina a vari livelli senza appartenere a una funzione in particolare. Naturalmente, il marketing deve innovare, ma devono farlo anche le risorse umane e la finanza. E queste funzioni non devono innovare solo al proprio interno, ma anche in un'ottica di mercato e di accaparramento del valore.

Come si dimostra nel libro *Marketing Moves*[11], oggi marketing significa marketing olistico, e il marketing olistico deve permeare l'intera organizzazione. La stessa regola vale per l'innovazione. Un manager finanziario potrebbe scoprire, per esempio, uno strumento di investimento che si traduce in costi più bassi, che si traducono a loro volta in innovazione di prezzo e – perché no? – anche in una nuova linea di prodotti dell'azienda. L'innovazione non è riservata a pochi eletti. È una responsabilità condivisa di tutta l'organizzazione. Tuttavia, sappiamo che quando tutti sono responsabili di qualcosa, nessuno se ne assume effettivamente la responsabilità, e il concetto stesso di responsabilità finisce per annacquarsi.

Il risultato è che l'innovazione, al di là di quella tecnologica, diventa il "figlio di nessuno" dell'azienda, che vaga alla cieca da una funzione all'altra senza sapere bene dove andare. Stando alla McKinsey Global Survey[12], solo il 24% dei leader aziendali fissa dei budget d'innovazione, e solo il 50% di essi decide chi dovrà lavorare sui progetti di innovazione.

Nelle imprese che presentano bassi livelli di innovazione, i livelli di responsabilità sono poco chiari. Per contro, le imprese che fanno meglio in termini di innovazione non hanno questo problema; il ruolo dell'innovazione è ben definito e c'è qualcuno che la dirige; per giunta non dipende né dal marketing né dall'R&D: viene gestita attivamente dall'alto, e finisce per includere varie componenti dell'organizzazione. Per esempio, in Starbucks, Howard Schultz, fondatore e presidente dell'azienda, è colui che dirige l'innovazione strategica e l'espansione del business.

Un'altra opzione – anch'essa molto efficace, come vedremo – è nominare qualcuno responsabile dell'innovazione e dargli una responsabilità a 360 gradi sull'innovazione complessiva dell'azienda; ovviamente in base a un piano approvato in precedenza.

Nelle aziende veramente innovative, l'innovazione non viene collocata in un ambito specifico, ma si determina contestualmente a vari livelli dell'organizzazione. Non è questione di funzioni, ma di persone; persone specifiche che potrebbero operare ovunque, anche al di fuori dell'organizzazione. Chiariremo ulteriormente questo punto più avanti, quando parleremo del modello di innovazione aperta.

Il fatto che l'innovazione sia diffusa all'interno dell'organizzazione non implica che vi sia confusione o caos. In Google innovano tutti e i processi sono perfettamente ordinati e definiti. Quando un'azienda innova a tutti i livelli, ci sono responsabilità ben precise anche a tutti i livelli e in tutte le fasi del processo di innovazione.

Alcune aziende si spingono ancora più avanti, importando consiglieri esterni. Siamo passati dall'innovazione chiusa (limitata al laboratorio o alla funzione R&D) a quella collaborativa (in cui tutti i membri dell'organizzazione vengono invitati a suggerire idee), a quella aperta (in cui persone provenienti dall'esterno vengono coinvolte nei processi di innovazione)[13].

PROBLEMA 3: CONFONDERE L'INNOVAZIONE CON LA CREATIVITÀ

Il terzo elemento che ostacola lo sviluppo dell'innovazione nel business è la diffusa confusione che circonda l'innovazione applicata e la creatività. Ci sono dei casi in cui un'idea ricca di potenziale gira anni all'interno dell'organizzazione e non si concretizza mai perché non c'è nessuno che si prende la responsabilità di gestirla.

Può accadere anche l'opposto: le grandi idee, lasciate a se stesse, possono rivelarsi dannose per un'azienda. In un articolo pubblicato nella *Harvard Business Review*[14], Theodore Levitt spiega che la creatività non abbinata a un'adeguata gestione dell'innovazione può portare alla morte un business o un'impresa. Il messaggio è chiaro: la creatività, le idee e le nuove tecnologie, di per se stesse, non sono in grado di produrre il risultato. Il processo di innovazione deve avere persone che lo gestiscono; occorrono nuove competenze, più legate alla gestione del business, per portare con successo l'idea sul mercato.

Molti manager accusano le loro aziende di non avere talento creativo. Il problema di queste organizzazioni non è tanto la carenza di persone abbastanza creative, ma la mancanza di un management funzionale delle idee. Non hanno abbastanza innovazione o abbastanza innovation management, perché confondono la creatività con l'innovazione. Non c'è carenza di persone creative; ciò che serve di più sono i gestori dell'innovazione. 3M lo sa molto bene, e per evitare questo problema ha introdotto un sistema denominato *dual ladder* ("doppia carriera") che lascia i dipendenti liberi di scegliere tra una carriera tecnica e una manageriale. Quale che sia il percorso prescelto, le opportunità di promozione e i livelli di responsabilità sono gli stessi. 3M non cerca di trasformare i ricercatori in manager, ma ognuno svolge il proprio ruolo perché entrambi sono essenziali per il buon funzionamento dell'innovazione. In IBM, per esempio, alcuni dei migliori talenti, al top della carriera, non vengono assegnati alla preservazione di business maturi ma alla trasformazione di nuove idee in profitti, ossia allo sviluppo di nuove linee di business.

Una chiara dimostrazione della diffusa confusione tra creatività e innovazione è il fatto che le imprese investono pesantemente in creatività a spese dell'innovazione: si dedicano molte più risorse alla formazione sulle tecniche creative che allo sviluppo di funzioni innovative. Le aziende ritengono che se i dipendenti operano in modo più creativo, se promuovono la creatività, prima o poi essa si trasformerà in maggiore innovazione. Ma non è detto che sia così.

È vero che la creatività – il dono più tipico degli esseri umani – quando viene applicata al business induce innovazione. Ma un'organizzazione piena di persone creative non è necessariamente un'organizzazione innovativa. Come osserva Theodore Levitt nell'articolo citato in precedenza, ciò potrebbe essere addirittura controproducente.

In effetti, le imprese che ricercano esclusivamente la creatività nel personale con l'obiettivo di promuovere l'innovazione si sottraggono alle loro responsabilità. Preferiscono che sia l'organizzazione a proporre le idee e il management decidere se accettarle o rifiutarle. Ma avere successo in questo modo è solo casuale. L'innovazione richiede persone creative, ma comporta anche la determinazione di obiettivi chiari per l'innovazione, la definizione di strategie, l'identificazione delle risorse e dei rischi, l'allocazione delle responsabilità, e soprattutto una chiara delimitazione e specificazione dei processi di innovazione con la designazione di un responsabile per ogni singola area.

Le aziende che confondono la creatività con l'innovazione, e sono in tante a farlo, finiscono per scoprire che tale confusione non è solo un freno alla produttività, ma può diventare addirittura controproducente. I dipendenti propongono idee e, per la mancanza di regole chiare su che cosa farne, esse appassiscono prima di arrivare da qualche parte. Di conseguenza, le persone si sentono demotivate e smettono di suggerire nuove idee. Incoraggiarle a rifarlo sarà molto più difficile.

PROBLEMA 4: MANCANZA DI UN QUADRO DI RIFERIMENTO

Ci sono vari aspetti dell'innovazione che la rendono totalmente diversa da qualunque altra componente del management aziendale. Le imprese devono operare efficientemente giorno per giorno per restare profittevoli e generare flussi di cassa. Nel frattempo, in previsione di un futuro incerto, devono innovare per prevenire il cambiamento e mantenere la leadership di settore. Queste esigenze possono essere un po' contraddittorie. Il cambiamento contrasta con l'efficienza. È molto difficile domandarsi come fare le cose in un altro modo mentre le si fanno. Come recita la canzone di John Lennon, "la vita è ciò che ti accade mentre sei occupato a fare altri piani". Non è sempre facile modificare il proprio modo di operare mentre si lavora. In realtà è quasi impossibile. Dobbiamo fermarci, riflettere sul modo in cui lavoriamo e poi modificarlo. Nel management dominano l'efficacia e l'efficienza. In azienda, il nostro lavoro non è modificare ciò che facciamo, ma farlo nel modo giusto.

In secondo luogo, l'innovazione comporta spesso la modifica di qualcosa che, almeno per il momento, funziona. Se un'azienda lancia un'innovazione per sostituire un prodotto o un servizio che funziona ancora bene, sacrifica la possibilità di continuare a sfruttare l'investimento effettuato originariamente in quel prodotto o in quel servizio. Per contro se, allo scopo di massimizzare il profitto sul portafoglio di prodotti in essere, l'azienda non innova, la concorrenza potrebbe approfittarne e a quel punto sarebbe troppo tardi per rimediare. Le persone che dovrebbero apportare dei cambiamenti a ciò che funziona sono impegnate a portare avanti la routine quotidiana, e nessuno sa quand'è il momento giusto per modificare delle regole che stanno ancora producendo ritorni soddisfacenti.

Quando c'è di mezzo l'innovazione, le imprese non possono rifarsi a un quadro di riferimento manageriale o operativo generalmente accettato. Non è così per altre discipline, che dispongono di reparti ben definiti, metodologie consolidate e strumenti affidabili. Per esempio, tutti i manager sanno che nel marketing si deve segmentare il mercato, definire il posizionamento dei marchi e commercializzare i prodotti in base alle celebri 4 P. Nella finanza, qualunque manager conosce gli strumenti principali della funzione: il conto economico, lo stato patrimoniale e l'analisi del cash flow. E nell'innovazione? Secondo il *Marketing Week*[15], il 44% dei leader aziendali ammette di non sapere di quali strumenti ha bisogno per introdurre creatività e innovazione nelle proprie organizzazioni.

Ci sono molte ricerche e molte pubblicazioni sul tema dell'innovazione ma, nonostante i progressi compiuti in questa direzione, non abbiamo ancora una teoria esauriente, unitaria e universalmente accettata in materia. Ci sono libri che offrono idee utili sulle tecniche creative, sui processi di innovazione, su ciò che fa questa o quell'azienda, su come sviluppare una cultura innovativa e così via. E tutta questa letteratura è piena di dati interessanti, di cui vale certamente la pena tener conto. Per il manager alla ricerca di uno schema operativo unitario, però, non c'è nessun articolo o nessun libro in grado di fornire tutte le risposte. L'innovazione sta muovendo i primi passi come componente del management e, anche se stiamo imparando sempre più cose sul suo conto, non c'è ancora un vasto consenso sui processi e gli strumenti da impiegare, o sul quadro di riferimento generale su cui basarsi.

Nella prima parte di questo libro presentiamo il modello A-F per l'innovazione. È un modello completo che si può applicare a tutti gli sviluppi passati e futuri dell'innovazione di business e di mercato. Non sappiamo se il modello verrà usato dai manager, ma abbiamo cercato di renderlo esaustivo, così come lo erano a suo tempo le 4 P.

PROBLEMA 5: MANCANZA DI CONTROLLO

Logicamente, questo problema è una conseguenza diretta di ciò che abbiamo detto nel paragrafo precedente. Se la funzione dell'innovazione non è ben definita, se non c'è consenso sul quadro di riferimento per il management e se la responsabilità per l'innovazione non è radicata e correttamente allocata, perderete il controllo dei vostri processi di innovazione. Nello studio di McKinsey citato in precedenza[16], la maggior parte delle aziende non aveva un management coerente e centralizzato in grado di assicurare il monitoraggio dell'innovazione nelle proprie business unit. Per esempio, solo il 34% dei top manager – e solo il 22% degli altri manager – afferma che l'innovazione fa parte della propria agenda lavorativa.

Questa situazione non si modificherà finché l'innovazione non verrà considerata un'area del management operativo. A quel punto, il problema del controllo verrà meno. Quando si assegnano delle responsabilità per l'innovazione, il controllo diventa possibile.

In un'intervista, A.G. Lafley – CEO di Procter & Gamble dal 2000 al 2008 – ha detto: "Noi consideriamo l'innovazione un processo creativo e non lineare. Ma ciò non significa che non sia gestibile. In Procter & Gamble riusciamo a gestire l'innovazione perché abbiamo una definizione chiara di questo concetto"[17].

Nel *Capitolo 11*, sui parametri di innovazione, presentiamo una serie di idee stimolanti su come misurare e monitorare gli sforzi di innovazione di un'azienda. Analogamente, il nostro modello A-F mira ad acquisire il controllo completo dei processi di innovazione di un'impresa, dalla generazione dell'idea all'esecuzione, al feedback e al controllo.

PROBLEMA 6: MANCANZA DI COORDINAMENTO

La mancanza di coordinamento tra i reparti è considerata una delle barriere principali all'innovazione[18]. Ma la collaborazione va oltre l'abbattimento dei compartimenti stagni e delle barriere che separano i reparti. Implica la creazione di flussi informativi e di spazi fisici per la collaborazione. Le imprese innovative creano culture dell'innovazione.

Ci sono due tipi di mancanza di coordinamento: orizzontale e verticale.

Mancanza di coordinamento orizzontale

Per coordinamento orizzontale intendiamo il coordinamento tra reparti, tra soggetti di livello equivalente all'interno della catena di comando. Non intendiamo tanto la classica mancanza di coordinamento o il classico conflitto di interesse tra R&D e marketing che abbiamo menzionato prima, quanto il disallineamento fra tutti i reparti di un'azienda in generale. Secondo il professor Robert Shaw, autore del rapporto *Return on Ideas*[19], la creatività è per lo più limitata al marketing, e quindi sollecita una maggiore cooperazione interfunzionale: "Se tutti hanno un interesse concreto a come vengono usate, finanziariamente e operativamente, le idee, i pensieri creativi prevalgono sulle idee; diventano strategie", spiega.

Il problema potrebbe non essere la mancanza di coordinamento, ma l'incapacità di coinvolgere fin dall'inizio nei processi ideativi le funzioni che entreranno in gioco in una fase successiva. C'è una chiara tendenza a isolare certe funzioni dai progetti di innovazione, anche quando le aziende sono consapevoli degli impatti negativi di questa prassi.

Mancanza di coordinamento verticale

Non meno importante è il coordinamento verticale, ossia il coordinamento fra il top management, la direzione generale e il resto dell'organizzazione. Questa discrasia si crea di solito tra politiche generali di business e politiche di innovazione. Gli obiettivi strategici o il livello di rischio accettabile delle aziende sono spesso fuori linea rispetto alle innovazioni che provengono dall'R&D e dal marketing. Succede spesso che venga fatta la proposta di lanciare nuovi prodotti che il management non è disposto a finanziare o che comportano un rischio maggiore di quello che si è disposti ad assumere. In altri casi, il management accetta un'innovazione, ma solo in via sperimentale. Tuttavia, poiché l'impegno del management è ridotto, l'innovazione non ottiene un appoggio sufficiente e la sua esecuzione si rivela disastrosa. Lo squilibrio tra gli obiettivi dell'azienda e quelli dell'innovazione è una fonte inesauribile di problemi nell'implementazione delle innovazioni.

PROBLEMA 7: MANCANZA DI FOCALIZZAZIONE SUL CLIENTE

Qual è la differenza tra un'idea e un'innovazione? L'innovazione fa aumentare il valore per il cliente.

Questo è un punto nodale. Oggi è impossibile innovare se non si tiene d'occhio il cliente finale. L'innovazione reale, prima o poi, deve essere accettata dal cliente finale, che dovrà decidersi a passare da un servizio all'altro o da un prodotto all'altro. Questo passaggio implica uno sforzo che il cliente farà solo se ne ricava un beneficio evidente e superiore.

Molte innovazioni recenti sono state il risultato dell'osservazione del cliente. E non ci riferiamo alla ricerca di mercato, ma a metodi moderni in cui, attraverso l'interazione con i clienti o l'osservazione del loro comportamento, le imprese sono state ispirate da idee che gli stessi clienti non sarebbero mai stati in grado di formulare compiutamente. È quello che definiamo studio etnografico, il cui obiettivo è "entrare" nella prospettiva del consumatore. 3M ha avuto l'idea di Post-it Picture Paper (una carta fotografica per stampanti inkjet con un lato adesivo riposizionabile, *n.d.r.*) osservando come gli utilizzatori dei Post-it più evoluti tecnologicamente preferivano utilizzare il laptop, i telefoni cellulari o il BlackBerry per spedire foto digitali[20].

Il brainstorming come tecnica per la generazione di idee sta lasciando il posto alle tecniche etnografiche, che sono molto più produttive e più vicine alle realtà del mercato. L'innovazione che parte da una comprensione del comportamento abituale dei clienti finali ha molte più probabilità di successo.

Notate che non stiamo parlando del mantra di marketing "Soddisfare i bisogni dei clienti", ma di qualcosa di più profondo. Si tratta di migliorare la vita dei clienti osservandone i comportamenti e immaginando soluzioni che potrebbero aiutarli a risolvere dei problemi. Ci occuperemo della generazione di nuove idee, una forma di creatività, in uno dei capitoli successivi.

PARTE PRIMA

Capitolo 2

Quadro complessivo del modello A-F

In questa parte presentiamo il nostro modello A-F. Esso è il prodotto dell'analisi da noi effettuata su tutta una serie di aziende che consideriamo innovative o che ottengono buoni risultati dal tempo e dalle risorse investite in innovazione: Apple, Google, Netflix, 3M, Procter & Gamble, General Electric, BMW, Frito Lay, IBM, Toyota, Southwest Airlines, Starbucks, Microsoft, Tesco, Royal Dutch/Shell, Wal-Mart, Exxon, Ikea, Ericsson, Nokia e Corning sono le principali.

Il modello A-F mira a superare le barriere all'innovazione identificate nel *Capitolo 1*. Abbiamo cercato di renderlo flessibile, applicabile a qualunque business, e abbastanza esauriente da adattarsi a qualsiasi pratica passata o futura che coinvolga l'innovazione.

PERCHÉ LE ORGANIZZAZIONI HANNO BISOGNO DI PROCESSI?

Dobbiamo preliminarmente ricordare che le persone sono per natura avverse al cambiamento: di solito il cambiamento è considerato fonte di sforzi aggiuntivi e di maggior rischio nel nostro lavoro. Chi lavora in azienda, e ha già abbastanza da fare per svolgere adeguatamente i suoi compiti, si domanda: perché fare quello sforzo extra? Perché affrontare un rischio addizionale? Gli esseri umani vedono nel cambiamento una cosa da evitare, che non apporta alcun beneficio, quantomeno nel breve termine. Di conseguenza, nelle organizzazioni e nel mondo in generale, l'inerzia e il desiderio di preservare lo *status quo* ostacolano l'innovazione e il progresso.

Le implicazioni per l'impresa sono chiare. Se nessuno ha il compito di attivare certe dinamiche, di avviare i processi di cambiamento e innovazione, coloro che gestiscono l'operatività quotidiana rimangono focalizzati sulla propria routine. È un fattore importante nel mondo del business e spiega perché le aziende innovative sono una minoranza. Nelle organizzazioni, l'efficienza conta più di tutto il resto. Le aziende hanno come fine il profitto, perciò sviluppano processi e commercializzano prodotti e servizi che si vendono immediatamente. Si concentrano su ciò che funziona. Praticamente tutti i compiti, da quelli che svolge un operaio alla catena di montaggio a quelli di un venditore, sono governati da un certo numero di regole. La persona viene istruita su come, dove e quando fare che cosa. Più si opera all'interno delle regole, all'interno del sistema operativo progettato dall'azienda, e maggiore è l'efficienza. Nel breve termine, perciò, l'impresa non ha nulla da guadagnare dal cambiamento; anzi trae beneficio dalle regole, dalle routine e dai processi che funzionano bene e generano profitti di giorno in giorno.

Strategos, la società di consulenza di Gary Hamel, ha pubblicato nel 2004 un'indagine condotta tra i senior manager per identificare le barriere principali all'innovazione efficace. Il fattore principale, con il 63% delle citazioni, era "la focalizzazione sul breve termine e sull'operatività quotidiana"[1].

Come sanno tutti, però, la stabilità e la certezza non esistono. Tutto è in costante divenire e questa dinamica evolutiva è sempre più rapida. Anche la competizione globale sta diventando sempre più intensa. L'ambiente si modifica a una velocità incredibile grazie soprattutto ai progressi tecnologici e ai flussi di capitale. Il risultato è che l'efficienza di oggi verrà ben presto a cessare, per cui le imprese devono riconciliare efficienza quotidiana e preservazione delle regole e dei sistemi operativi in essere con processi di cambiamento, miglioramento e innovazione.

Siamo di fronte a un paradosso assoluto. L'azienda guadagna se è efficiente, se applica regole coerenti con i suoi piani, evitando per quanto possibile tutto ciò che non si può gestire razionalmente. Ma con il passare del tempo potrà mantenere i suoi profitti solo se sarà in grado di adattarsi al cambiamento e di guidare l'innovazione nel proprio settore e nel proprio mercato.

La sfida dell'innovazione e la chiave per attuarla stanno nella capacità di riconciliare questi due compiti apparentemente in contraddizione tra loro.

IL PROCESSO DI INNOVAZIONE COME SOLUZIONE

Il fatto che l'innovazione si deve ottenere attraverso processi e progetti indipendenti è la conseguenza naturale di questo duplice obiettivo apparentemente contraddittorio: restare efficienti mentre pensiamo di modificare ciò che funziona oggi. Per modificare il modo in cui lavorano, le persone devono staccarsi dall'operatività, fare un passo indietro, riflettere, ripensare le ipotesi, esaminare e confrontare il modo di operare di altre organizzazioni, immaginare nuove possibilità, valutarle, progettarle, affinarle e testarle, per poi estenderle al resto dell'organizzazione in quanto attività che si possono e si devono adottare come standard e si devono accettare come nuove routine.

È meglio lasciare una persona a seguire la routine efficiente e incaricarne una seconda di svilupparne un'altra più efficiente. Nelle best practice delle imprese più innovative del mondo, le persone che vengono incaricate di svolgere un compito particolarmente legato all'innovazione vengono distolte, totalmente o parzialmente, dall'operatività quotidiana. Lo ripetiamo: è impossibile, e addirittura controproducente, chiedere a qualcuno di tentare di modificare il modo in cui si svolge un determinato lavoro pretendendo nel contempo che lo svolga in modo efficiente.

I progetti di innovazione modificheranno le routine e le regole dell'azienda, se si può definire routine un prodotto, un servizio, un approccio commerciale, un sistema logistico o un metodo di produzione.

L'INNOVAZIONE CONTINUA COME SOMMA DI PROGETTI

I progetti di innovazione hanno una data di inizio e una data di termine, ricevono in dote determinate risorse, gestite dal team di progetto, hanno obiettivi definiti e una o più persone responsabili dei risultati. Ma l'attività innovativa dev'essere continua e costante nelle imprese. Diciamo perciò che un'azienda è innovativa quando è in grado di combinare processi indipendenti di innovazione, oltre ad avviarli e a portarli a termine regolarmente.

Diciamo che l'innovazione è un'attività continua composta da compiti discontinui, ossia i processi[2]. I processi di innovazione vengono studiati per realizzare dei progetti. Sono compiti specifici da portare a termine entro un periodo ben preciso. Un processo di innovazione che va avanti all'infinito può solo generare costi, e non può mai diventare una fonte di reddito. I processi di innovazione devono avere una scadenza. Quando arriva la scadenza, il processo dev'essere completato e se ne devono avviare altri. Le aziende innovative hanno costantemente in corso vari processi di innovazione. Ne implementano continuamente di nuovi e abbandonano quelli che hanno o non hanno raggiunto i propri obiettivi. Analogamente, i loro processi di innovazione si determinano a tutti i livelli, e gli obiettivi vanno dall'introduzione di miglioramenti marginali al lancio di un prodotto o di un servizio radicalmente nuovo. È il sistema utilizzato dalla maggior parte delle organizzazioni, quale che sia la loro natura, per innovare.

IL PROCESSO DI INNOVAZIONE: RUOLI VS FASI

Il fatto che i progetti di innovazione si realizzino attraverso processi ha costretto gli esperti a cercare di capire come questi ultimi si dovrebbero configurare. Praticamente tutte le settimane esce un nuovo libro che descrive un nuovo processo di innovazione, e tutti hanno i loro punti di forza e i loro punti deboli.

Un processo è un insieme di compiti sequenziali nel tempo. Ciò ha portato alla conclusione che per innovare dobbiamo necessariamente far passare un progetto attraverso un certo numero di fasi. C'è differenza di opinioni tra gli autori sul numero delle fasi prescritte.

Molti dei processi di innovazione presentati in questi libri vengono illustrati con un diagramma simile a quello della *Figura 2.1*.

Di solito si trovano anche dei disegni che ricordano da vicino le linee di produzione, nastro trasportatore incluso, e vorrebbero comunicare visivamente l'idea che il processo di innovazione è molto simile a una macchina per la fabbricazione delle salsicce. Procedendo passo per passo, se introduciamo le idee da una parte, dall'altra usciranno prodotti e servizi utili. In questo senso, alcuni autori affronta-

FIGURA 2.1 **FASI DEL PROCESSO DI INNOVAZIONE**

Obiettivi → Ricerca → Idee → Valutazione → Sviluppo → Lancio

no i processi di innovazione come se stessero scrivendo un libro di cucina o un manuale di istruzioni.

Il fatto che le cose non stanno così è la ragione più probabile per cui appare regolarmente ogni settimana un nuovo metodo, un nuovo processo di innovazione.

Secondo noi, in realtà, gli stadi o le fasi di un processo di innovazione debbono essere il risultato dell'interazione tra i soggetti coinvolti. Certo, ogni singola innovazione, in base agli obiettivi e alla natura del progetto, richiederà un processo *ad hoc* e una sequenza specifica. Per esempio, le fasi da seguire per migliorare un motore sono completamente diverse da quelle per migliorare la qualità di un tessuto.

L'idea principale che sta alla base di questo libro è la seguente: le fasi o gli stadi di un processo di innovazione non possono essere predeterminati, ma devono emergere come risultato dell'interazione di una serie di funzioni e di ruoli, ricoperti da determinati individui.

Di conseguenza, anziché avere un processo che dovrebbe essere seguito da certe persone, abbiamo un gruppo di persone che sviluppano un processo attraverso l'interazione spontanea e la soddisfazione di bisogni specifici per tutta la durata del progetto. In altre parole, nei processi tradizionali di innovazione sono gli stadi o le fasi a determinare le persone di cui avremo bisogno; nell'approccio che suggeriamo noi, i ruoli vengono prima e il processo di innovazione è un risultato della loro interazione.

Noi crediamo che questo approccio sia più appropriato perché, come abbiamo spiegato, i processi di innovazione non si possono parametrizzare. La creatività richiede il pensiero analogico e non quello sequenziale e la stessa cosa fa l'innovazione, che non è altro che creatività applicata a una determinata disciplina. L'innovazione richiede un continuo "andare e venire": bisogna tornare sulla stessa idea, scartarla, riprenderla, rivederla, andare alla ricerca di maggiori informazioni, progettare, rendersi conto che quel progetto non è ottimale e che si deve ripartire dall'inizio. L'innovazione non è un processo lineare: è un processo che avanza, ma con tanti arretramenti e tante deviazioni.

Il modello A-F che presentiamo qui non è dunque un processo di innovazione, ma l'elenco dei ruoli principali da noi identificati nelle aziende che negli ultimi anni hanno esibito le best practice di innovazione. La nostra tesi è che, se un'azienda vuole innovare, deve definire questi ruoli e assegnarli a persone specifiche e poi – dopo aver identificato degli obiettivi, delle risorse e una scadenza – deve lasciarle interagire liberamente affinché possano creare un loro processo.

I ruoli che abbiamo identificato sono:

A) **attivatori**: sono i soggetti che avviano il processo di innovazione, senza preoccuparsi degli stadi o delle fasi. Alla fine, ma non necessariamente, potrebbero influenzare le componenti del team di innovazione (chi andrà ad assumere quali ruoli). In sostanza, la loro missione è **iniziare** il processo;

B) **browser (navigatori)**: sono gli esperti di ricerca delle informazioni. Il loro compito non è produrre qualcosa di nuovo, ma fornire informazioni al gruppo. La loro missione è **investigare** per tutta la durata del processo e scoprire le informazioni rilevanti sia per l'avvio del processo sia per l'applicazione di nuove idee;

C) **creatori**: sono le persone che producono idee per il resto del team. La loro funzione è **ideare** nuovi concetti e nuove possibilità e ricercare nuove soluzioni in tutte le fasi del processo;

D) **developer (sviluppatori)**: sono persone specializzate nel trasformare le idee in prodotti e servizi; sono coloro che "rendono tangibili" le idee, danno forma ai concetti e abbozzano un piano di marketing; i creatori escogitano delle idee, gli sviluppatori inventano delle cose. La loro funzione è prendere delle idee e trasformarle in soluzioni, ossia **inventare**;

E) **esecutori**: questi soggetti si prendono cura di tutto ciò che ha a che fare con l'implementazione e l'esecuzione. La loro funzione è **implementare**, ossia portare l'innovazione in corso nell'organizzazione e sul mercato;

F) **facilitatori**: sono coloro che approvano le nuove spese e i nuovi investimenti necessari per fare avanzare il processo di innovazione. Queste persone devono anche evitare che il processo si blocchi. La loro missione è **aiutare** il processo di innovazione.

A ognuno di questi ruoli è dedicato un intero capitolo che descrive non solo il tipo di profilo e di competenze che devono avere, ma anche gli strumenti più efficaci e più recenti a disposizione per aiutarli a ricoprire adeguatamente le loro funzioni.

DINAMICHE

Come abbiamo detto, il processo di innovazione prenderà forma in base all'interazione fra tutti questi ruoli. Vediamo ora due esempi di processi di innovazione totalmente diversi, progettati per le sei funzioni illustrate in precedenza.

Esempio 1
A-B-C-A-F-D-B-D-F-E-C-E
Descrizione: gli Attivatori chiedono informazioni ai Browser, che forniscono i risultati della loro ricerca ai Creatori. Questi ultimi tornano dagli Attivatori per esaminare nuove idee che non erano state prese in considerazione all'inizio del processo. Gli Attivatori le approvano e chiedono ai Facilitatori una valutazione e risorse aggiuntive. A questo punto, i Developer cominciano a lavorare sulla traduzione dell'idea in valore e si rendono conto di aver bisogno di ulteriori informazioni sul mercato, perciò chiedono ai Browser un'apposita ricerca di mercato. I Browser passano le informazioni così ottenute ai Developer, che sottopongono un prototipo ai Facilitatori, i quali approvano il budget per dare l'avvio alla produzione. Gli Esecutori iniziano a lavorare sul lancio e sul marketing del nuovo prodotto. Si rendono conto che richiede nuove idee di marketing, e chiedono nuovamente l'aiuto dei Creatori per ideare modalità alternative di vendita. I Creatori propongono una serie di idee di marketing, tra cui gli Esecutori scelgono la migliore prima di procedere al lancio definitivo.

Esempio 2
A-D-E
Descrizione: un'altra azienda non ha bisogno dell'aiuto nei Browser o dei Creatori, perché ha già individuato all'estero un prodotto che intende commercializzare nel suo paese. Il nuovo prodotto ha solo bisogno di un minimo adattamento. In questo caso, gli Attivatori passano il progetto ai Developer, che adattano il prodotto al mercato locale e poi lo trasferiscono agli Esecutori per il lancio, senza che si debbano approvare risorse aggiuntive, e quindi senza bisogno di coinvolgere i Facilitatori.

FIGURA 2.2 **MODELLO A-F**

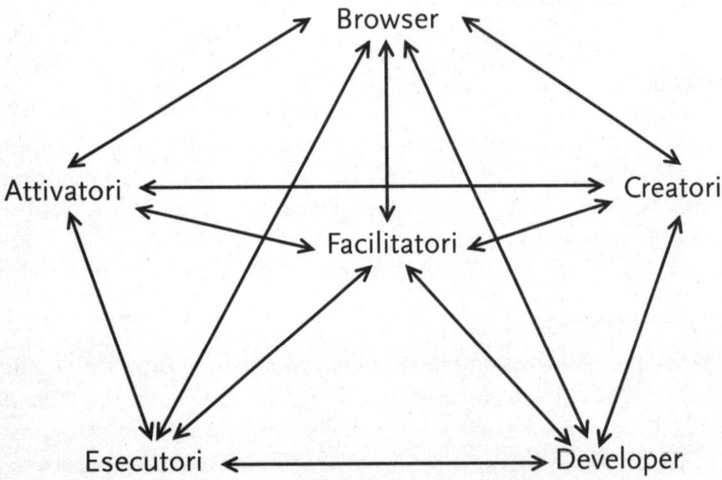

La *Figura 2.2* mostra i sei ruoli da A a F e le loro interazioni. La *Figura 2.3* mostra le corrispondenti sei I dell'innovazione.

FIGURA 2.3 **LE SEI I DELL'INNOVAZIONE**

Ruoli A-F		**Le sei I dell'innovazione**
Attivatori	→	Iniziare
Browser	→	Informare
Creatori	→	Ideare
Developer	→	Inventare
Esecutori	→	Implementare
Facilitatori	→	Intervenire

FIGURA 2.4 **SISTEMA DI INNOVAZIONE TOTALE E MODELLO A-F**

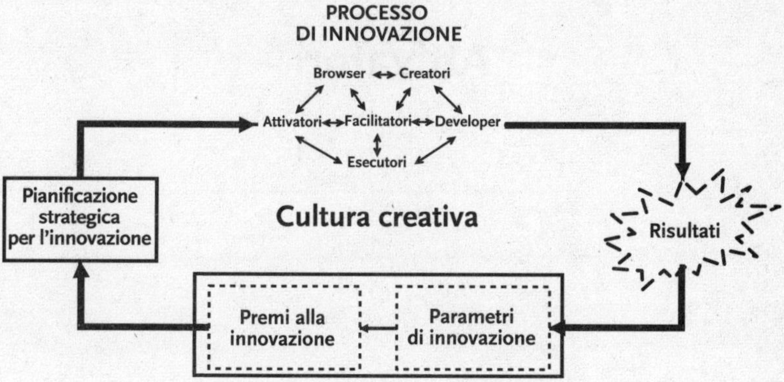

Adesso possiamo esaminare il Sistema di innovazione totale che include il nostro modello A-F (*Figura 2.4*).

Negli altri capitoli di questa parte (i *Capitoli 3-8*), analizzeremo più approfonditamente i sei ruoli che compongono questo modello.

Capitolo 3

Attivatori

Partiamo dal primo ruolo del nostro modello, quello degli attivatori. Il loro ruolo è strettamente legato alla pianificazione e alla strategia dell'innovazione. Introdurremo perciò in questo capitolo alcuni elementi che verranno pienamente sviluppati nel *Capitolo 10*.

CHE COS'È UN ATTIVATORE E PERCHÉ OCCORRE

L'attivatore è la persona o il meccanismo che avvia i processi di innovazione all'interno di un'organizzazione.

Analizzando i processi di innovazione delle imprese più all'avanguardia sotto questo profilo, abbiamo riscontrato costantemente la presenza di un attivatore di innovazione. L'attivatore di innovazione è un motore la cui funzione è elevare l'azienda al di sopra della sua routine e indurla a prendere distanze dalla quotidianità e a modificare ciò che funziona oggi, anche quando non c'è un bisogno immediato di un cambiamento.

Quando l'obiettivo è l'efficienza, le persone vanno supervisionate. Quando l'obiettivo è l'innovazione, le persone vanno "provocate". Ecco una verità ineludibile: i processi di innovazione non possono determinarsi in un'organizzazione se non c'è qualcuno (o qualcosa) che li avvia.

Tutte le aziende devono identificare i propri attivatori di innovazione, non solo perché il processo di innovazione si metta in moto, ma anche perché l'attività innovativa prosegua nel tempo.

FIGURA 3.1 **COORDINAMENTO TRA PIANIFICAZIONE STRATEGICA PER L'INNOVAZIONE E ATTIVATORI**

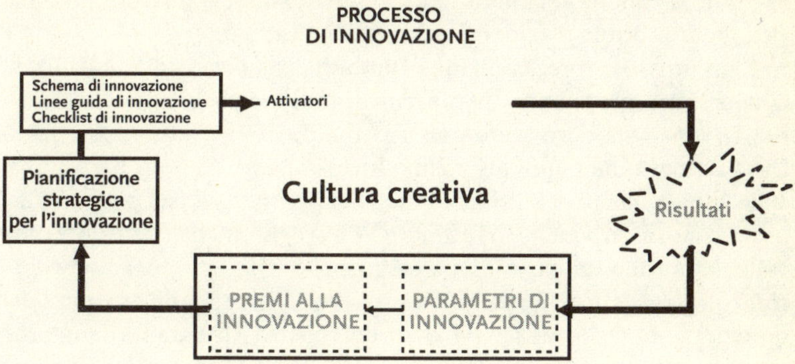

PREREQUISITI PER GLI ATTIVATORI

Prima di descrivere le tipologie di attivatori che un'azienda dovrebbe ricercare, identifichiamo tre prerequisiti che sono critici per l'efficacia del processo: lo *schema di innovazione*, le *linee guida di innovazione* e la *checklist di innovazione*. I tre prerequisiti devono emanare dal top management ed essere trasferiti agli attivatori, che devono incorporarli nel processo e comunicarli a tutti i soggetti coinvolti.

Questi prerequisiti sono piuttosto simili a un brief di innovazione e vengono generati nel processo di pianificazione dell'innovazione (vedi *Capitolo* 10). Lo *schema di innovazione*, le *linee guida di innovazione* e la *checklist di innovazione* rispecchiano la strategia di innovazione, e la loro funzione è garantire che gli attivatori diano l'avvio a processi rilevanti per l'organizzazione. Ci dev'essere un elevato coordinamento tra il modello A-F (o qualunque altro tipo di processo di innovazione) e la strategia di innovazione.

SCHEMA DI INNOVAZIONE

L'attivatore di un'innovazione deve lavorare in sintonia con gli obiettivi complessivi e con le strategie dell'azienda, altrimenti, prima o poi, il processo finirà in un vicolo cieco facendo perdere tempo e denaro all'azienda.

C'è un diffuso equivoco sull'innovazione: la convinzione che qualunque limite si traduca in un freno alla creatività. Ciò induce molte aziende a designare degli attivatori senza assegnare loro nessun tipo di limite. Si adotta una politica di "libertà totale", e si lascia all'innovazione un campo d'azione praticamente illimitato.

È un grosso errore. Limitando l'ambito della creatività non si limita necessariamente anche la capacità di innovare; semmai è il contrario. La creatività deve avere uno schema di riferimento per l'azione. Ciò vale per qualunque disciplina, inclusa l'arte, che è il paradigma della "libera" creatività. Prima di eseguire un'opera, il pittore decide se usare l'olio, il carboncino o l'acquerello, e sceglie anche il tema o il modello. Non sono limitazioni, ma parametri di riferimento, e non riducono affatto la creatività del pittore. La stessa cosa si può dire per l'innovazione. Non c'è nulla di più assurdo, costoso e frustrante di un processo di innovazione che si traduce in un concetto innovativo che l'organizzazione non sarà mai in grado di sfruttare perché non è in linea con la visione, l'ambito di riferimento o le risorse dell'azienda.

Dobbiamo riconoscere che se l'ambito è illimitato, c'è un maggiore potenziale di generazione di nuove idee, ma la probabilità che esse siano inutili cresce esponenzialmente. Nella nostra esperienza, tutto ciò che si perde in potenziale creativo limitando il campo d'azione viene più che compensato dalla maggior probabilità che i prodotti, i servizi e i concetti derivati dal processo di innovazione siano realizzabili.

Ciò che sosteniamo qui va contro la regola comunemente accettata secondo la quale bisogna prima lasciar fluire la creatività e poi, se necessario, imporre dei limiti. Ma in realtà le due cose non sono assolutamente incompatibili. La focalizzazione dello sforzo creativo non ne pregiudica il potenziale. La capacità creativa non dipende tanto dall'ampiezza della sua portata, quanto dai metodi e dagli strumenti utilizzati per generare e sviluppare nuove idee rilevanti, e dal profilo delle persone coinvolte.

Oggi l'innovazione è essenziale, ma non dovrebbe essere l'innovazione a determinare la strategia: è la strategia che dovrebbe indicare la direzione da dare ai processi di innovazione. La missione di un'azienda, gli obiettivi fissati dal management e le strategie per la crescita e la diversificazione di mercati e prodotti compongono lo schema di riferimento necessario per limitare l'ambito dell'attività innovativa complessiva di un'azienda.

Molte imprese che mancano di una strategia ben definita usano inconsciamente l'innovazione come sostituto di questa. Lanciano dei processi di innovazione nella speranza che le nuove idee e i nuovi concetti che ne derivano diano origine a una strategia di successo. In alcuni casi potrebbe accadere, ma sarebbe mera fortuna. Il più delle volte il risultato sarà l'idea di un prodotto o di un servizio così lontano da ciò che l'azienda può e/o vuole produrre che l'iniziativa va abbandonata sul nascere.

Il top management ha la responsabilità di prevenire questo diffuso errore, e dovrebbe indicare chiaramente agli attivatori quali sono i mercati a cui l'azienda non è interessata e quali sono le tipologie di prodotti e di servizi che non intende fabbricare o vendere. Potrebbe sembrare ovvio, ma è uno dei requisiti fondamentali per un processo di innovazione efficace. Nel *Capitolo 10*, sulla pianificazione strategica per l'innovazione, analizziamo ulteriormente la relazione tra innovazione e strategia.

Ma come si definisce questo schema di riferimento? Quanto dovrebbero essere specifici i suoi limiti? In uno schema di riferimento per i processi di innovazione ci sono tre livelli di specificità; essi sono, in ordine crescente: limitare la portata dell'innovazione; specificare il livello a cui si desidera innovare e scegliere una focalizzazione specifica.

Limitare la portata dell'innovazione

Lo schema di innovazione dovrebbe come minimo definire i mercati geografici e le tipologie di prodotti e di servizi in cui si desidera innovare. Un tipico esempio potrebbe essere quello di una compagnia aerea che decide di operare esclusivamente entro i confini nazionali e di concentrare le proprie attività sui servizi di trasporto. Di conseguenza sono esclusi i voli internazionali, qualunque altra attività che non sia il trasporto, e qualunque forma di trasporto marittimo o terrestre. A prima vista queste potrebbero apparire forti restrizioni per coloro che saranno chiamati a collaborare ai processi di innovazione, ma in realtà questa definizione è molto ampia: lascia aperta la possibilità di prendere in considerazione i servizi di trasporto con elicotteri, piccoli velivoli, aerei di linea e – perché no? – mongolfiere, dirigibili o aerei ultraleggeri. Come si vede, uno schema di riferimento ben definito non deve necessariamente pregiudicare la creatività. Abbiamo evitato inoltre di sprecare energie escogitando idee per commercializzare, per esempio, articoli da regalo da collocare negli aeroporti, perché lo schema afferma chiaramente che non è un business da prendere in considerazione, nonostante le tante opportunità che potrebbe offrire o tutte le brillanti idee che potrebbe generare.

Questa definizione della matrice prodotto/area è forse la più ampia e la più generica possibile. Il top management potrebbe decidere di non restringere ulteriormente l'ambito di attività del processo di innovazione, o potrebbe stabilire di imporre altri limiti, nel qual caso sarebbe necessario definire i cosiddetti livelli di innovazione.

Definire i livelli di innovazione

Ci sono sostanzialmente quattro livelli di innovazione, in ordine decrescente dal più strategico al più tattico:

- **livello 1** innovazione del modello di business;
- **livello 2** innovazione di processo;
- **livello 3** innovazione di mercato;
- **livello 4** innovazione di prodotto e di servizio.

L'*innovazione del modello di business* è un tipo di innovazione che comporta un cambiamento profondo nel modo in cui l'azienda crea valore, per cui richiede una grossa ristrutturazione organizzativa o la creazione di una nuova business unit o di una nuova divisione. Un esempio di innovazione del modello di business sarebbe quello di una banca tradizionale che lancia una nuova banca online i cui servizi vengono forniti esclusivamente su Internet. Quando Apple ha deciso di mettere in comune il suo codice di programmazione in modo che qualunque società di software o qualunque programmatore individuale potesse sviluppare applicazioni per l'iPhone, ha modificato il suo modello di business. Ecco alcuni esempi di modelli di business innovativi e di successo:

- FedEx;
- Barnes & Nobles;
- Club Mediterranée;
- Dell;
- iTunes;
- Ikea;
- Banking online;
- Amazon.

L'*innovazione di processo* consiste nell'introdurre dei cambiamenti nella logistica, nelle vendite o nella produzione dell'azienda. Ne avremmo un esempio se Apple dovesse decidere di consentire a tutti gli operatori di vendere gli iPhone, anziché riservarne la vendita a un

TABELLA 3.1 **INNOVAZIONE DI MERCATO NELLE TRE DIMENSIONI**

Target	**Bisogno**	**Situazione**
Gillette è un brand per uomini che, attraverso l'estensione Gillette Venus, è stato orientato alle donne	Wonderbra unisce un bisogno estetico alla funzionalità di un brand	Nesquik Night è una bevanda a base di cacao per la sera anziché per la mattina
Kidiboo è un brand di formaggi che offre gelati al formaggio	Telefoni cellulari in grado di connettersi con gli impianti di allarme di casa	Stazioni di servizio aperte 24 ore al giorno, dove si può comprare anche il pane
Baby Einstein è una serie di video di musica classica rivolta ai bambini	Acquistare dei CD per poter votare in un concorso televisivo	L'Home Cinema porta nelle case gli effetti sonori del cinema

Fonte: Philip Kotler e Fernando Trias de Bes, *Lateral Marketing*, John Wiley, 2003; trad. it. *Il marketing laterale*, Il Sole-24 Ore, 2008.

distributore esclusivo in ogni paese. Un altro esempio sarebbe la decisione di un produttore di trasferire in Cina la fabbricazione di alcuni componenti.

L'*innovazione di mercato* consiste nel prendere di mira una nuova categoria di acquirenti, soddisfacendo nuovi bisogni o portando la propria offerta in nuove situazione di acquisto e di consumo. Per esempio, quando una banca decide di consentire ai clienti di effettuare i pagamenti attraverso il telefono cellulare, sta entrando in una nuova situazione di utilizzo dei servizi bancari (mobilità) in cui non era ancora presente. L'innovazione di mercato è strettamente legata al concetto di marketing laterale[I], su cui invitiamo a documentarsi chi fosse interessato a questo tipo di innovazione. Nella *Tabella 3.1* è fornito un elenco di innovazioni di mercato nelle tre dimensioni: consumatori, bisogno e situazione.

Infine, l'*innovazione di prodotto e di servizio* consiste nel cambiamento tecnologico, nell'introduzione di nuovi modelli o nell'estensione di linee mirate agli stessi consumatori, agli stessi bisogni e alle stesse situazioni. Ogni versione aggiornata dell'iPhone, per esempio, rappresenta un'innovazione di prodotto. I consumatori, i bisogni e le situazioni restano immutati rispetto alla versione precedente; l'unico cambiamento è costituito dal miglioramento della performance, dall'incremento della capacità e della velocità di elaborazione e da alcuni ritocchi estetici.

Questi livelli possono essere ancora più specifici e dettagliati. Essi fanno parte della strategia di innovazione e descriveremo come svilupparli ulteriormente nel *Capitolo 10*.

Ognuno dei quattro livelli comporta rischi, investimenti e implicazioni per l'innovazione totalmente diversi. Di conseguenza, ognuno di essi si associa a un livello specifico di responsabilità. La responsabilità dell'introduzione di un nuovo modello di business compete al CEO; quella dell'introduzione di un nuovo processo compete al direttore generale; quella dell'accesso a un nuovo mercato compete al direttore marketing o, se si tratta di un'innovazione radicale, al top management; il lancio di un nuovo prodotto compete al direttore marketing, mentre lo sviluppo di un nuovo modello o l'estensione di una linea compete al product manager o al brand manager.

Molte aziende che intendono lanciare un'innovazione non sono in grado di allinearne il tipo al livello corrispondente di responsabilità. In questi casi è garantita la piena disfunzionalità e ci si ritrova con product manager che sviluppano modelli di business o con direttori generali che perdono tempo sull'estensione di linea: cose di cui non dovrebbero occuparsi, ma che fanno ugualmente, nella convinzione che qualunque processo di innovazione debba coinvolgerli in prima persona.

Definire l'oggetto dell'innovazione

Una volta definito il livello a cui si vuole innovare, è consigliabile, ancorché non strettamente necessario, limitare il più possibile l'oggetto dell'innovazione, ossia la cosa o l'insieme di cose che si vuole modificare o migliorare.

Abbiamo a disposizione un numero sufficiente di studi sul pensiero creativo per sapere che si tratta di un fenomeno essenzialmente induttivo, piuttosto che deduttivo. Il pensiero deduttivo parte da regole generali o da osservazioni estensive per arrivare a conclusioni specifiche. Il pensiero induttivo, per contro, parte dal fatto specifico per arrivare a una regola generale.

Il pensiero creativo è induttivo perché è impossibile creare qualcosa dal nulla. La creatività è la capacità di scoprire nuove modalità per mettere in relazione cose o concetti preesistenti. Specificando un obiettivo di focalizzazione possiamo fornire ai team di innovazione un quadro di riferimento molto più preciso. La scelta dell'obiettivo di focalizzazione può, a sua volta, riferirsi a una determinata cosa o alle sue parti. Per esempio, potreste lanciare un processo di innovazio-

TABELLA 3.2 **ESEMPI DI OBIETTIVI DI FOCALIZZAZIONE AI QUATTRO LIVELLI DI INNOVAZIONE**

Modello di business	Processo	Mercato	Prodotti e servizi
Tipologie di accordi con i fornitori	Sistemi di magazzinaggio	Nuovi clienti selezionati in base alla classe sociale	Data di scadenza dei prodotti
Selezione dei clienti	Controlli di qualità	Politiche e merchandising per il punto vendita	Packaging
Schemi di pricing e di pagamento per i clienti	Organizzazione dei piani di produzione	Individuazione di nuovi segmenti in base all'età del cliente	Tempi di attesa per la ricezione di un servizio da parte dei clienti

ne per migliorare una bibita, la bottiglia in cui viene commercializzata o il tappo della bottiglia. Sono tre distinti obiettivi di focalizzazione (bibita, bottiglia e tappo), ma ognuno di essi è più ristretto di quello che lo precede.

Ognuno dei quattro livelli di innovazione che abbiamo elencato in precedenza consente diversi obiettivi di focalizzazione. La *Tabella 3.2* mostra alcuni esempi di focalizzazione per ognuno dei quattro livelli.

CHE COSA È MEGLIO: UNO SCHEMA DI INNOVAZIONE GENERICO O UNO SCHEMA DI INNOVAZIONE SPECIFICO?

È proprio necessario specificare l'obiettivo di focalizzazione? Basta definire il livello a cui vogliamo innovare, o dobbiamo identificare precisamente l'area o il prodotto che vogliamo?

La risposta dipende da tre fattori:

1. il grado di apertura del processo di innovazione che desidera l'azienda;
2 il grado di controllo che esercita su di esso;
3. il numero dei processi che vengono portati avanti contemporaneamente.

Quando le imprese scelgono processi molto aperti, e solo genericamente definiti, operano con poche direttive o restrizioni: probabilmente non indicano nemmeno il livello a cui vogliono che i dipendenti riflettano durante l'apposita a sessione settimanale. Per contro, nelle imprese in cui i processi sono rigidamente definiti in termini di assegnazione di persone, risorse e scadenze, occorre una maggiore specificità.

Vi sono aziende in cui i processi di innovazione sono controllati molto rigidamente e attivamente monitorati. Il monitoraggio consiste nel verificare il raggiungimento degli obiettivi, perciò queste situazioni richiedono una maggiore specificità nello schema di innovazione.

Infine, c'è quasi sempre una correlazione tra il numero di progetti continuativi di innovazione (vedi il *Capitolo 10*) e il loro livello di specificazione. Quando un'azienda ha in corso contemporaneamente vari progetti innovativi, deve suddividere i compiti in modo che non vi siano due team che lavorano sullo stesso fronte. Per coordinarli, bisogna essere il più possibile specifici sull'obiettivo di focalizzazione dei loro sforzi.

La nostra opinione, tuttavia, è che sia consigliabile restringere il più possibile lo schema di riferimento, specie nei momenti di crisi o di ristagno dell'economia. È vero che, se incaricate un team di innovare su un oggetto specifico come, per esempio, il tappo di una bottiglia, il suo ambito creativo sarà più ristretto che se dovesse modificare tutto quanto, dalla bibita all'etichetta; ma se limitate l'obiettivo di focalizzazione, i risultati del processo di innovazione saranno pienamente in linea con gli obiettivi strategici dell'azienda e con le risorse a disposizione.

Una buona soluzione potrebbe essere un mix adeguato di entrambi i livelli di focalizzazione. Ciò significa incaricare alcuni team di innovare in un'area molto specifica, e altri di ragionare in un'ottica più aperta con l'obiettivo di utilizzare i risultati del loro lavoro in aree di cambiamento inizialmente non previste, e che costituirebbero semplicemente una serie di idee stimolanti da sottoporre al management. È quella che definiamo innovazione esplorativa, la quale verrà descritta nel *Capitolo 10*. Anche in quest'ultimo caso, tuttavia, suggeriamo di specificare quantomeno la matrice area/prodotto, come abbiamo spiegato nel paragrafo precedente.

In ogni caso, nel momento in cui conosciamo il livello di innovazione che sta prendendo in considerazione un attivatore (che potrebbe riguardare un prodotto, un processo, un mercato o un business) e sappiamo quali manager risentiranno del cambiamento proposto,

FIGURA 3.2 **APPROVAZIONE FORMALE DEI PROCESSI DI INNOVAZIONE CHE PROMANANO DAGLI ATTIVATORI**

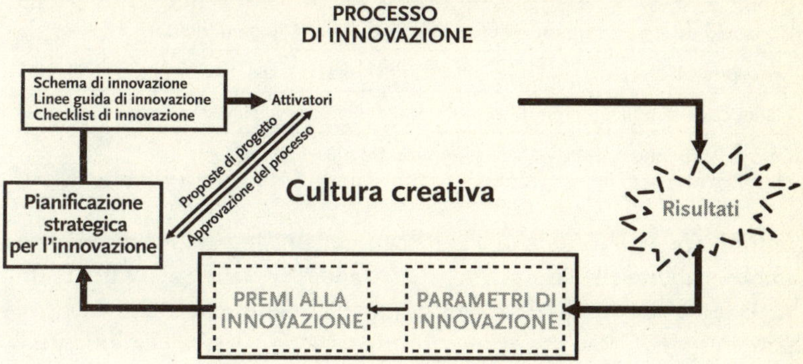

queste informazioni vanno comunicate a tutta l'organizzazione, in un modo che si possa decidere se continuare o meno il processo.

Questo è il secondo punto di contatto fra attivatori e strategia di innovazione prima che il processo venga definitivamente formalizzato. Le proposte degli attivatori devono essere approvate dal responsabile dell'innovazione, che darà un benestare definitivo al processo, consentendo così l'allocazione del budget e l'assegnazione degli altri ruoli, da B a F (*Figura 3.2*).

Ci sono innumerevoli aziende che non prendono in considerazione questo punto e lasciano un team a lavorare su un'innovazione che il supervisore finale avrebbe rifiutato da molto tempo, se fosse stato informato in precedenza. In questo senso, la funzione dei responsabili della strategia e della pianificazione dell'innovazione è critica: oltre a dare il benestare a un processo di innovazione, essi devono coinvolgere anche i livelli più elevati del management, che ne saranno influenzati se verrà portata avanti.

LINEE GUIDA DI INNOVAZIONE

Alcune aziende rinforzano lo schema di innovazione con alcune linee guida, allo scopo di specificare ulteriormente quali tipologie di innovazione vadano effettivamente prese in considerazione. Per esempio, una grande azienda potrebbe decidere di investire solo in innovazioni il cui

TABELLA 3.3 **ESEMPIO DI LINEE GUIDA IN UN PROCESSO DI INNOVAZIONE**

Un lancio deve generare un fatturato minimo di un milione di dollari.
Si devono ottenere dei profitti entro tre anni dalla data del lancio.
I lanci devono utilizzare brand preesistenti dell'azienda.
I processi di innovazione non possono durare più di 18 mesi.

fatturato previsto ecceda una certa somma; un'altra grande azienda potrebbe stabilire che l'innovazione deve andare in pareggio entro tre anni; la terza opzione sarebbe determinare il rendimento atteso dell'investimento (ROI, *Return On Investment*); un'altra possibilità è limitare la quantità di risorse disponibili (l'investimento) per ciascuna innovazione; l'ultima opzione sarebbe pretendere che l'innovazione proposta sfrutti, per esempio, due dei vantaggi competitivi dell'azienda.

Queste direttive non sono reciprocamente esclusive; se ne potrebbero specificare più di una alla volta: per esempio, un certo livello di fatturato e un periodo ben definito per raggiungerlo. Le linee guida forniscono criteri estremamente utili per i team che saranno coinvolti nell'innovazione. La loro funzione è ridurre il numero delle proposte di cui si chiede l'esame e l'approvazione. Nello stesso tempo, esse sono un mezzo per far sì che non si superi un determinato livello di rischio. Infine, definiscono indirettamente la misura in cui l'innovazione dev'essere incrementale e a basso rischio o radicale e ad alto rischio.

Nella *Tabella 3.3* mostriamo alcuni esempi di linee guida di innovazione usate da note aziende leader.

CHECKLIST DI INNOVAZIONE

L'ultimo fattore che raccomandiamo per gli attivatori prima che diano avvio al processo di innovazione è la checklist di innovazione.

Questo strumento è simile alla checklist che compilano i piloti di linea prima del decollo. Devono verificare una per una tutta una serie di componenti e di funzioni dell'aereo per essere sicuri che operino tutte quante correttamente e che tutto sia pronto per un volo sicuro e confortevole.

Analogamente, nel campo dell'innovazione, è molto utile sviluppare una serie di domande critiche la cui risposta dev'essere affermativa prima di poter andare avanti.

TABELLA 3.4 **ESEMPIO DI CHECKLIST PER UN PROCESSO DI INNOVAZIONE**

☐ Il progetto è veramente necessario?
☐ Quali benefici apporterà ai clienti il progetto, una volta completato?
☐ Il progetto aiuterà in qualche modo i dipendenti o l'azienda nel suo complesso?
☐ È necessario intraprendere il progetto adesso, o ci saranno delle ripercussioni negative se lo rinviamo?
☐ Lo sviluppo del progetto ostacolerà l'operatività e inciderà negativamente sugli obiettivi di business?
☐ Quali sono gli obiettivi finali del progetto e quanto sono pratici?
☐ Quali sono i tempi complessivi di attuazione del progetto e come si possono misurare i progressi compiuti?
☐ Il progetto è conveniente dal punto di vista economico e quali sono i vantaggi in termini di rapporto costi-benefici?

La *Tabella 3.4* fornisce alcuni esempi delle domande che si trovano di solito in una checklist di questo tipo[2].

Le domande vanno poste in qualunque fase del processo, prima che inizi, durante lo sviluppo o la sperimentazione dei prototipi o quando è il momento di mettere in pratica la nostra idea. Noi raccomandiamo che queste verifiche siano frequenti perché l'imprevedibilità dei processi di innovazione accresce la probabilità di deviare dai punti elencati nella checklist.

Avendo fissato i criteri che gli attivatori dovrebbero utilizzare prima di avviare un processo di innovazione, andiamo a vedere quali membri dell'azienda possono essere attivatori, che tipi di attivazione possono mettere in atto e qual è il loro profilo ottimale.

TIPI DI ATTIVATORI

Ci sono quattro tipi di attivatori.

1. Il management o il top management. In questo caso, è il top management dell'azienda che attiva il processo di innovazione tramite una richiesta specifica.
2. I dipendenti. In questo caso, sono i membri dell'organizzazione ad attivare il processo di innovazione. Ciò potrebbe avvenire sponta-

neamente – nel caso in cui un dipendente avanza un suggerimento – o in maniera strutturata attraverso i canali informativi designati a questo scopo.

3. Gli stakeholder. Sono dei soggetti esterni, ma strettamente collegati all'organizzazione. Le categorie di stakeholder utilizzate più frequentemente nel ruolo di attivatori sono i fornitori, i distributori e i clienti. Meno comuni, ma altrettanto utili, sono gli investitori o gli azionisti.
4. La comunità scientifica e i ricercatori. In questo caso, gli attivatori provengono da istituzioni accademiche o di ricerca, e potrebbero essere inventori, ingegneri o scienziati di qualunque tipo.

TIPOLOGIE DI ATTIVAZIONE CONSEGUENTI

Combinando due dimensioni – la persona che attiva il bisogno e la persona a cui viene affidata la responsabilità – otteniamo le seguenti tipologie di attivazione dell'innovazione:

1. attivazione **top-down**: l'innovazione parte dal top management e coinvolge i dipendenti dell'azienda;
2. attivazione **in-out**: l'innovazione parte dal top management e coinvolge gli stakeholder o la comunità scientifica;
3. attivazione **bottom-up**: l'innovazione parte dai dipendenti dell'azienda e coinvolge il management;
4. attivazione **out-in**: l'innovazione parte dagli stakeholder o dalla comunità scientifica e coinvolge il top management o i responsabili delle aree funzionali.

Nei sottoparagrafi successivi descriviamo in dettaglio ciascun tipo di attivazione, con alcuni casi reali.

Attivazione top-down

I sistemi top-down sono quelli in cui l'innovazione viene attivata da una decisione esplicita del top management, il quale costituisce un team dedicato che abbandona in parte o del tutto i suoi compiti per lavorare sul progetto di innovazione.

È uno dei tipi più noti e più comuni di attivazione, e si trova sia in aziende che non hanno risorse dedicate in permanenza all'innovazione sia in aziende che, per quanto innovative, preferiscono lavorare con un sistema di team e di progetti.

Ci sono molti esempi di attivazione up-bottom. Shell, per esempio, ha costituito a metà degli anni Novanta il Game Changer Panel, un piccolo gruppo di dirigenti di livello intermedio particolarmente orientati alla creatività e capaci di attirare altre risorse tecniche all'interno dell'azienda. Il comitato è stato incaricato di sviluppare nuove idee, e ha avuto un budget di 20 milioni di dollari per implementare idee in grado di superare le regole preesistenti e la logica convenzionale. Il Game Changer Panel ha creato a sua volta altri team dedicati, a cui sono state assegnate alcune funzioni di base del processo di innovazione: un laboratorio di innovazione, che doveva affinare e migliorare le idee del comitato; un *action lab*, incaricato di esplorare le idee in un ambiente controllato, e un team di imprenditori interni incaricato di valutare e finanziare i progetti più validi. L'esperimento Game Changer è nato in una divisione, la divisione esplorazione e produzione, poi si è esteso a tutta l'azienda, e oggi ogni divisione ha un suo processo Game Changer. C'è persino un apposito team dedicato allo sviluppo di progetti radicali che esorbitano dai business attuali di Shell.

Anche General Electric usa l'attivazione top-down. In un sistema denominato Bubble Assignments, un manager viene distaccato dai suoi compiti abituali e assegnato per un breve periodo a un altro progetto. Di solito, l'azienda mobilita esperti di discipline diverse e promuove la mobilità tra i reparti per migliorare le relazioni interne e collegare i progetti.

I team dedicati all'innovazione hanno quasi sempre un team leader ufficiale, che deve supervisionare il gruppo. Per esempio, in Corning – leader mondiale nella produzione del vetro e pioniere delle fibre ottiche – ci sono i cosiddetti "campioni". Ogni team ha il suo "campione", la persona che è incaricata di dirigerlo e di far decollare il processo di innovazione, portandolo al successo.

Questi team dedicati possono avere vita breve – quando il team deve solo far partire un processo di innovazione – o potrebbero durare diversi anni, quando al team si chiede di guidare e supervisionare l'intero processo dall'inizio alla fine. Per esempio, in IBM i team multidisciplinari che vengono distolti dai loro compiti abituali per innovare a tempo pieno possono durare fino a tre anni. Per contro, in Southwest Airlines questo periodo di distacco finalizzato all'innovazione è limitato a pochi mesi.

L'attivazione top-down si trova anche in Starbucks, dove il CEO Howard Schultz è anche responsabile della divisione Strategic Innovation Management e, in collaborazione con altri manager e un team di supporto, attiva un processo di innovazione ogni volta che individua un'opportunità.

Attivazione in-out

L'attivazione in-out avviene quando il management ingaggia una persona esterna all'azienda affinché collabori al processo di innovazione. Questa responsabilità non viene necessariamente esternalizzata per mancanza di una capacità specifica all'interno dell'azienda: l'esternalizzazione potrebbe dipendere semplicemente dal fatto che quel tipo di innovazione comporta quella procedura, come avviene per l'innovazione dei modelli di business o per l'introduzione di nuove tecnologie. Questa opzione si potrebbe adottare anche per accelerare i processi o nel caso in cui le risorse interne siano occupate altrove.

In questo tipo di attivazione, l'azienda ingaggia di solito ricercatori, società di consulenza specializzate o team *ad hoc* che potrebbero includere una vasta gamma di stakeholder, dai clienti ai fornitori. Un altro sistema comunemente usato è la costituzione di partnership con il mondo accademico (ricercatori universitari) o con un'organizzazione ad alta concentrazione di ricercatori che vuole diversificare i propri servizi (NASA e Ferrari hanno fornito servizi di questo tipo).

Un esempio di attivazione in-out viene dalla catena di supermercati Tesco – il più grande datore di lavoro del Regno Unito con 250.000 dipendenti – che negli anni Novanta ha ingaggiato la Cardiff Business School per studiare la possibilità di adattare i principi di produzione di Toyota con l'obiettivo di risparmiare tempo ed energie. Alla fine del processo di produzione dei soft drink, per fare un esempio, l'intervallo di tempo tra l'imbottigliamento e l'uscita del cliente dal punto vendita con la bibita si è ridotto da 20 a 5 giorni. Il numero dei depositi è stato ridotto da 5 a 2, e il centro di distribuzione del fornitore è letteralmente sparito.

Anche IBM applica l'attivazione in-out per identificare aree di business che potrebbero offrire delle opportunità. L'azienda contatta clienti, osservatori e venture capitalist affinché le suggeriscano aree di attività in cui non è ancora presente e che sembrano avere un buon potenziale per il futuro (vengono chiamate EBO, acronimo di *Emerging Business Opportunities*). IBM non chiede questi suggerimenti al proprio R&D perché quest'ultimo è focalizzato sulle aree di business in essere e quindi manca della prospettiva esterna che occorre per valutare nuove opportunità commerciali. Lo strategy manager di IBM seleziona le proposte più promettenti e poi identifica alcuni dirigenti di lungo corso, a capo di divisioni importanti, con un gran numero di subordinati ma con pochi spazi di manovra per l'investimento in nuovi progetti ad alto rischio. A questi dirigenti viene poi affidato il delicato compito di costruire il futuro. Giunti al top della carriera, si sentono chiedere di mettere la loro esperienza al servizio di una startup interna. Dal lancio di questo sistema, nel 2000, IBM ha generato 25 EBO, di cui solo tre sono fallite. Quattro di esse – Digital Media, Life Sciences, Linux e Persuasive Computing – hanno realizzato utili superiori a un miliardo di dollari nel 2003 e nel 2004.

Ecco un aneddoto illuminante, relativo a Procter & Gamble, su come delle risorse esterne possano accrescere rapidamente la capacità di innovazione di un'impresa:

> Sapevamo che quasi tutte le migliori innovazioni di P&G erano venute dalla fertilizzazione incrociata tra le business unit. E dopo aver studiato la performance di un certo numero di prodotti che avevamo acquisito dall'esterno, ci siamo convinti che anche le connessioni esterne potevano generare innovazioni altamente profittevoli. Convinto che quelle connessioni fossero la chiave della crescita futura, Lafley ci ha dato l'obiettivo di acquisire il 50% delle innovazioni dall'esterno. La strategia non era sostituire le capacità dei nostri 7.500 ricercatori e operatori di supporto, ma sfruttarle meglio. Abbiamo stimato che per ogni ricercatore di P&G ce n'erano in giro per il mondo altri 200 non meno bravi: un totale di circa 1,5 milioni di persone di cui avremmo potuto utilizzare il talento. Dovevamo modificare l'atteggiamento dell'azienda: dalla resistenza alle innovazioni "non inventate qui" all'entusiasmo per quelle "scoperte orgogliosamente altrove". Dovevamo modificare anche il modo in cui definivamo, e percepivamo, la nostra organizzazione di ricerca e sviluppo: da 7.500 interni a più di 1,5 milioni di esterni, separati da una barriera estremamente permeabile[3].

Attivazione bottom-up

I sistemi bottom-up di attivazione dell'innovazione sono quelli in cui l'attivazione di un processo di innovazione non viene dal management, ma da membri dello staff che operano a livelli più bassi della catena di comando, e non necessariamente in reparti direttamente collegati all'innovazione.

I sistemi più comuni di attivazione bottom-up sono progetti innovativi che provengono dall'R&D, dal marketing o dalla progettazione, o da qualche combinazione di quei reparti. Per esempio, Procter & Gamble, che ha saputo trasformarsi da azienda conservatrice e tradizionalista in una delle imprese più innovative del mondo, ha applicato, tra gli altri meccanismi, anche una politica di questo tipo. Mentre ristrutturava e riduceva drasticamente il management, il colosso di Cincinnati ha preso una decisione importante: quadruplicare il numero degli addetti alla progettazione, e metterli direttamente al lavoro con l'R&D per sviluppare nuovi progetti. Dall'interazione tra designer e ingegneri sono nate molte idee che poi si sono trasformate in nuovi prodotti.

Anche 3M utilizza un sistema bottom-up per l'attivazione continua dei processi di innovazione. Impiega oltre 7.000 ricercatori nei suoi centri d'innovazione distribuiti in tutto il mondo. Questi ricercatori possono dedicare fino al 15% del proprio tempo a progetti di loro scelta. Ciò non significa che sprechino tempo dell'azienda su idee prive di potenziale, perché un comitato, che opera da facilitatore (F) secondo il nostro modello A-F, valuta in continuazione i progetti e le idee di questi ingegneri, rifiutando quelli che ritiene inattuabili o privi di potenziale.

Marketing, R&D e progettazione, tuttavia, non sono le uniche funzioni da cui può emergere l'attivazione dell'innovazione. Alcune aziende preferiscono mettere tutto il personale in condizione di generare idee innovative. Google, che viene considerata una delle aziende più innovative del mondo, attiva i suoi processi di innovazione tramite un sistema bottom-up che è aperto a tutti i membri dell'organizzazione. Tutti i dipendenti dedicano una parte del loro tempo all'R&D (è il cosiddetto *free day thinking*, che viene pienamente retribuito). Ogni collaboratore dell'azienda può suggerire nuove tecnologie o nuovi business, "postando" la sua proposta su un apposito elenco elettronico. Questo elenco viene continuamente consultato e valutato da tutto il personale, che commenta le proposte e vota le migliori. È un sistema democratico, tipico dell'era di Internet. Come avviene su un forum o su un blog, le idee che ricevono il maggior numero di commenti favorevoli vengono poi "girate" agli ingegneri affinché le sviluppino. C'è persino un "elenco miscellaneo" che include un po' di tutto, dai suggerimenti per la mensa alle critiche all'organizzazione. Un altro sistema è quello delle "porte aperte": i dirigenti di Google devono tenere aperte le porte dei loro uffici due o tre volte alla settimana per incontrare i dipendenti e discuterne le idee. Il tempo dedicato a questa attività viene generalmente diviso in due: metà per vagliare nuove idee e metà per insegnare ai neoassunti a portare avanti le loro proposte.

Attivazione out-in

I sistemi di attivazione out-in sono probabilmente i più nuovi e i più sorprendenti. Questo sistema si basa sullo sviluppo di un modello di business in cui diventa logico, per individui o piccole imprese che non fanno parte della nostra organizzazione, innovare attraverso la nostra piattaforma operativa. La differenza rispetto al sistema di attivazione in-out è che non c'è nessuna richiesta specifica. L'innovazione out-in si crea più o meno spontaneamente perché il modello di business è progettato in modo tale che altre aziende diventano partner o sfruttano il nostro business per innovare in maniera indipendente.

Questo tipo di attivazione include la cosiddetta "innovazione aperta", anche se vi sono altri sistemi. Un esempio emblematico è costituito da Apple e dalle applicazioni per l'iPhone. L'azienda ha deciso di condividere il suo codice di programmazione con qualunque sviluppatore interessato, e di conseguenza sono state inventate migliaia di applicazioni per l'iPhone.

L'innovazione aperta, però, non si riduce unicamente al sistema di attivazione out-in. Possiamo includervi qualunque altro sistema di networking che ci consenta di indurre e motivare dei ricercatori esterni a ideare per noi senza alcun incarico specifico. Per esempio, nel 1991, Wal-Mart ha lanciato l'iniziativa WIN (Wal-Mart Innovation Network) in collaborazione con l'Innovation Institute e il College of Business Administration della Southwest Missouri State University. L'idea era mettere in relazione il talento creativo di una serie di inventori indipendenti con le risorse finanziarie, manageriali e di sviluppo di Wal-Mart, con l'obiettivo di trasformare dei progetti in prodotti reali.

Nel caso dell'attivazione out-in di innovazione aperta, possiamo vedere che lo schema di riferimento non ha bisogno di essere esplicitamente definito, perché è già implicito nel modello di business e nel sistema di partnership.

Nel caso dell'attivazione che deriva da proposte spontanee delle università o della comunità scientifica, non c'è necessariamente alcuno schema di riferimento definitorio, come accade invece nel caso di un accordo di partnership o di una relazione stabile e continuativa. Qui parliamo semplicemente di proposte generate all'esterno, al di fuori di qualunque vincolo contrattuale.

Qual è il miglior tipo di attivazione?

Dovremmo precisare anzitutto che i quattro tipi di attivazione e di attivatori descritti in precedenza non sono reciprocamente esclusivi. In effetti, le imprese più innovative del mondo li usano in modo intercambiabile e contemporaneamente. Finché c'è qualcuno che ha responsabilità dell'innovazione (vedi *Capitolo 12*) e supervisiona tutti i processi che vengono attivati in un'organizzazione, per evitare duplicazioni, non è un problema far lavorare insieme più attivatori.

Ciò premesso, è vero che la scelta del meccanismo di attivazione più idoneo dipende dal tipo desiderato di innovazione, dalle risorse, dalle capacità interne e dalla cultura dell'innovazione in essere.

La *Tabella 3.5* mostra la relazione tra i quattro tipi di attivazione e ognuno di questi fattori.

TABELLA 3.5 **FATTORI CHE INFLUENZANO LA SCELTA DEL TIPO DI ATTIVAZIONE**

	Top-down	**In-out**	**Bottom-up**	**Out-in**
Tipo di innovazione	Marginale	Radicale	Marginale o radicale	Marginale
Risorse per l'innovazione	Indefinite	Elevate	Elevate	Indefinite
Capacità interna di innovazione	Elevata	Bassa	Elevata	Bassa
Cultura creativa	Minimamente estesa	Poco estesa	Molto estesa	Molto estesa

A parte questo, è importante tener presente che quando gli attivatori provengono dall'interno dell'organizzazione c'è una maggior tendenza a sviluppare una cultura dell'innovazione, che di conseguenza è anche molto più incline ad assumere una vita propria. E questo fenomeno si accentua ulteriormente quando gli attivatori non provengono non solo dal management, ma anche dai ranghi operativi.

Profilo degli attivatori

Di seguito descriviamo il profilo ottimale degli attivatori, che devono essere persone:

- impegnate nei confronti dell'azienda, con un alto grado di coinvolgimento;
- con capacità di leadership;
- capaci di motivare e di mobilitare persone e risorse;
- di mentalità aperta.

Capitolo 4

Browser

Dopo aver attivato, approvato e dotato di risorse finanziarie un processo di innovazione, si possono costituire tutti gli altri ruoli. In questo capitolo analizziamo il ruolo dei browser.

CHE COS'È UN BROWSER E PERCHÉ SERVE

I browser sono persone la cui missione è raccogliere le informazioni che sostengono, illuminano, ispirano e aiutano a decidere se una nuova idea deve o non deve essere portata avanti nel processo di innovazione.

Il reperimento di informazioni sull'innovazione di business è sempre stato associato alle ricerche di mercato. Due strumenti in particolare hanno catturato l'attenzione degli specialisti di innovazione.

Anzitutto, c'è una ricerca di informazioni descrittive che quantificano la dimensione e il tasso di crescita dei mercati e le diverse categorie merceologiche in cui l'azienda intende perseguire delle opportunità. In secondo luogo, c'è la ricerca esplorativa che utilizza tecniche qualitative per identificare bisogni insoddisfatti dei consumatori e possibili fonti di innovazione. Nel caso delle innovazioni tecnologiche, la ricerca di informazioni si è concentrata su uno studio approfondito dei vari brevetti e dei vari progressi tecnologici che si potrebbero includere nel prodotto o nel servizio commercializzato dall'impresa.

Nei processi di innovazione, la ricerca di informazioni viene effettuata nelle fasi iniziali, generalmente in quella che precede immediatamente la creazione di idee specifiche. In alcuni casi, la ricerca di informazioni viene messa in atto ancor prima che vengano definiti gli obiettivi di innovazione.

Dal nostro punto di vista, il ruolo dei browser dovrebbe andare oltre. Prima di tutto, i cercatori di informazioni dovrebbero focalizzare i loro sforzi non solo nelle fasi iniziali del processo di innovazione, ma per tutta la sua durata, restando attivi e fornendo informazioni ai team di innovazione. Per esempio, nello sviluppo dei concetti, i cercatori di informazioni hanno il compito di facilitare il lavoro ai developer tramite l'analisi dei prototipi e dei prodotti lanciati in qualunque regione o in qualunque categoria di prodotto. Trasformare le idee in prodotti è uno dei processi di innovazione più complessi, e la ricerca di informazioni che comporta è sempre stata affidata quasi esclusivamente agli ingegneri o all'R&D. Oggi una singola tecnologia si potrebbe applicare a molti prodotti e a molti servizi, perciò l'analisi di come si applica in altri campi è di grande utilità per una funzione R&D o di sviluppo tecnologico. I cercatori di informazioni possono far risparmiare lavoro, energie, risorse e tempo in quantità ai tecnici che sviluppano nuovi prodotti e nuovi servizi.

Ancora più importante è raccogliere informazioni sulle fasi di implementazione e commercializzazione dell'innovazione. Questo lavoro è stato lasciato quasi sempre agli uffici marketing che dovevano lanciare il nuovo prodotto, nella convinzione che la loro conoscenza dei mercati fosse sufficiente. Ogni innovazione, specie se radicale, richiede un suo approccio ai canali distributivi, alle politiche di pricing e alle strategie di comunicazione. Il marketing manager è abituato a un determinato mercato, ma ha di fronte molti punti di domanda e molti gap informativi quando deve immettervi un'innovazione.

Infine, i cercatori di informazioni hanno un ruolo critico quando assistono i facilitatori, che devono valutare e approvare continuamente nuove voci di spesa e nuovi investimenti. In questo modo, i facilitatori possono basare le proprie decisioni sulle prospettive di vendita dell'innovazione proposta. Sfortunatamente, in troppe aziende queste previsioni si fondano su criteri del tutto soggettivi. Anche le imprese che si comportano diversamente e utilizzano le ricerche di mercato per formulare le previsioni si rivolgono spesso ai reparti di customer intelligence, che sono stati esclusi dal processo di innovazione ed effettuano perciò test di mercato standardizzati. Questi test sono utili, ma devono essere accompagnati da altri metodi, meno diretti e più basati sul monitoraggio dei prodotti e dei servizi o delle tecnologie a cui si ispira il processo di innovazione. È essenziale che coloro che raccolgono informazioni sul potenziale di vendita di un'innovazione siano coinvolti anche nelle fasi precedenti.

Noi consideriamo perciò il browser un personaggio che integra le informazioni o coordina vari ruoli, normalmente delegati a diversi reparti o a diverse persone che hanno partecipato marginalmente a un processo di innovazione. Ciò non significa che siano sempre e necessariamente i browser a dover raccogliere le informazioni necessarie. Potrebbero dipendere da qualcuno degli attori precedenti (tecnici, specialisti di ricerche di mercato, istituti di ricerca esterni ecc.), o da tutti, nonché dagli altri soggetti di cui parliamo in questo capitolo. Ma è fondamentale che chi ricopre il ruolo di browser abbia una visione completa di tutte le fonti e di tutte le singole informazioni che fanno parte del processo.

Questo perché la ricerca deve produrre qualcosa che va oltre le semplici informazioni; deve ispirare, soprattutto, i team di innovazione. Ispirare significare illuminare, significa "orientare" il pensiero verso territori fertili e azioni produttive. Stiamo parlando di informazioni attive, ossia legate al processo di innovazione. Non sono informazioni che descrivono o identificano, ma sono informazioni che mettono in luce soluzioni e modelli di innovazione che prospettano maggiori probabilità di successo.

In questo capitolo esaminiamo alcune delle pratiche fondamentali di quelle aziende che hanno nei cercatori di informazioni pezzi essenziali del loro processo di innovazione. E descriviamo nuove tecniche di ricerca che vanno oltre la ricerca esplorativa standard di tipo qualitativo tradizionalmente impiegata nel processo di innovazione.

Poiché i cercatori di informazioni sono, da un certo punto di vista, dei fornitori per gli altri player, che potremmo assimilare a dei clienti interni, organizzeremo questo capitolo in quattro moduli, uno per ciascun ruolo con cui essi interagiscono più attivamente sul piano delle informazioni: le informazioni che forniscono ai creatori (da B a C), ai developer (da B a D) e agli esecutori (da B a E). Tratteremo invece il flusso informativo diretto verso i facilitatori (da B a F) in un capitolo a sé stante, perché le informazioni che ricevono i facilitatori sono intrinsecamente legate alla loro funzione.

DA BROWSER A CREATORI: LA DIAGNOSTICA DI INNOVAZIONE

Affinché i creatori possano suggerire idee per la realizzazione di nuovi prodotti e servizi, ci dev'essere assolutamente una diagnostica di innovazione. Per noi questa diagnostica dovrebbe includere i seguenti elementi, che esamineremo più approfonditamente di seguito:

- esame critico dell'innovazione;
- analisi delle categorie adiacenti;
- consulenza interna;
- trend sociali (nei mercati B2C) o commerciali (nei mercati B2B);
- classi sociali (nei mercati B2C);
- trend di mercato;
- processo di acquisto;
- percorsi di innovazione.

Esaminiamoli uno dopo l'altro.

Esame critico dell'innovazione

È una componente della ricerca che consideriamo essenziale e che, paradossalmente, non viene applicata da quasi nessuna azienda. Prima di sviluppare il piano di marketing dell'anno, i brand manager devono effettuare la cosiddetta *brand review*, una valutazione di ciò che è accaduto al brand negli ultimi anni, specie nell'anno immediatamente precedente. È uno studio esaustivo che riassume la situazione in essere nei diversi canali distributivi, i risultati delle diverse promozioni e delle diverse campagne di comunicazione, i cambiamenti intervenuti nel posizionamento o negli indicatori dei livelli di penetrazione, e i test effettuati periodicamente sui clienti o sui consumatori.

È singolare che, pur valutando tutti gli anni lo stato di salute dei propri brand, le imprese non valutino anche lo status dell'innovazione nei loro mercati. L'esame critico dell'innovazione è una valutazione, il più possibile esauriente, delle innovazioni che sono emerse nel mercato o nella categoria di prodotto o servizio in cui si sta cercando di innovare. ExxonMobil è una delle pochissime aziende che effettuano questo tipo di esame. Prima di lanciare Speedpass, il suo sistema innovativo di pagamento automatico alla pompa, l'azienda ha passato in rassegna le innovazioni introdotte nelle stazioni di servizio a partire dagli anni Quaranta.

FIGURA 4.1 **ESEMPIO DI SINTESI DELLE INNOVAZIONI PREGRESSE**

NOME DEL PRODOTTO: ALL BRAN CHOCO
BRAND: ALL BRAN
PAESE: SPAGNA
ANNO DI LANCIO: ANNI NOVANTA
FOTOGRAFIA

PRODOTTO DA KELLOGG'S
TARGET: adulti che mangiano cereali integrali e amano il cioccolato
BISOGNO SODDISFATTO: insaporire al cioccolato i cereali integrali
OCCASIONI DI CONSUMO: colazione a casa, altri momenti
USP: "Meno calorie, più sapore nelle fibre"
TIPO DI INNOVAZIONE: verticale/modulazione
CONCORRENTE DIRETTO: Fitness e All Bran, cereali per donne
CONCORRENTE GENERICO: cereali per adulti

FORMATI: 250 g (scatola)
LIVELLO DI PREZZO: 6,5 euro/kg
DISTRIBUZIONE: retail 61/59 ND 80/82 WD
POLITICA DI COMUNICAZIONE:
C'è stata pubblicità? Sì
La campagna è stata mantenuta? Sì (2000)
C'è stata attività pubblicitaria l'anno scorso? No
Media utilizzati: televisione e riviste specializzate
RISULTATI OTTENUTI (ultimi tre anni):
VOLUMI: 445,6/462,5 (+ 3,8%)
Negli ultimi anni il tasso di crescita è rimasto invariato
Quota di mercato: 1,0%/1,0% (Nielsen)

Ricerca di una maggiore penetrazione nelle fasce degli adulti e delle donne grazie all'apporto di un sapore migliore mantenendo inalterati i benefici.

Per esempio, se il processo di innovazione è finalizzato a lanciare un nuovo prodotto sul mercato del caffè, l'esame critico dell'innovazione consisterebbe in un elenco di tutti i lanci e di tutte le innovazioni, da quelle rivoluzionarie (come Nespresso) alle più marginali, che includerebbero una promozione o un'estensione di linea (per esempio, l'offerta di caffè in confezioni riutilizzabili).

Il nostro suggerimento è tornare indietro di almeno dieci anni, sia nel paese in cui dovrebbe essere introdotta l'innovazione sia nei paesi in cui il mercato specifico è più sviluppato. Per esempio, nel caso del caffè converrebbe esaminare ciò che accade in paesi come l'Italia, dove c'è una lunga e radicata tradizione di consumo di caffè. In base al tempo e alle risorse disponibili, maggiore è la portata geografica dell'analisi, meglio è.

Nel descrivere ogni innovazione, già ritirata dal mercato o ancora presente, noi raccomandiamo di sintetizzare tutte le informazioni in un modulo, come si vede nella *Figura 4.1*.

L'utilità di queste informazioni è plurima. Anzitutto, è utile avere un inventario di tutte le innovazioni intervenute sul mercato, inventario che poche aziende tengono in maniera sistematica e organizzata.

In secondo luogo, un elenco strutturato dei nuovi prodotti lanciati nel passato ci offre un quadro indicativo delle strategie di innovazione e dei trend di ciascun mercato. Quando si effettua questo eserci-

FIGURA 4.2 **ESEMPI DI PERCORSI DI INNOVAZIONE PER IL CAFFÈ TOSTATO E MACINATO**

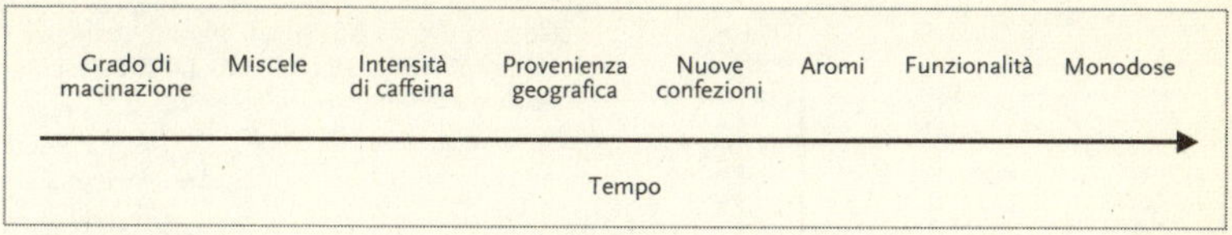

zio, è molto interessante scoprire come diverse aziende si aggreghino intorno ad alcuni percorsi specifici di innovazione.

Nella *Figura 4.2* forniamo un esempio di percorsi di innovazione elaborati a partire da distinte innovazioni intervenute in precedenza in un mercato del caffè.

L'identificazione e la comprensione di questi percorsi sono essenziali, perché una delle decisioni più importanti da prendere è se abbandonare o meno uno dei modelli attuali di innovazione. Per esempio, nel caso del caffè, l'azienda potrebbe decidere di non innovare nel percorso "caffè d'origine controllata" e, per contro, di innovare nel percorso "intensità di caffeina".

Come abbiamo dimostrato nel capitolo precedente, delimitando o eliminando uno o più percorsi di innovazione non si pregiudica la creatività di un team di innovazione, ma la si indirizza semplicemente in una certa direzione.

L'inventario delle innovazioni passate si può organizzare in maniera complementare ai percorsi, categorizzando le tipologie d'innovazione. Ripetiamo anche qui ciò che abbiamo raccomandato nel nostro libro, *Lateral Marketing*[1]: classificare le innovazioni verticali in sei tipi diversi, e distinguerle dalle innovazioni scardinanti (o laterali). La ripartizione delle innovazioni in queste categorie è un approccio diagnostico particolarmente utile per identificare la direzione intrapresa dall'innovazione in un determinato settore. La *Figura 4.3* mostra un'analisi del comparto merceologico del caffè che si basa su questo metodo di classificazione.

Infine c'è la possibilità di rilanciare innovazioni che hanno fallito in passato ma che, grazie a cambiamenti intervenuti nei gusti dei consumatori o a nuove tendenze sociali, oggi potrebbero avere buone possibilità di successo. Per esempio, nel 1993 la multinazionale dei profumi e della cosmetica Puig Beauty & Fashion ha lanciato uno shampoo all'avena, Avena Kinesia, che ha avuto un grandissimo successo. Aveva già lanciato uno shampoo simile, che però non aveva incontrato il fa-

FIGURA 4.3 **ESEMPIO DI DIAGNOSTICA DI INNOVAZIONE NEL CAFFÈ TOSTATO E MACINATO**

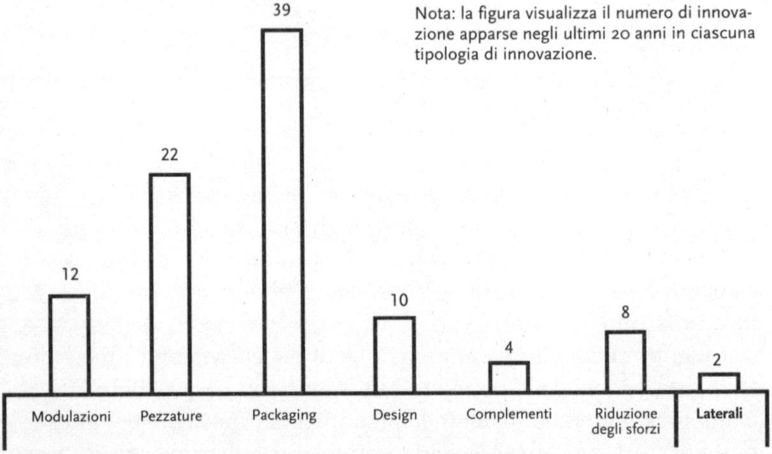

Nota: la figura visualizza il numero di innovazione apparse negli ultimi 20 anni in ciascuna tipologia di innovazione.

vore dei consumatori. La differenza stava nel fatto che nel 1993 si registrava in Europa un marcato trend verso i detergenti che si prendono cura della pelle, accompagnato dalla generale accettazione dei cereali come ingredienti, in contiguità con il mercato alimentare.

Anche se qui facciamo l'esempio del caffè, l'esame critico dell'innovazione non concerne solo le innovazioni che si verificano nei beni di consumo di massa. Qualunque tipo di innovazione, nei servizi, nei mercato B2B, nei mercati dei beni industriali, e persino l'innovazione tecnologica in sé, può essere oggetto di un'analisi di questo tipo, e la sua utilità è la medesima.

Analisi delle categorie adiacenti

Un'analisi storica delle categorie adiacenti, benché più limitata rispetto all'esame critico dell'innovazione, è di grandissimo valore per le sessioni di brainstorming dei creatori. Che cosa intendiamo per categorie adiacenti? Sono categorie di prodotti e di servizi che non sono nostri concorrenti diretti o che non operano nel mercato in cui pensiamo di innovare, ma hanno in comune con i nostri prodotti alcune delle dimensioni che identificano un mercato: cliente, bisogno e situazione. In altre parole, quei prodotti e quei servizi si rivolgono ad altri clienti, ma soddisfano bisogni analoghi, o semplicemente operano in situazioni simili alla nostra.

FIGURA 4.4 **APPROVAZIONE FORMALE DEI PROCESSI DI INNOVAZIONE CHE EMANANO DAGLI ATTIVATORI**

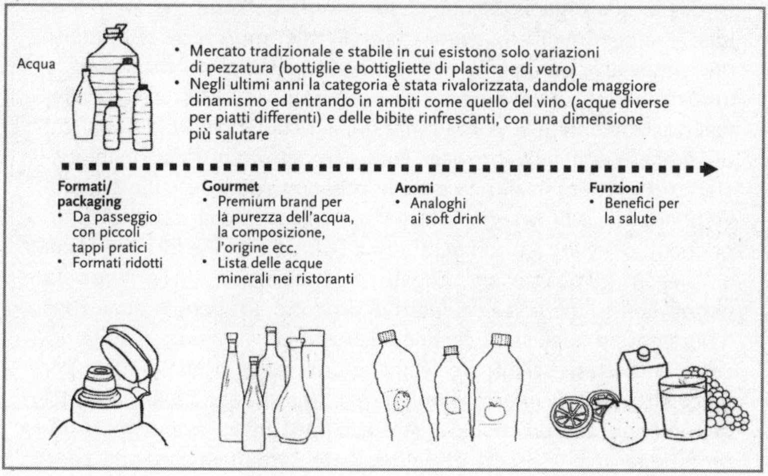

Per esempio, per la categoria del caffè, le bevande energetiche rappresentano una categoria adiacente. Soddisfano uno dei bisogni che soddisfa il caffè (tenerci attivi o svegli). Anche i biscotti rappresentano una categoria adiacente perché, pur soddisfacendo un bisogno diverso, fanno generalmente parte della prima colazione.

L'analisi delle categorie adiacenti dovrebbe rilevare i percorsi che ha intrapreso in passato l'innovazione. La *Figura 4.4* mostra un esempio di questa analisi per una categoria adiacente al caffè.

La sua utilità sta nel fatto che, dalle analogie con categorie adiacenti al mercato in cui cerchiamo di innovare, emergono naturalmente e spontaneamente svariate opportunità di innovazione. L'idea è che queste informazioni potrebbero indurre i creatori a porsi domande del tipo: ha senso innovare nel caffè come si è fatto nelle bevande energetiche? Come vedremo nel prossimo capitolo, le categorie adiacenti sono una fonte inesauribile di idee.

Consulenza interna

Quando ci è capitato di svolgere attività di consulenza sull'innovazione per un'azienda, la prima cosa che abbiamo chiesto al cliente è stata la possibilità di utilizzare informazioni interne, provenienti dal personale, dalle vendite, dall'R&D, dalle ricerche di mercato e dalle visite a clienti, distributori e fornitori.

Il personale

In qualunque organizzazione ci sono tante persone che avrebbero idee e suggerimenti da avanzare, ma nelle imprese relativamente non innovative o in quelle che non hanno sistemi per incanalare le innovazioni non hanno nessuno a cui sottoporli. Questo capitale intellettuale latente è la prima fonte di ispirazione per i creatori a cui dovrebbero attingere i browser. Naturalmente, è impossibile intervistare tutti i membri di una grande organizzazione. Quello che dovrebbero fare i browser è selezionare un campione ristretto di dipendenti o inviare a tutti i reparti una comunicazione formale in cui si spiegano gli obiettivi del progetto di innovazione che l'azienda sta per avviare e l'interesse del team di progetto a sapere di quali cose tener conto o quali siano le idee degli altri collaboratori. A volte occorre addirittura sviluppare tecniche qualitative o quantitative per raccogliere queste informazioni, tramite questionario o sull'intranet dell'azienda. Ciò dovrebbe essere accompagnato da interviste approfondite ai possessori di determinate caratteristiche: una certa esperienza, un forte attaccamento all'azienda, un atteggiamento positivo e una dimostrata creatività.

Vendite, R&D e marketing

Questi tre reparti andrebbero trattati separatamente. I venditori, che hanno contatti quotidiani con i clienti e con i distributori, possiedono utili conoscenze sul mercato. Non possiamo aspettarci che siano loro a risolvere i problemi di innovazione dell'azienda, ma la loro valutazione in merito alla situazione dell'azienda e del mercato è quasi certamente realistica e attendibile. Quanto ai professionisti del marketing, altrettanto fondamentale è la loro conoscenza dei consumatori, delle barriere al consumo e delle motivazioni di acquisto, nonché dei punti di forza e dei punti deboli del portafoglio prodotti in essere e della concorrenza. Infine, i reparti R&D possono darci indicazioni sui limiti tecnici dei prodotti e dei servizi che vogliamo innovare. Possono anche darci una descrizione esauriente dei nostri processi produttivi, allo scopo non solo di fornirci un quadro dei vincoli di produzione che possiamo avere come azienda, ma anche di procurarci un diagramma dettagliato dei processi di produzione, che è un altro stimolo utilissimo nelle sessioni di brainstorming.

Ricerche di mercato

Quando iniziano a lavorare su un'innovazione, le imprese tendono ad avere un bisogno quasi patologico di andare all'esterno e di chie-

dere le opinioni del cliente. Ignorano il fatto che all'interno si è già accumulata un'enorme quantità di informazioni. Oggi abbiamo a disposizione più informazioni di quante ne possiamo elaborare. La prima cosa che devono fare i browser in un team d'innovazione è andare a recuperare tutte le ricerche di mercato precedenti e tutte le statistiche disponibili. Poi dovrebbero selezionare le più rilevanti in base agli obiettivi del progetto di innovazione. Infine dovrebbero studiarle ed estrapolarne una diagnostica con le loro principali conclusioni.
L'analisi effettuata ai fini della diagnostica di innovazione dovrebbe includere tre componenti. La prima prende il nome di market sizing o classificazione del mercato in base alle dimensioni. Significa misurare, all'interno dell'area geografica-target, l'evoluzione e la dimensione attuale del mercato e di ciascuna delle sue categorie o sottocategorie, in termini di valore, unità (se applicabile), clienti (se applicabile) e distributori (se applicabile). La stessa regola vale per il prezzo medio di vendita, i costi di produzione e la struttura dei margini del settore, dalle componenti del prodotto o del servizio ai margini di profitto, ai distributori e all'aliquota fiscale.
La seconda è una lista di percezioni che spingono ad agire i nostri clienti e i nostri distributori. Ultimamente si è scritto molto sulle percezioni, e praticamente ogni autore ha la sua definizione. Noi intendiamo la percezione come la motivazione che spinge ad agire il consumatore perché è innata in lui[2]. Le percezioni andrebbero identificate attraverso ricerche di mercato qualitative. In assenza di queste ultime, anche se non raccomandiamo questo metodo, si possono desumere dal vissuto del marketing e delle vendite. Quale che sia la fonte, un elenco di percezioni sui prodotti e sui servizi in essere è una componente essenziale di qualunque diagnostica di innovazione.

Visite ai clienti, ai distributori e ai fornitori
I fornitori di informazioni, ed eventualmente anche persone che ricoprono altri ruoli A-F (soprattutto i creatori e gli sviluppatori), devono passare un po' di tempo (potrebbero bastare da due a sei giorni) sul campo, visitando i clienti, i fornitori, i distributori e i punti vendita. Il presidente di Starbucks, Howard Schultz, visita settimanalmente da 30 a 40 punti vendita della catena in tutto il mondo. È molto difficile innovare in qualcosa che non si conosce per esperienza diretta. Per esempio, in Tesco, molte innovazioni nascono da visite frequenti a negozi che vendono specialità culinarie, ristoranti etnici e scuole di cucina.

Trend sociali

Noi esperti di marketing e di innovazione abbiamo dedicato, in questi ultimi anni, una grandissima attenzione alla tecnologia e al design, dimenticandoci, in qualche misura, della sociologia. Un'analisi efficace dei trend sociali (dove i clienti sono consumatori, ossia nel mercato B2C) o dei trend commerciali (dove i clienti sono le aziende, ossia nel mercato B2B) ha due utilizzi principali.

In primo luogo, i trend sociali sono una grandissima fonte di ispirazione per i creatori (C). Aiutano a spiegare il comportamento dei nostri clienti, quali che siano i prodotti e i servizi venduti dalla nostra organizzazione. L'incanalamento di un trend sociale attraverso l'innovazione è di per sé una tecnica creativa che produce molte buone idee.

In secondo luogo, i trend sociali sono una sorta di passaporto per l'accettazione di un'innovazione da parte del mercato. Tantissime innovazioni – interessanti e originali, e anche utili per i clienti – sono fallite perché ignoravano alcuni trend sociali. La loro proposta di valore non era in linea con i trend sociali dell'epoca. In questi casi è raro che i consumatori utilizzino l'innovazione: dovrebbero andare controcorrente rispetto alle prassi, alle abitudini e alle mode che hanno adottato loro stessi. Analogamente, un'innovazione che rafforza o conferma i consumatori in un trend sociale prevalente avrà maggiori probabilità di successo.

Ciò si applica principalmente a quelli che definiamo prodotti di massa, ossia destinati al mass market. Tutt'altro caso è quello dei prodotti finalizzati espressamente ad avviare un nuovo trend o una nuova moda. Questo è un campo in cui molte aziende tentano la sorte e poche hanno successo. Il fatto è che i *trendsetter* (leader d'opinione che lanciano la moda di certi articoli in un determinato gruppo sociale) sono filosoficamente contrari ai trend imposti dalle grandi marche. Sono loro, e non i brand, a *decidere* che cos'è di moda. In termini generali, quando il vostro obiettivo è conquistare i *trendsetter*, dovreste studiarne i segni e i movimenti.

Nell'ambito dei trend sociali, tuttavia, quello che si ritiene essere un trend di lungo termine si rivela spesso breve come la vita di una farfalla.

Tutti i gruppi sociali adottano trend di durata variabile. Ciò vale ugualmente per i bambini, le massaie, i dirigenti d'azienda, gli sportivi e gli amanti dei viaggi. Molte aziende innovano sfruttando un trend sociale senza domandarsi quanto potrebbe durare.

Di solito parliamo di quattro tipologie di trend sociali, legate ad altrettanti orizzonti temporali: macrotrend, trend, mode, e mode passeggere. Possiamo dire che ognuna di esse deriva da quella che la precede. Molte mode nascono come "capricci" destinati a durare poche settimane, ma che per una serie di fattori hanno preso slancio e si sono estesi fino a diventare mode vere e proprie.

I trend sociali derivano da mode che sono sopravvissute più di una stagione o di un anno, trasformandosi in qualcosa di più stabile e più duraturo. Infine, un macrotrend è un trend che ha mantenuto la sua popolarità per più di cinque anni e costituisce uno dei tratti caratteristici di una generazione. Distinguiamo perciò tra:

- **macrotrend**: durano da un minimo di cinque anni a un massimo di dieci. Difficilmente durano più di dieci anni, perché ogni sette anni intervengono cambiamenti sostanziali negli obiettivi di vita di una generazione. Un esempio di macrotrend è la preoccupazione per l'ambiente. Fino a pochi anni fa coinvolgeva solo gli ecologici e i gruppi antiestablishment, ma si è progressivamente estesa al resto della popolazione per diventare una caratteristica comune delle persone istruite;
- **trend**: durano da un minimo di un anno a un massimo di cinque anni. Un tipico trend è la progressiva sparizione della cravatta tra i dirigenti e i manager. Lo yuppie, una figura caratteristica degli anni Ottanta e Novanta, viene sostituito ormai da un nuovo tipo di professionista, più casual, meno formale, più indipendente, un fenomeno che sta assumendo i contorni di un macrotrend. Un altro esempio di trend è il cosiddetto *downshifting*. Attualmente in riduzione a causa della crisi economica, il *downshifting* era un trend diffuso tra molti gruppi di professionisti che, arrivati ai cinquant'anni con un livello di reddito e di ricchezza relativamente alto, e un bel po' di quattrini da parte, preferivano sacrificare una parte di reddito e di successo professionale per avere più tempo libero. Il *downshifting* ha avuto una certa popolarità tra il 2003 e il 2007, ma oggi sta scomparendo;
- **mode**: durano una stagione, in senso stretto nel caso delle calzature, e al massimo un anno per altri prodotti e servizi. Un esempio di moda sono i colori che "vanno" negli abiti per una stagione dell'anno. Altri esempi sono le collezioni o le raccolte di oggetti a cui si dedicano gli scolari di una città o di una regione, o la popolarità conquistata da certi attori e da certi personaggi grazie ai successi televisivi o cinematografici;

- **mode passeggere**: durano al massimo un mese, a volte solo una o due settimane. Sono legate spesso a eventi sportivi, culturali, politici o mediatici: per esempio, quando il Papa visita un paese, si registra una breve impennata nella vendita di immaginette, spille ricordo e distintivi.

Il box che segue presenta un elenco di macrotrend, trend, mode e mode passeggere.

Macrotrend
Acquisti online
Google e YouTube come motori di ricerca
Piercing e tatuaggi
Scaricare la musica da Internet
Smartphone
Quotidiani e riviste digitali
Preoccupazione degli uomini per il loro aspetto fisico (*metrosexuality*)
Coscienza ambientale
Prodotti low cost
Cibi e bevande "light"
Cibi precotti e precucinati
Bungee-jumping, kite surfing,
Beatles
Cubo di Rubik

Trend
Giardinaggio sui terrazzi delle case di città
Factory outlet, dove acquistare prodotti al prezzo minimo
Giochi online, come Farmville su Facebook
Passaggio dai minivan ai SUV
Cinema in 3D
Braccialetti gialli per la campagna di sensibilizzazione contro i tumori
Razionalizzazione ecologica degli acquisti
Attenzione all'uso dell'energia e delle risorse (acqua, elettricità, gas ecc.) in ambito domestico
e-book e, per esempio, iPad e altri tablet PC
Social networking

Networking
Auto elettriche

Mode
Braccialetti di gomma
Successi musicali della stagione
Film dell'anno (per esempio, *Avatar*)
Balconing (gettarsi in piscina dal balcone della camera d'albergo)
Libri e dischi bestseller

Mode passeggere
Movimenti politici e sociali di protesta con vita breve
Gossip
Giornate mondiali dedicate a cause sociali (AIDS, fame ecc.)
Festival e adunanze pubbliche
Collezioni di moda *limited-edition* vendute nei grandi magazzini
Saldi
Apparizioni pubbliche di politici, attori ecc.
Vicende di cronaca ad alto impatto e di risonanza mondiale (per esempio, i minatori cileni intrappolati per oltre un mese)

I critici dell'analisi dei trend affermano spesso che quando un trend diventa visibile, di solito è troppo tardi. Dimenticano che l'intenzione è capire come può manifestarsi il trend sul mercato. Per esempio, se un trend come il *downshifting* non viene sfruttato dal mercato automobilistico, una casa produttrice potrebbe decidere di studiare la fattibilità di un veicolo su misura per i *downshifter*.

In realtà, la chiave è avere gli strumenti che permettono di identificare rapidamente i trend. Ecco perché le aziende dovrebbero avere degli osservatori esterni che identificano e rilevano i trend, le mode e le mode passeggere.

Per esempio, l'agenzia pubblicitaria DDB offre un servizio denominato SignBank in cui mette a disposizione un network capillare di "osservatori di trend" sparsi in tutto il mondo. Queste persone non sono necessariamente dei dipendenti; si tratta principalmente di persone che entrano a far parte del network per il desiderio di contribuire all'individuazione dei trend.

Molti osservatori cercano segnali di trend nelle città e nelle cittadine in cui vivono: nelle strade, nei grandi magazzini, dappertutto.

Ogni novità rilevata, ogni cambiamento sociale, ogni moda, ogni nuovo gusto e ogni nuovo trend viene inserita/o in SignBank. Se per esempio, un *signspotter* scopre che in certe categorie è diventato "d'obbligo" indossare calzini spaiati, di forma e colore diverso, inserirà queste informazioni nella banca dati a cui tutti i suoi colleghi possono accedere tramite Internet.

L'osservazione "due calzini diversi" verrà associata a una serie di "tag", una classificazione che permette di reperire facilmente le informazioni o di farle saltar fuori quando si cerca qualche voce collegata al trend.

Per esempio, l'input "due calzini diversi" verrebbe "taggato" nelle categorie moda, tessuti, calzature, piede, colore, andamento. Così, se un direttore creativo di San Francisco è alla ricerca di idee o trend a cui ispirarsi, va sul sito di SignBank, digita la parola "tessuto" e ottiene, insieme a tanti altri indicatori, anche "due calzini diversi".

È solo un esempio di come si potrebbero sfruttare le nuove tecnologie. I blog e i social network si rivelano straordinarie fonti di potenziali partner esterni quando si raccolgono informazioni o si rilevano dei trend. Nel prosieguo del capitolo analizzeremo più approfonditamente queste fonti di informazioni e le modalità con cui si possono utilizzare.

Classi sociali

Per integrare le informazioni di cui abbiamo parlato occorrono alcuni elementi che vengono spesso trascurati e che sono fondamentali per il successo delle innovazioni commerciali di un'azienda: la descrizione, la composizione e l'evoluzione delle classi sociali nella regione o nel paese in cui si dovrebbe introdurre un'innovazione.

In passato, le classi sociali si evolvevano piuttosto lentamente, ma oggi i grandi spostamenti del capitale sui mercati finanziari globali, la modifica delle politiche di finanziamento delle banche, l'espansione e la restrizione delle politiche monetarie delle banche centrali, oltre alla continua formazione e implosione di bolle speculative, comportano rapidi cambiamenti nella composizione delle classi sociali.

In Occidente, il consolidamento delle classi medie, la scomparsa delle classi superiori e il maggior peso delle classi povere hanno avuto un impatto fortissimo sulla struttura della domanda. La crescita economica negli Stati Uniti e in Europa ha fatto nascere una classe benestante che consumava moltissimo grazie al credito e alla continua rivalutazione dei suoi immobili. Nello stesso tempo cresceva il gap tra questa classe e la popolazione che non aveva accesso al credito e che, con la crisi, ha visto il proprio reddito disponibile ridursi in maniera significativa. Di conseguenza, la domanda si è polarizzata ai due estremi di coloro che puntano sul prezzo e di coloro che puntano sulla qualità. Oggi i gruppi sociali decidono sempre più frequentemente che cosa acquistare in base al prezzo o in base alla qualità.

È un banale esempio di come l'analisi delle classi sociali possa incidere sulle strategie di innovazione. Queste informazioni sono vitali per i facilitatori (F) quando si tratta di scegliere le idee più promettenti da sviluppare.

Trend di mercato

I trend sociali e i percorsi di innovazione del passato sono trend di mercato. Consistono in un elenco di aspetti topici di trend generali, come le politiche di pricing, di distribuzione e di comunicazione che caratterizzano il mercato obiettivo della nostra innovazione.

Per esempio, se vogliamo innovare nel caffè, dobbiamo identificare i trend in atto negli alimentari e nelle bevande, oltre alle politiche commerciali che stanno avendo il massimo impatto:

Trend generali nell'alimentazione e nelle bevande
- Preoccupazione per l'obesità
- Preoccupazione per la nutrizione dei bambini
- Moda della dieta mediterranea
- Ascesa delle marche private
- Tendenza alle estensioni di linea nei prodotti stagionali

Trend generali nella commercializzazione di alimenti e bevande
- Preponderanza dei distributori automatici
- Acquisti su Internet
- Distribuzione diretta di prodotti freschi, dal produttore al consumatore
- Spostamento di investimenti pubblicitari dalla televisione a Internet
- Prodotti confezionati low cost
- Crescita dei prodotti alimentari "a chilometro zero" (prodotti e distribuiti localmente)

La comprensione di questi trend può essere una fonte di ispirazione per i creatori. Dovremmo domandarci, esaminando ognuno di questi trend di mercato, se sono rilevanti per la nostra categoria merceologica.

Per esempio, per restare al caffè, i creatori potrebbero porsi queste domande: ha senso per i produttori di caffè fornire direttamente i consumatori, come avviene per i prodotti freschi? Possiamo lanciare dei caffè stagionali?

La ricerca di informazioni può essere un lavoro creativo. Ecco perché i browser non informano, ma ispirano. Noi propugniamo un ruolo attivo per le informazioni, i dati e le percezioni, un ruolo che vada oltre la mera descrizione e che, in un certo modo, faccia parte del processo creativo.

Processo di acquisto

Il processo di acquisto è una delle prime cose che apprendono gli studenti di marketing, e una delle prime che dimenticano quando entrano nel mondo del lavoro. Il processo di acquisto si definisce come l'insieme di fasi cronologiche che il cliente attraversa prima di acquistare e di utilizzare un determinato prodotto o un determinato servizio.

La *Figura 4.5* descrive le fasi più comuni di un processo di acquisto.

Il processo di acquisto del cliente è di importanza vitale nei processi di innovazione. Ancora troppo spesso l'innovazione si considera una modifica fisica del prodotto in vendita o l'introduzione di una nuova tecnologia. Dimentichiamo che nel processo di acquisto si creano anche vantaggi competitivi. In realtà, il processo di acquisto è una serie di sforzi compiuti dai clienti. Questi sforzi non attengono solo al denaro sborsato, ma anche al tempo trascorso per ottenere informazioni sulle alternative più valide, all'atto materiale dell'acquisto, al rischio di errore, alle garanzie post vendita ecc.

L'attenuazione dello sforzo che potete offrire al cliente in ognuna di queste fasi si può considerare un'innovazione, anche se non comporta la necessità di modificare il prodotto o il servizio che viene commercializzato. ExxonMobil aggiorna e analizza in continuazione le varie fasi attraversate dai clienti che si fermano nelle sue stazioni di servizio. Dall'analisi dei loro processi di acquisto emergono continuamente delle innovazioni, perché il management usa una descrizione dettagliata del processo di acquisto come stimolo della creatività.

FIGURA 4.5 **FASI DEL PROCESSO DI ACQUISTO**

Riconoscimento del bisogno → Ricerca di informazioni → Decisione di acquisto → Acquisto → Comportamento successivo all'acquisto

Il prodotto di tutte queste considerazioni dovrebbe essere un elenco dei possibili **percorsi di innovazione** da seguire. Il percorso di innovazione è un sentiero che possono seguire i creatori nella generazione di idee.

Tornando al caffè, percorsi di innovazione sarebbero, per esempio:

- un target più anziano;
- la vendita diretta da parte dei produttori;
- il confezionamento in lattine;
- prodotti stagionali.

Questi percorsi non sono di per sé innovazioni; indicano piuttosto le aree in cui si vuole che i creatori tirino fuori delle idee. Le tecniche di creatività vanno sviluppate tenendo presenti questi percorsi.

Come abbiamo detto nel capitolo precedente, "indirizzare" la creatività non significa ridurne il potenziale, ma aumentare la probabilità che i suoi output siano rilevanti.

Occorre perciò che i facilitatori (F) e gli attivatori (A) del processo di innovazione decidano quali dei possibili percorsi di innovazione seguire. Se un'azienda non ha alcun interesse a sviluppare canali diretti tra i consumatori e i produttori, è meglio evitare preventivamente che i creatori sprechino tempo nella ricerca di soluzioni o di idee su questa linea di innovazione.

I creatori, per contro, devono essere informati dei percorsi di maggiore rilevanza strategica per gli obiettivi complessi dell'azienda, in modo da poter focalizzare i propri sforzi sulla generazione di idee coerenti con essi.

DA BROWSER A DEVELOPER: SOLUZIONI TECNOLOGICHE E PROGETTUALI

I developer (D) sono i soggetti che dovranno trasformare concetti e idee in prodotti e servizi effettivi, ossia commercializzabili.

Ovviamente, gran parte delle informazioni citate nel paragrafo precedente risulta utile quando bisogna trasformare un concetto in un prodotto. Aspetti come i trend di mercato, i trend sociali e, soprattutto, le categorie adiacenti sono di grande utilità per gli ingegneri o per i tecnici che sviluppano nuovi prodotti.

In linea generale, i developer hanno bisogno di informazioni di natura squisitamente tecnica, ossia legate alla tecnologia, allo sviluppo e alla progettazione. Di conseguenza, le loro fonti di informazioni si trovano di solito nell'R&D, nei fornitori esterni, o nelle fiere internazionali, dove possono trovare o acquisire la tecnologia necessaria.

Ma ci sono alcune informazioni, non esattamente tecniche, che possono rivelarsi estremamente utili. Ci riferiamo alle soluzioni tecnologiche e al design.

Soluzioni tecnologiche

Una delle maggiori difficoltà che devono affrontare i reparti tecnici non è tanto la disponibilità della tecnologia, quanto piuttosto la sua applicazione pratica a un determinato prodotto o servizio. Per esempio, nello sviluppo di un servizio di vendita di assicurazioni online, l'IT potrebbe avere il linguaggio di programmazione, il software, i programmatori ecc., ma non sapere quale forma dovrebbe assumere il sito con cui interagiranno i clienti. Da parte loro, i reparti R&D che incorporano nuove tecnologie nei prodotti in essere devono sapere come è stata applicata la tecnologia ad altri prodotti. Supponiamo che un'azienda di orologeria stia pensando di incorporare la tecnologia GPS negli orologi da polso; le sarebbe utile capire come i produttori di strumenti di navigazione marittima o terrestre hanno reso questi prodotti *user friendly*.

I browser, nella loro relazione con i developer, non forniscono tecnologia, ma modalità di utilizzo della stessa: il modo in cui una determinata tecnologia è stata adottata – con successo – in altre categorie di prodotti e di servizi.

Questo tipo di analisi è simile a quello delle categorie adiacenti, ma è di natura diversa. Anziché ricostruire la storia o l'evoluzione di una categoria merceologica vicina alla nostra, qui esaminiamo, per una determinata tecnologia o per lo sviluppo incipiente di un prototipo, il modo in cui il fabbricante di un prodotto, collegato o meno al nostro mercato, ha deciso che il cliente dovrebbe utilizzare quella tecnologia.

Per esempio, quando ExxonMobil ha lanciato Speedpass, un gruppo di ricercatori ha studiato le modalità di applicazione della tecnologia radio ad altri prodotti e servizi, in modo da analizzare le possibilità di introdurre un servizio di pagamento automatico che impiegava la stessa tecnologia nelle stazioni di servizio.

Un altro esempio concerne il trend sempre più consistente, avviato da Apple, verso la fornitura di sevizi digitali che hanno apparecchi di controllo con un solo tasto, menù molto semplici e intuitivi e non richiedono un manuale per l'utente. Pensate, per esempio, alle automobili su cui i menù degli strumenti digitali – dal GPS allo stereo alla diagnostica di bordo – si ispirano ai menù dei telefoni cellulari di ultima generazione.

Ci sono due aspetti nella tecnologia: quello che va all'interno del prodotto o del servizio e quello che va all'esterno e ne determina l'utilizzabilità e la plasticità. La forma della tecnologia fa riferimento a questo secondo aspetto. E ha più che fare con i trend sociali che si registrano nell'utilizzo della tecnologia che con degli aspetti tecnici.

Design

In larga misura, quanto abbiamo appena detto vale anche per il design. Quando bisogna trasformare delle idee in prodotti e poi creare dei prototipi, i developer hanno bisogno del maggior numero possibile di informazioni su ciò che sta accadendo in questo momento in altre categorie di prodotti e servizi in termini di materiali, colori, forme, dimensioni e stili.

I browser non sono designer, ma un breve rapporto sui trend in atto nel design è essenziale per far sì che un nuovo prodotto sia veramente all'avanguardia che venga adottato dai primi utilizzatori o dai *trendsetter*.

Di seguito vediamo un elenco delle informazioni che i browser possono fornire ai developer per lo sviluppo di una nuova "chiavetta elettronica" (USB).

Esempio di spunti progettuali per una chiavetta elettronica

- Forme alla moda: arrotondate
- Proporzioni: più simmetriche che allungate
- Dimensioni: piccole
- Colori: bianco, pastello
- Materiali: leggeri
- Finiture: levigato, metallizzato
- Complementi: minimi; solo un anello o un fermaglio, niente lacci o cordicelle

DA BROWSER A ESECUTORI: FORMULE DI MARKETING

Per l'esecuzione o l'implementazione di un'innovazione, ossia per il suo lancio sul mercato, i browser dovrebbero fornire agli esecutori tre categorie di informazioni che li aiuteranno a definire l'approccio di marketing più efficace.

Strategie di marketing attuate recentemente con successo
Si tratta di un rapporto sulle strategie di marketing seguite di recente nel lancio di prodotti e di servizi, che:

a) si basano sulla stessa innovazione tecnologica;
b) prendono di mira gli stessi clienti, anche se non hanno nulla a che fare con il nostro prodotto o il nostro servizio, la nostra categoria merceologica o la nostra tecnologia;
c) non hanno nulla a che fare con i nostri clienti o con la nostra tecnologia, ma rappresentano strategie innovative e vincenti.

Tattiche di marketing attuate recentemente con successo
In questo caso, il metodo è proporre, per ognuna delle tre P della strategia di marketing (prezzo, distribuzione – in inglese *place* – e promozione), possibili analogie fra il prototipo da lanciare sul mercato e altri lanci effettuati di recente con successo.

La tecnica è simile a quella che abbiamo descritto nel paragrafo sui possibili percorsi di innovazione ripresi da categorie adiacenti (possiamo innovare la categoria del caffè sulla falsariga dell'innovazione rappresentata dalle bevande energetiche?), ma viene applicata a livello tattico del marketing mix. Sviluppate un inventario di tattiche interessanti e innovative sui prezzi, sui canali e sulla comunicazione e poi cercate di capire come si potrebbero applicare nel progettare il lancio di un prodotto che è già stato sviluppato.

Supponiamo per esempio che il nuovo prodotto sia una linea di bevande a base di caffè con aromi stagionali: caffè alla menta, caffè al cioccolato, caffè alla cannella, caffè al caramello. I browser potrebbero fornire informazioni interessanti sulle tattiche usate per altri prodotti come fonti di ispirazione nello sviluppo del marketing mix di un prodotto analogo che è stato aromatizzato.

APPRENDIMENTO DAGLI ERRORI

C'è una tendenza naturale ad analizzare i successi di marketing, ma pochissime pubblicazioni e pochissimi studi tentano di spiegare perché certi prodotti e certi servizi falliscono. Tuttavia, le lezioni che si possono apprendere dagli errori altrui sono sempre utili. Per aiutare gli esecutori, i browser dovrebbero produrre un rapporto in cui si esaminano i problemi e gli errori in cui sono incorsi altri produttori nell'introdurre analoghe innovazioni.

Alla fine del 2010 la CNN ha pubblicato l'elenco dei più grandi insuccessi tecnologici dell'anno[3]. È rivelatore il fatto che alcune delle aziende incluse nell'elenco siano anche le più innovative. Ciò dimostra che l'innovazione si associa inevitabilmente a un certo livello di rischio e di insuccesso. Ecco l'elenco pubblicato da CNN:

1. iPhone 4: "Antennagate";
2. 3-DTV;
3. Microsoft Kin;
4. Nexus One;
5. Facebook Privacy;
6. Google Buzz;
7. Gawker Media Hackers;
8. Content Farms;
9. Digg Relaunch;
10. iTunes Ping.

TECNICHE E METODI PER LA RACCOLTA DI INFORMAZIONI

In aggiunta a quanto abbiamo detto nei paragrafi precedenti, qui illustriamo tre importanti aree di ricerca sviluppatesi recentemente (monitoraggio della Rete, studi etnografici e geolocalizzazione) che stanno progressivamente relegando in secondo piano le tecniche più qualitative impiegate finora (interviste approfondite e focus group), sui cui non ci dilungheremo perché i nostri lettori dovrebbero già conoscerle bene.

Monitoraggio della Rete

Fino a pochissimi anni fa, si pensava che la comunità degli utilizzatori di Internet non fosse rappresentativa di tutti consumatori. L'utilizzo della Rete non era ancora generalizzato, per cui le conclusioni tratte dallo studio degli internauti erano parziali, o rilevanti solo per alcuni segmenti della società. Non è più così. Internet è cresciuto, e il suo utilizzo si è talmente diffuso che in molti paesi se ne riconosce pienamente la rappresentatività. Molti segmenti tradizionali a cui si rivolgevano le imprese e i brand comunicano sulla Rete.

Questa evoluzione permette di sfruttare i blog, i forum e i social network come fonti di informazioni per il processo di innovazione. Non occorre nemmeno sviluppare nuovi strumenti o nuovi motori di ricerca. Gli strumenti impiegati attualmente dai webmaster per scoprire che cosa dice la gente dei loro prodotti e dei servizi sui blog, sui forum e sui social network ci permettono di capire con quali modalità i brand possono dare ai clienti ciò che vogliono veramente.
Il vantaggio dei blog e dei forum virtuali è che gli utilizzatori di Internet esprimono meglio – e più apertamente! – i loro sentimenti e i loro pensieri sui prodotti e sui servizi che consumano. I blogger e gli altri fornitori di contenuti online sono avidi consumatori dei prodotti e dei servizi su cui scrivono. Perciò, quando leggiamo un blog, leggiamo quasi sempre le opinioni di consumatori esperti, profondamente coinvolti, appassionati e sinceri. Scrivere è una forma di espressione che fa emergere atteggiamenti e sentimenti, dunque i blog, i forum e i social network sono una fonte di particolare interesse per quanto riguarda le percezioni.
Per esempio, all'inizio di maggio 2009, StubHub, una biglietteria online, ha usato lo strumento Scout Labs per rilevare il crescente malumore espresso dai tifosi sui blog dopo il rinvio per pioggia della partita di baseball Yankees-Red Sox. All'inizio StubHub si è rifiutata di rimborsare i biglietti, ma dopo aver preso atto della marea di critiche che montava sulla Rete ha offerto ai tifosi delusi sconti e crediti, e adesso sta ripensando la politica di non rimborsare i biglietti quando una gara viene rinviata per il maltempo.
Diamo per scontato che i nostri lettori sappiano qual è la differenza tra un blog, un forum e la condivisione delle informazioni sulle pagine personali dei social network. Ma come possiamo passare al setaccio e analizzare questa enorme massa di informazioni che viaggiano su Internet?
Oggi ci sono tanti modi per "ascoltare" la Rete: una serie di strumenti etnografici per rimanere al passo con i cambiamenti di opinione che si registrano sui social network, i loro effetti sull'immagine e sul posizionamento dei brand, e l'evoluzione delle conversazioni. Eccone una rassegna.

- *Google Trends*: rileva la frequenza relativa con cui gli utenti hanno digitato una certa query. È un mezzo semplice e a costo zero per quantificare gli interessi delle persone e la loro evoluzione nel corso del tempo. È indispensabile, per esempio, per monitorare mode passeggere, mode, trend e macrotrend.

- *Technorati*: è un motore di ricerca per i blog, una sorta di Google della blogosfera. Consente agli utenti di trovare blog che trattano argomenti specifici (per esempio le diete), di stabilire quanto sia rilevante e/o autorevole un blog e infine di seguire le conversazioni che si tengono su un determinato blog.
- *Alerts* (disponibile per esempio su Google e Yahoo!): è un sistema che permette di programmare messaggi automatici che inviano un indirizzo e-mail tutte le volte che qualcuno posta sul web un messaggio che contiene parole o frasi predeterminate. Per esempio, se volete monitorare il *downshifting*, potete programmare Google Alerts in modo che vi mandi una e-mail tutte le volte che appaiono nuove informazioni su Internet – pubblicazioni, forum o blog – che contengono il termine *downshifting*. Si può gestire anche attraverso un news feed. Gli Alerts ci permettono di sapere in tempo reale chi dice che cosa.
- *StepRep*: è uno strumento di monitoraggio della reputazione che rileva ciò che si dice su Internet di persone, aziende o brand specifici. Vi consente di creare il profilo di un'azienda o di un brand e di condividerlo con altre aziende e con altri brand, nonché di monitorare le relative opinioni postate sui vari network, classificate dal segno algebrico dei sentimenti generati (si va da molto negativo a molto positivo).
- *Social Mention*: passa al vaglio l'intera Rete per cercare indicatori della forza di un determinato brand (la percentuale di citazioni), i sentimenti che suscita (numero di opinioni favorevoli contro opinioni negative), il grado di influenza di coloro che parlano del brand sul network e la probabilità che coloro che parlano del vostro brand lo rifacciano. La sua utilità nel processo di innovazione è evidente: andare alla ricerca di percezioni sui brand e i prodotti, dopo il lancio di un'innovazione, rilevarne attivamente la performance sul mercato in presenza di rapidi cambiamenti e indicare se occorre apportare modifiche alla comunicazione.
- *ScoutLabs*: vi mette in condizione di monitorare blog, social network, articoli, siti web ecc. alla ricerca di opinioni positive o negative, tramite un sistema avanzato di valutazione di ciò che si dice su Internet. Molte aziende lo usano già per "ascoltare" i clienti e per "conversare" con loro, consolidare il rapporto com-

merciale e, in buona sostanza, innovare i propri prodotti e accrescerne il valore.

- *Altri strumenti operativi*: nascono ogni giorno nuovi strumenti, sempre più sofisticati. Eccone alcuni:
  - www.wefeelfine.org è un sito web che mostra più di 2.000 opinioni registrate in tutto il mondo nel momento in cui viene effettuata la consultazione, segmentate per genere, età, paese, data e condizioni atmosferiche;
  - www.wordle.net genera "nuvole di parole" ricavate dal testo che digitate su Internet. Le nuvole danno maggior risalto alle parole che compaiono più frequentemente nel testo selezionato;
  - http://twittersentiment.appspot.com/ mostra le opinioni positive e negative postate su Twitter nei confronti di una parola digitata nella sua barra di interrogazione.

Tra il momento in cui scriviamo e la pubblicazione di questo libro, appariranno sicuramente altri strumenti. Vogliamo dire che è un trend inarrestabile. Il setacciamento sistematico della Rete alla ricerca di informazioni è un fenomeno in crescita, e continuerà a portar via quote di mercato all'informazione offline, anche se le due cose si integrano a vicenda. Possiamo già vederlo nella nascita di società di ricerche di mercato che si affidano esclusivamente ai blog e ai social network. Sono in corso studi molto approfonditi su come trarre valore dai social network, e un'opzione è fornire ai ricercatori di mercato e ai marketing manager gli strumenti necessari per condurre indagini ristrette su utilizzatori selezionati di Twitter, LinkedIn e Facebook, che esprimono le proprie opinioni con la stessa rapidità e la stessa immediatezza con cui raccontano quello che stanno facendo. È qualcosa di simile ai panel virtuali, ma opera in tempo reale all'interno di un social network.

Studi etnografici

Ecco un modo molto efficace di presentare questo argomento:

> Sappiamo tutti che cosa vogliono i clienti. Siamo sicuri di aver capito perfettamente il problema. Esaminiamo un'infinità di ricerche di marketing. Teniamo dei focus group. Abbiamo dati in quantità. Ma sapete una cosa? Non bastano. I dati possono solo indicare dei fatti. Se non andiamo sul campo e non ci mettiamo effettivamente nei panni dei clienti, se non ci prendiamo la briga di metterci accanto a loro mentre tentano di

risolvere un problema, e se li prendiamo sempre alla lettera, non possiamo definire la nostra strategia incentrata sul consumatore. I clienti sanno raramente di che cosa hanno bisogno. Perciò sono raramente in grado di dirvelo. Di conseguenza, una grande innovazione non viene quasi mai dalle ricerche di mercato tradizionali. Qual è la soluzione? Imparate a vedere la realtà con i vostri occhi. Vivete la vita del cliente[4].

Per il sociologo Anthony Giddens, l'etnografia è lo studio diretto delle persone condotto attraverso l'osservazione partecipante e le interviste per capire il comportamento sociale. La ricerca etnografica mira a rivelare i significati della realtà sociale dell'individuo attraverso il coinvolgimento diretto del ricercatore, che assume un ruolo attivo nella vita della persona oggetto dello studio, osservando ciò che accade, registrando in tempo reale ciò che fa, e se necessario chiedendole direttamente spiegazioni e interpretazioni delle sue decisioni, delle sue azioni e del suo comportamento. Il risultato è una descrizione esauriente di abitudini, convinzioni, miti, genealogie, andamenti storici e linguaggi.
L'idea è studiare il soggetto nel suo habitat naturale: in casa, mentre fa acquisti, nel luogo di lavoro o dove trascorre il tempo libero, secondo le finalità della ricerca. Il ricercatore diventa così un "visitatore casuale" del mondo in cui vive e opera il soggetto, che osserva di vicino nelle sue attività quotidiane. Il fine non è l'obiettività, perché l'enfasi sta sulla prospettiva dei consumatori e sui significati del loro comportamento.
Ecco qui sotto le principali tecniche etnografiche.

- **Osservazione diretta** (*face-to-face*), detta anche "osservazione partecipante". La si può effettuare a casa del consumatore (*in-home visits*), mentre fa acquisti (*shopper trips*), o seguendo per un giorno intero un gruppo di clienti che costituiscono un campione rappresentativo della clientela di un'azienda (*a day in my life*). Per esempio, Vaughan Beals, CEO di Harley Davidson, ha invitato i suoi più stretti collaboratori a partecipare ai motoraduni e più in particolare a quelli dei possessori di Harley. In una di queste occasioni, Willie Davidson, nipote del fondatore dell'azienda, ha potuto studiare il fenomeno di personalizzazione delle moto che ha ispirato alcuni modelli successivi.
- **Videoregistrazione**. Si può effettuare in due modi: (1) filmare i clienti mentre svolgono varie attività, legate all'acquisto, al consumo o all'utilizzo dei prodotti. Per esempio, Whirlpool, sa-

pendo che gli utilizzatori dei suoi elettrodomestici potrebbero incontrare difficoltà nell'espressione dei propri bisogni, tiene sessioni di utilizzabilità in cui tre videocamere riprendono ciò che accade da angolazioni diverse. In uno di questi video, i manager di Whirlpool hanno scoperto che i clienti faticavano a individuare e a sostituire il filtro dell'acqua del frigorifero[5]. I progettisti dell'azienda hanno usato questo filmato per ridisegnare alcuni componenti dei frigoriferi. In un altro caso, per migliorare il look e la navigabilità del sito, le webcam riprendono gli utilizzatori di Internet seguendo il movimento dei loro occhi e registrandone costantemente le azioni. Queste informazioni, aggregate in maniera quantitativa, aiutano a visualizzare le modalità di navigazione degli internauti, così come negli anni Sessanta e Settanta i ricercatori cercavano di capire come si spostavano i consumatori all'interno dei supermercati. (2) La seconda possibilità è fornire videocamere ai clienti o ai consumatori di cui vogliamo capire le abitudini di vita, chiedendo loro di filmare vari aspetti della propria quotidianità. Per esempio, gli autori hanno condotto uno studio per Nike il cui obiettivo era capire come si evolve il mondo dei giovani. Abbiamo dato delle videocamere a un campione di giovani di diverse città, e i risultati sono stati veramente sorprendenti. Oltre a filmare i luoghi che frequentavano, quei ragazzi ci hanno mostrato le loro stanze, l'interno degli armadi, i manifesti appesi alle pareti... aree intime e private della vita di un focus group che avrebbe faticato a verbalizzare o a descrivere le cose che ha filmato e registrato, regalandoci così una specie di full immersion in questo gruppo target, che si è rivelata di grandissima utilità per l'azienda committente.

- **Audioregistrazione**. I nuovi registratori digitali, grazie all'elevata capacità di immagazzinamento delle informazioni, alle dimensioni ridotte e alla facilità d'impiego, offrono un nuovo strumento per gli studi etnografici. Il metodo consiste nel fornire al cliente o consumatore uno di questi registratori chiedendogli di portarlo sempre con sé e di registrare i suoi pensieri e le sue opinioni, ciò che prova e che vede, in alcune situazioni predeterminate. Per esempio, allo scopo di identificare i servizi più frequentemente richiesti a un operatore telefonico che utilizza la tecnologia GPRS, abbiamo fornito dei registratori a 50 utilizzatori potenziali. Durante i loro spostamenti quotidiani, tali soggetti indicavano i propri bisogni di informazioni, il relativo grado di urgenza e la somma che erano disposti a spendere in quel momento per soddisfarli. In tempo reale, negli ingorghi del traffico, abbiamo scoperto un basso livello di sensibilità al prezzo per un servizio informativo su percorsi alternativi meno battuti. Con l'utilizzo di tecniche tradizionali, nei focus group, dove nessuno era in ritardo per una riunione a causa del traffico, i prezzi che i membri del campione si dichiaravano disposti a pagare per gli stessi servizi erano molto più bassi. Rilevando i bisogni in tempo reale, abbiamo ottenuto un quadro molto più attendibile della sensibilità al prezzo di questi servizi.

- **Diari dei consumatori**. Un altro mezzo con cui i partecipanti a uno studio possono registrare in tempo reale quello che volete sapere su di loro è il diario. Gli studi tradizionali sull'utilizzo e sull'atteggiamento (U&A) registrano settimanalmente o mensilmente gli acquisti e i consumi in un questionario strutturato, tipico delle ricerche quantitative. Lo scarto cognitivo che deriva dal ricordo delle quantità, delle frequenza e dei brand consumati, come nel caso di un soft drink, è fortissimo. Nell'innovazione, per contro, è importante capire come possiamo generare opportunità di consumo dai competitor con cui ci confrontiamo sul piano dei desideri e da quelli con cui ci confrontiamo sul piano delle situazioni. Un produttore di bibite si procurerebbe maggiori opportunità con un'innovazione che sottragga volumi al caffè, anziché con una che tolga volumi ad altre bibite. Se è già difficile ottenere informazioni dalle persone sui loro consumi di un determinato prodotto, figuratevi quanto sarebbe difficile cercare di capire nella stessa indagine quali siano le abitudini sui concorrenti. Questo scarto tende a crescere esponenzialmente. Lo si può ridurre sensibilmente con studi etnografici "su carta". Il metodo consiste nel far tenere al soggetto una sorta di diario dei prodotti acquistati e consumati, o dei servizi usati, in tutta una serie di categorie specifiche, con l'impegno a effettuare le annotazioni alla fine della giornata o a ore prestabilite.

Oltre ad essere più affidabili (è facile ricordare ciò che abbiamo fatto nel corso della giornata), queste informazioni vengono impiegate per ottenere informazioni aggiuntive su quel momento specifico (situazione, luogo, ora, contesto sociale, ragioni che hanno ispirato la scelta del prodotto, ragioni che hanno ispirato la scelta del brand, prodotti acquistati o consumati nello stesso momento ecc.). Queste informazioni sono estremamente difficili da ottenere quando si usa una tecnica dichiarativa di sollecitazione del ricordo. I diari dei consumatori si possono usare anche per qualunque altro scopo. L'idea è che il consumatore abbia la possibilità di annotare in tempo reale o alla fine della giornata le informazioni di cui abbiamo bisogno.

Queste tecniche offrono diversi vantaggi:

- primo: ci permettono di rilevare percezioni dei consumatori e imperfezioni del mercato che difficilmente i clienti riferirebbero in un focus group o in un'intervista approfondita, perché in molti casi ignorano queste informazioni o ne sono inconsapevoli;
- secondo: la qualità delle informazioni ottenute da un videotape o dall'osservazione diretta (un'immagine vale più di mille parole) è infinitamente superiore a quella di una descrizione verbalizzata di ciò che vogliamo studiare o conoscere;
- terzo: per sapere che cosa passa nella mente dei consumatori o dei clienti, è imperativo metterli in condizione di esprimersi in tempo reale, mentre formulano quel pensiero o vivono quella sensazione. Le tecniche tradizionali si fondano sul ricordo o sulla verbalizzazione di queste informazioni, per cui il soggetto si focalizza unicamente sugli aspetti più abituali, ovvi o evidenti, lasciando fuori dal suo resoconto molte situazioni che potrebbero costituire delle opportunità o indicare agli innovatori bisogni insoddisfatti.

L'etnografia ha conosciuto una grande popolarità negli ultimi anni, ma il suo utilizzo da parte delle imprese non è ancora molto elevato. Ci vuole del tempo, e il costo degli specialisti che mettono in atto questa tecnica è alto: ecco perché sono ancora in pochi ad applicarla.

Geolocalizzazione

Oggigiorno, grazie a Internet, si può individuare su una mappa l'esatta posizione geografica di qualsiasi tipo di contenuto (testi, foto, video, opinioni). Google Earth è stato il primo sito a offrire

questo servizio, aprendo la strada ad applicazioni e piattaforme innovative che permettono di espandere ulteriormente le possibilità delle ricerche di mercato qualitative.
Un esempio interessante in proposito è Foursquare, un social network mobile con oltre un milione di utenti registrati che comunicano la propria ubicazione e le proprie opinioni, sanno dove si trovano i loro interlocutori e ne leggono i commenti. Foursquare offre informazioni in tempo reale sui luoghi visitati o frequentati in una determinata città, in base alla collocazione geografica dell'utente. Sono gli utilizzatori del sito a generare un network fidato di amici. I membri del network si scambiano opinioni sui luoghi visitati. Ciò rende più facile monitorare il comportamento dei consumatori e ottenere informazioni quantitative sul numero e sulla frequenza delle visite, oltre che informazioni qualitative (commenti e raccomandazioni). Foursquare cresce attualmente di 15.000 nuovi utenti al giorno.
La geolocalizzazione come strumento di marketing sta ancora muovendo i primi passi, ma la sua semplicità e la sua efficacia, l'avvento dei telefoni portatili a basso costo (smartphone) e la messa in relazione di mondi reali e mondi virtuali attraverso la creazione di esperienze e vincoli emotivi con determinati brand fanno immaginare un futuro brillante per questa attività, anche come strumento etnografico.

Capitolo 5

Creatori

Il creatore è colui che ha il compito di generare idee per tutta la durata del processo di innovazione. Le sue idee dovrebbero diventare innovazioni.

C'è una curiosa contraddizione nel ruolo dei creatori. Da una parte, rappresentano una pietra angolare del processo di innovazione. Prima del loro intervento, abbiamo obiettivi chiari, un processo in corso e informazioni pertinenti, preziose e continuative, ma fino a quel momento non c'è nulla da sviluppare, nulla a cui dare forma. Nulla che possiamo affidare all'R&D o allo sviluppo prodotti affinché lo trasformi in qualcosa di reale. Dall'altra parte, i creatori producono idee.

Qualcuno dice che il mondo è pieno di idee e che le idee, di per sé, non hanno un grande valore. Ciò che conta è la capacità di renderle originarie, preziose e rilevanti. I creatori non dovrebbero semplicemente fornire delle idee; dovrebbero offrire idee plausibili che si possano implementare e che creino valore aggiunto per il cliente. Ma non è così semplice.

Non possiamo scindere la capacità di generare idee dalla loro qualità. Il ruolo di creatori non è solo sviluppare idee, ma sviluppare *buone* idee. Le tecniche e i metodi di lavoro che suggeriamo qui riguardano sia la generazione delle idee, sia la loro rilevanza.

CHI SONO I CREATORI

Una lamentela comune a molti manager è che nelle loro organizzazioni mancano persone creative. Non siamo totalmente d'accordo con questa affermazione. Toyota è un esempio emblematico di quanto possa essere diffusa la creatività all'interno di un'organizzazione. La casa automobilistica giapponese dichiara di ricevere ogni anno idee e suggerimenti, molti dei quali vengono implementati, da circa il 70% dei suoi dipendenti. Nel business c'è una creatività latente molto maggiore di quanto non si creda comunemente. Prima di cominciare ad assumere persone creative o di esternalizzare la creatività, dobbiamo cercare di capire bene se la nostra organizzazione manca effettivamente di persone con questa qualità, o se il problema è che mettiamo troppi freni e troppe barriere alla sua espressione.

Nel *Capitolo 12*, dedicato allo sviluppo di una cultura creativa, trattiamo più dettagliatamente questo aspetto, analizzando i miti che circondano la creatività e l'innovazione nelle organizzazioni e i fattori principali che inibiscono la creatività delle risorse umane.

Ma supponiamo per ora che l'organizzazione sia effettivamente a corto di persone creative. In questo caso abbiamo tre opzioni: 1) addestrare il personale interno alle tecniche creative; 2) assumere nuovi collaboratori in possesso di un profilo creativo; 3) esternalizzare la creatività affidandola ad altre organizzazioni.

La prima opzione, addestrare i dipendenti alla creatività, è del tutto fattibile. La creatività si può insegnare e sviluppare. Whirlpool Company voleva diventare un'azienda più innovativa e ha sottoposto 4.000 dipendenti a un corso di sviluppo della creatività. Dovevano svolgere regolarmente il loro lavoro, ma con uno spirito innovativo. È stato un buon investimento perché Whirlpool ha scoperto tutta una serie di nuovi business in cui ha investito con successo.

È vero che, come avviene nello sport, nell'arte o in qualunque altra disciplina, ci saranno sempre persone più capaci e più ricche di potenziale di altre, ma i livelli minimi di creatività che occorrono per l'innovazione si possono trovare in una percentuale molto alta della popolazione, e praticamente in tutti coloro che hanno ricevuto un'istruzione di livello superiore. Ciò di cui hanno bisogno le persone – oltre a un processo di innovazione che definisca chiaramente l'ambito e il ruolo della creatività – sono gli strumenti giusti e le tecniche giuste per generare idee. Nel capitolo precedente abbiamo detto che i browser dovrebbero produrre informazioni in grado di diventare uno stimolo diretto alla creatività. La nostra esperienza dimostra che, tra coloro che hanno il compito "istituzionale" di produrre idee, non serve un gran numero di creatori, a condizione che le tecniche e gli strumenti di cui dispongono siano efficaci. Buone tecniche di creatività e validi strumenti di generazione delle idee rendono creative anche persone metodiche. In questo capitolo elencheremo, descriveremo e illustreremo alcuni di questi strumenti, e spiegheremo come usarli.

La seconda opzione è inserire nell'organizzazione persone nuove in possesso di un profilo creativo. Samsung ha seguito questa strada creando un gruppo creativo in ciascuna delle principali aree di prodotto. Un gruppo di ricercatori creativi lavora costantemente al miglioramento dei televisori; un altro gruppo lavora costantemente al miglioramento dei telefoni cellulari.

Ma che cos'è il profilo creativo? C'è un ampio dibattito in corso sulla natura della persona creativa, e molti autori hanno analizzato la struttura della personalità, e la psicologia, delle menti più creative della storia. C'è ormai un certo consenso su questo argomento, come vedremo fra poco.

La terza opzione è l'outsourcing. Ci sono tanti fornitori ed esperti di creatività che possiamo coinvolgere temporaneamente in un processo creativo. Quando esternalizzate la creatività, dovete essere molto chiari su ciò che desiderate dal fornitore: le idee o la preparazione e la conduzione di una sessione di creatività? Nel primo caso, pagate delle idee specifiche che si possono trasformare in valore. Ciò accade, per esempio, quando un'azienda ingaggia IDEO, la società di progettazione creativa che ha vinto tantissimi premi e ha aiutato Apple a sviluppare alcuni dei suoi prodotti più apprezzati. Nel secondo caso, pagate qualcuno perché prepari e diriga sessioni di creatività che coinvolgono membri della vostra organizzazione. Il primo caso costituisce ovviamente l'opzione più costosa, e il fornitore deve impegnarsi a suggerire idee che si possano introdurre nel vostro sistema di innovazione. Nel secondo caso, ingaggiate una persona che organizzerà una parte dell'attività creativa interna, una delle fasi di un progetto di innovazione. I costi sono molto più bassi, e non potete aspettarvi che emergano necessariamente delle buone idee.

Diciamo che nel primo caso si paga l'output, e nel secondo si paga il tempo messo a disposizione dal fornitore esterno. Nel primo caso, poiché il ruolo dei creatori (C) verrà ricoperto da un soggetto terzo, noi raccomandiamo che quest'ultimo sia coinvolto fin dall'inizio nel processo di innovazione, proprio come se fosse un componente del team. Non è una decisione facile. La creatività è il motore dell'innovazione, e la decisione di mettere nelle mani di un esterno una delle funzioni principali da cui dipendono la sopravvivenza e la crescita dell'azienda non andrebbe presa a cuor leggero. Quale azienda dovreste scegliere? Che livello di riservatezza dovreste pretendere? Volete un semplice contratto di outsourcing o dovreste prendere in considerazione un accordo di lungo termine? Sono queste le domande che dovremmo porci quando pensiamo di ingaggiare dei consulenti di innovazione o degli esperti di creatività.

L'esternalizzazione si può effettuare in maniera collaborativa, creando un network di operatori esterni con l'obiettivo di generare idee in continuazione.

> P&G ha contribuito a creare vari network esterni di innovatori a cui si rivolge per ottenere idee che l'azienda può sviluppare all'interno. Questi network includono: NineSigma, che mette le imprese in contatto con ricercatori universitari, enti governativi e laboratori privati; YourEncore Inc., che mette ricercatori e ingegneri in pensione in contatto con le imprese, e yet2.com Inc., un mercato virtuale della proprietà intellettuale[1].

Non inseriamo in questo elenco la cocreazione come formula di outsourcing, perché preferiamo considerarla uno strumento di creatività, e quindi ce ne occuperemo un po' più avanti.

Profilo delle persone creative

Abbiamo detto che, di fronte alla mancanza di collaboratori creativi o all'esigenza di identificarli all'interno della nostra organizzazione, dobbiamo sapere esattamente che tipo di profilo ricercare. Come potete sapere se una persona ha il potenziale necessario per fungere da creatore nel processo di innovazione? Esamineremo le caratteristiche personali, le qualità personali e le risorse comuni ai creatori, le sensazioni e i sentimenti che provano quando creano, e le modalità con cui si può riconoscere una persona creativa.

Caratteristiche personali

Secondo Gilda Waisburd[2], le persone creative mostrano le seguenti caratteristiche, ossia sono:

- flessibili (vanno al di là dell'ovvio);
- fluide (generano molte idee su un determinato problema);
- elaborative (sviluppano dettagliatamente il compito);
- tolleranti dell'ambiguità (regolano bene il conflitto);
- in grado di vedere costantemente il quadro complessivo (approccio sistematico);
- indagatrici (provano interesse per molte discipline);
- sensibili agli interessi altrui (capiscono i bisogni degli altri);
- curiose (amano "giocare" con le cose);
- indipendenti (portano avanti le proprie idee);
- riflessive (ragionano su ciò che vedono e sentono);
- orientate all'azione (vanno oltre il pensiero e l'ideazione, agiscono);
- in grado di concentrarsi (lavorano in maniera coerente);
- persistenti (non rinunciano facilmente);
- impegnate (si fanno coinvolgere nelle cose);
- dotate di senso dell'umorismo (sanno ridere, usano l'umorismo per mettere le cose nella prospettiva giusta).

Qualità personali
Barron, Gardner, Taylor, Stemberg, Torrance e Weisberg affermano che le persone creative possiedono le seguenti qualità personali:
- capacità dialettica;
- QI elevato;
- immaginazione;
- capacità di influenzare gli altri e il proprio ambiente;
- capacità di assumersi dei rischi;
- interesse a definire correttamente il problema da risolvere.

Risorse tipiche
- usano le metafore;
- usano le immagini;
- usano la logica;
- si domandano sempre il "perché" di ciò che osservano.

Sensibilità personale
Le persone creative si appassionano a ciò che fanno e non si lasciano scoraggiare facilmente dalle difficoltà. Sfruttano appieno

il proprio potenziale e le proprie energie, sapendo che la vita è breve. Per loro, la creatività è un'esperienza in cui si dimenticano del passato e del futuro e si immergono in un presente senza tempo che le fa sentire realizzate.

Manifestazione
Possiamo dire che una persona è creativa quando è in grado di sviluppare combinazioni e sintesi originali. La creatività si manifesta nella capacità di associare e combinare idee con modalità innovative. C'è creatività anche nella scomposizione di un'area e nell'identificazione delle sue componenti. I francesi sono bravi nelle distinzioni cartesiane. Vale a dire che se la cavano bene sia nell'analisi sia nella sintesi.
Come vedremo, le tecniche e gli strumenti principali di creatività si basano sulle risorse tipiche delle persone creative e su alcune delle loro qualità.

COME FUNZIONA LA CREATIVITÀ

Prima di passare in rassegna gli strumenti e le tecniche di creatività più comunemente impiegati nell'innovazione di business e di marketing, dobbiamo capire come funziona il pensiero creativo, qual è la sua logica.

C'è ancora l'idea radicata che le idee creative nascano magicamente e per caso. Ha detto Farah Ramzan Galant, CEO della più grande agenzia pubblicitaria della Gran Bretagna, AMV BBDO: "Penso che le comunità creative debbano essere sempre un po' eccentriche e un po' controcorrente, perché è così che nascono le idee creative. Non nascono seguendo una serie di regole, e non nascono risolvendo logicamente un problema. Bisogna diagnosticare la natura di un problema, usare i dati e poi fare un salto creativo per creare un'idea"[3].

Siamo i primi a riconoscere che molte idee nascono spontaneamente durante una passeggiata, sotto la doccia o a una mostra d'arte. Ma il pensiero creativo si può rafforzare seguendo una serie di fasi, note e ben definite, che si possono percorrere deliberatamente, decidendo addirittura quanto tempo vogliamo dedicare a ognuna di esse.

Nello specifico, la creatività attraversa 3 fasi:

1. scelta del punto di focalizzazione;
2. spiazzamento;
3. connessione (uno schema più datato parla di incubazione, illuminazione e implementazione, le 3 I).

1. Scelta del punto di focalizzazione. La creatività è una forma di pensiero induttivo: parte dallo specifico per stabilire regole generali. Dunque il primo passo in direzione della creatività è definire un punto di focalizzazione, qualcosa in particolare su cui ci concentreremo. L'oggetto della focalizzazione può essere qualsiasi cosa, purché concreta e ben definita. Si tratta generalmente di problemi, obiettivi o cose materiali.

Ecco alcuni esempi:

Focalizzazione sulla definizione di un problema
- La motivazione della forza vendita è bassa.
- Ai consumatori non piace il packaging dei nostri prodotti.
- Fatichiamo ad attirare nuovi clienti.
- Registriamo un calo nei tassi di ripetizione degli acquisti.
- Non stiano andando bene al nord.

Focalizzazione sulla definizione di un obiettivo
- Vogliamo essere più presenti nel mercato degli over 60.
- Vogliamo migliorare la qualità del servizio senza aumentare i costi.
- Vogliamo riuscire a innovare senza rivoluzionare la catena produttiva.
- Vogliamo aumentare la nostra quota di mercato del 10%.
- Vogliamo razionalizzare il portafoglio prodotti senza perdere fatturato.

Focalizzazione su una cosa tangibile
- Dobbiamo rinnovare il tappo e l'etichetta.
- Dobbiamo adottare un sistema frenante idraulico.
- Dobbiamo innovare nella velocità di avviamento dei nostri computer.
- Dobbiamo offrire un accesso più rapido a Internet nei nostri alberghi.

Definire il punto di focalizzazione è fondamentale. In effetti, gli attivatori (A) e i browser (B) hanno già lavorato alla selezione dei punti di focalizzazione potenziali su cui concentrarsi per la produzione di nuove idee. Come spiegavamo nel nostro ultimo libro, *Lateral Marketing*, lo schema del processo di marketing è ideale per la scelta di un punto di focalizzazione. Il processo di marketing attraversa le seguenti fasi:

1. definizione del mercato (sulle tre dimensioni: bisogno – clienti– situazioni);
2. segmentazione (criteri per segmentare il nostro mercato attuale e potenziale);
3. target (quale/i segmento/i intendiamo prendere di mira);
4. posizionamento (caratteristiche che concorrono a formare il differenziale competitivo);
5. prodotto;
6. beneficio principale;
7. prodotto fisico e suoi componenti;
8. prodotto allargato;
9. prezzo;
10. canali distributivi;
11. politica di promozione e comunicazione.

In base alla natura di questo schema, se ci concentriamo sulle prime fasi del processo di marketing, il cambiamento o l'innovazione che ne deriva tenderà a essere più radicale o più scardinante che se ci concentriamo sulle ultime. È del tutto logico: un cambiamento o una modifica nelle dimensioni che definiscono il nostro mercato avrà un impatto più forte rispetto alla semplice modifica di una politica pubblicitaria o di una scala sconti.

Naturalmente, questo schema per definire il punto di focalizzazione durante una sessione di creatività non si può applicare se l'innovazione è puramente tecnologica. In questo caso, noi raccomandiamo di suddividere in parti o componenti la tecnologia con cui vogliamo innovare tramite schemi che vanno dal più generale al più particolare. In ogni caso, dovremmo suddividere in parti tutto ciò su cui vogliamo generare delle idee. La seconda fase del processo creativo ci impone di spostare il punto di focalizzazione, in modo che più spezzettiamo ciò che vogliamo modificare, più possibilità abbiamo.

La scelta di un punto di focalizzazione non ne esclude necessariamente altri: i punti di focalizzazione non sono reciprocamente esclusivi. Ovviamente, potete lavorare su più focus durante un processo di innovazione, specie nelle sessioni di creatività. Il nostro suggerimento è concentrarvi su un aspetto specifico, dedicare un po' di tempo agli spostamenti, e poi passare a un nuovo punto di focalizzazione.

2. Spiazzamento. La seconda fase consiste nello spiazzamento, detto anche provocazione o scardinamento della logica. Significa prendere il focus ed escogitare qualche idea illogica in rapporto a esso. È qui che entrano in gioco diverse tecniche di creatività, dette anche discontinuità del ragionamento logico. Lo spiazzamento prende anche il nome di provocazione, perché in realtà proponiamo una cosa impossibile, un paradosso. Provochiamo deliberatamente allo scopo di stimolare nuove connessioni, che è proprio la terza fase del pensiero creativo.

Facciamo un esempio. Se prendiamo come punto di focalizzazione il prezzo del prodotto, una provocazione o uno spiazzamento sarebbe, mettiamo, suggerire l'opposto: "Invece di far pagare i clienti, siamo noi a pagarli".

Si tratta ovviamente di un'assurdità, di un paradosso, di una provocazione, di una cosa impossibile. Non è un'idea, è solo una provocazione. Qui non c'è creatività perché non abbiamo creato delle connessioni (terza fase), non abbiamo portato a termine il processo, che consiste proprio nel capire come una provocazione potrebbe indurci a modificare il pricing, ossia il punto focale del nostro progetto di cambiamento.

Non dovremmo perciò preoccuparci quando mettiamo in atto degli spiazzamenti. Non cerchiamo ancora la soluzione, ma ci limitiamo a generare degli input in modo che il nostro cervello riesca a trovare soluzioni che si trasformino in nuove connessioni, ed è qui che si estrinseca la vera creatività.

Nel prossimo paragrafo esamineremo in dettaglio le diverse tecniche di creatività che si applicano all'innovazione, e vedremo che in realtà sono tutti sistemi consolidati e organizzati per attuare spiazzamenti e provocare focalizzazioni specifiche. Alex Osborn, grande studioso della creatività, sosteneva che praticamente tutti i giochi e tutte le tecniche creative finalizzati a causare uno piazzamento o una provocazione si basano su sette operazioni[4]. Noi le abbiamo ridotte a sei, con l'acronimo SECRET[5]:

- **S**ostituire parti del punto di focalizzazione;
- **E**liminare parti del punto di focalizzazione;

- Combinare elementi del punto di focalizzazione con altri elementi di qualunque tipo;
- Ricombinare elementi del punto di focalizzazione;
- Esagerare aspetti o qualità del punto di focalizzazione;
- Trasporre elementi del punto di focalizzazione.

L'esempio precedente, in cui abbiamo immaginato di pagare i clienti anziché farli pagare, non è altro che una trasposizione del focus: il prezzo richiesto ai clienti. Ognuna di queste operazioni, applicata a un punto di focalizzazione specifico, produce discontinuità logiche e quindi spiazzamenti e provocazioni. Curiosamente, tutte e sei le operazioni hanno le proprie radici nella matematica. Eliminare parti di un tutto è una sottrazione; combinare le parti è un'addizione (il numero delle componenti cresce); sostituirle è una sottrazione seguita da un'addizione; esagerare le qualità è applicare le potenze; trasporre gli elementi è una divisione (l'inverso dell'esagerazione). Infine, ricombinarle equivale a cambiare l'ordine dei fattori.

3. Connessione. L'ultima fase consiste nell'effettuare una connessione attraverso il movimento. Significa prendere lo spiazzamento o il paradosso e cercare di dargli un senso, trovando una spiegazione. Significa apportare cambiamenti o movimenti alla provocazione. È importante perché ci sono persone convinte che le connessioni si facciano prendendo la provocazione e trovando una sua spiegazione razionale, il che non funziona quasi mai perché in quel caso il paradosso sarebbe già risolto e dunque non saremmo nel campo dell'impossibile. Ci occorre un movimento ulteriore. Significa introdurre nuove idee o nuove possibilità, in modo che il paradosso assuma un minimo di senso. Per esempio, se tentiamo di risolvere il paradosso di essere noi a pagare i clienti, una possibile soluzione sarebbe contrarre un prestito per acquistare il prodotto al supermercato. Come vedremo, il paradosso è stato parzialmente risolto, ma è stato anche modificato. Abbiamo introdotto l'elemento del credito in modo che il nostro approccio abbia senso. Grazie a questo movimento (introduzione del credito al consumatore) abbiamo realizzato la connessione.

Questo modo di effettuare le connessioni non è poi così complesso. La mente umana, progettata per fare delle connessioni e incapace di rimanere inattiva di fronte alle assurdità, cercherà, anche durante il sonno, soluzioni per connettere idee non collegate tra di loro. Ecco perché la creatività ha più a che fare con l'arte di gestire le impossibilità che con la capacità di risolverle, un'"arte" universale in cui sono proprio le menti considerate meno creative e più analitiche a ottenere i risultati migliori. Ecco perché abbiamo detto che la creatività e l'innovazione si possono sviluppare anche in organizzazioni considerate deboli nella creatività e forti nel pensiero sistematico. Si tratta di "sfidare" i migliori tecnici e gli ingegneri più qualificati con impossibilità, provocazioni e paradossi. Non con assurdità qualsiasi, ma con quelle che derivano da un appropriato restringimento degli obiettivi e da una corretta scelta dei punti di focalizzazione, sulla scorta di informazioni pertinenti.

Il nostro suggerimento è di lavorare prima sulle connessioni in maniera individuale, per poi far condividere a tutti le soluzioni, totali o parziali, escogitate per connettere lo spiazzamento. Alcune tecniche suggeriscono l'opposto: cercare di effettuare le connessioni in gruppo. Sono tecniche di creatività eminentemente orientate al gruppo. In ogni caso, la cosa importante è aver presentato le tre fasi della creatività in ordine sequenziale, e il modo più efficiente, come vedremo tra poco attraverso l'enumerazione degli strumenti che presentiamo, è scegliere un punto di focalizzazione, allocarvi una certa quantità di tempo (senza tentare, per il momento, di fare delle connessioni) per generare un buon numero di spiazzamenti e poi prenderli uno a uno e dedicare il tempo necessario a cercare di risolverli.

In altre parole, la creatività funziona così:

Un punto di focalizzazione → Uno spiazzamento → Una connessione

Ma la sua applicazione pratica funziona così:

Un punto di focalizzazione	→	Molti spiazzamenti senza tentativi di connessione	→	Possibili connessioni
Un altro punto di focalizzazione	→	Molti spiazzamenti senza tentativi di connessione	→	Possibili connessioni
Un altro punto di focalizzazione	→	Molti spiazzamenti senza tentativi di connessione	→	Possibili connessioni

E via dicendo.

Forniamo questi dettagli sul funzionamento della creatività per due ragioni:

- in primo luogo, affinché chiunque possa progettare le proprie tecniche creative, a livello individuale o di gruppo. Nel paragrafo conclusivo di questo capitolo illustreremo alcune tecniche sperimentate e complete. Sono state progettate tutte quante da esperti di creatività sulla base dei principi elencati in precedenza. Il vantaggio è che non dobbiamo fare nulla: dobbiamo solo metterle in pratica. Lo svantaggio è che sono studiate per situazioni specifiche. Abbiamo affermato che ognuno dei sei ruoli da A a F deve interagire liberamente con gli altri. Il ruolo dei creatori non è solo produrre idee per i developer (D), che rimane il loro compito principale, ma anche produrre idee rispondenti ai bisogni degli esecutori (E) e persino dei browser (B) in ciascuna delle loro funzioni. Per tutta la durata del processo di innovazione, c'è un bisogno costante di nuove idee. Con una buona conoscenza di come funziona la creatività nelle sue componenti più essenziali, potete sviluppare giochi creativi o sessioni di creatività per risolvere qualunque problema in relazione a tutti gli altri ruoli da A a F;
- in secondo luogo, perché questo libro è più orientato all'innovazione imprenditoriale e commerciale che all'innovazione tecnica, tecnologica o scientifica. Con le spiegazioni che forniamo qui, sarà relativamente semplice "inventare" o progettare nuovi strumenti per ogni disciplina o per ogni tipologia di innovazione richiesta.

METODI PER GENERARE IDEE

Ci sono tanti metodi per generare idee, sia nei processi creativi in genere sia in quelli direttamente collegati all'ambito dell'innovazione. Quelli che presentiamo qui di seguito sono considerati i più efficaci, i più collaudati e i più focalizzati sull'innovazione di business.

- **Sinettica**: funziona particolarmente bene per la risoluzione di problemi, il miglioramento dei processi e per generare nuove invenzioni o progetti.
- **Strategia oceano blu**: è ideale per lo sviluppo di nuovi mercati (nuovi clienti, bisogni o situazioni) e per innovare il modello di business. Si occupa principalmente della produzione di innovazioni dirompenti.

- **Analisi morfologica**: è un tipo di tecnica ideale per sviluppare innovazioni di prodotti materiali o progetti relativi ai servizi. È altrettanto valida per l'innovazione nella logistica, nei processi industriali e per il miglioramento della qualità. È adeguata per le innovazioni marginali, le estensioni di linea, i miglioramenti graduali e l'individuazione di nicchie in una determinata categoria.
- **Marketing laterale**:
  - spiazzamento: è una tecnica pensata per l'innovazione dirompente, per l'individuazione di opportunità estranee ai mercati di riferimento, come formula di creazione di nuove categorie e ricerca di incrementalità, riducendo le probabilità di cannibalizzazione del portafoglio esistente;
  - analogie: tecnica ideale per individuare percorsi di innovazione tesi a sviluppare il portafoglio e a differenziarlo dalla concorrenza. Può condurre tanto a innovazioni marginali quanto a innovazioni dirompenti;
  - comparazioni: una tecnica molto simile allo spiazzamento, nella quale vengono introdotte però possibili soluzioni a livello di prodotto che suppongano semplici innovazioni verticali o marginali per ampliare il portafoglio esistente.
- **Elencazione delle caratteristiche**: è stata pensata specialmente per tre obiettivi: riprogettazione dei prodotti; estensioni di linea, e riposizionamento.
- **Analisi degli scenari**: per mettere a fuoco problemi complessi, focalizzare il lavoro di innovazione e definire le strategie di business e di innovazione.
- **Ridefinizione del valore per il cliente**: è una metodologia che funziona particolarmente bene per sviluppare mercati, intercettare clienti potenziali o ridefinire le regole del gioco di un settore.
- **Visite e viaggi di istruzione**: a causa del suo carattere aleatorio, questa tecnica produce risultati imprevedibili a tutti i livelli, dal più tattico al più strategico. I suoi effetti sull'innovazione sono più legati alla prospettiva utilizzata per formulare le provocazioni che alla tecnica in se stessa.
- **Cocreazione**[6]: particolarmente utile nei mercati B2B e nei servizi, dove il contatto diretto con il cliente è essenziale e l'innovazione deve essere molto ben coordinata tra chi la promuove e i clienti a cui è destinata. La cocreazione è ugualmente efficiente in mercati molto dinamici e rapidi, esposti al mutare delle mode e ai cambiamenti delle preferenze di consumatori e clienti.

Nel box che segue illustriamo in dettaglio il funzionamento di ciascuna di queste tecniche.

Per ognuna di queste tecniche spieghiamo: che cos'è, come si applica (con un esempio), per quali situazioni è più raccomandabile, quali sono le innovazioni che ha prodotto o le imprese che l'hanno applicata, e qual è la formula creativa che sta dietro lo strumento. Dopo aver passato in rassegna queste tecniche, enumeriamo i metodi di ricerca di informazioni utilizzati dai browser che risultano più utili per ciascuna tecnica di creatività.

Sinettica

1. *Che cos'è?*

La sinettica è un metodo di problem solving che stimola processi intellettuali di cui il soggetto non è pienamente consapevole. Il metodo è stato messo a punto da George M. Prince e William J. Gordon, dopodiché è stato continuamente affinato, sviluppato e utilizzato. La sinettica usa la metafora per rendere ciò che è familiare insolito e ciò che è insolito familiare. Pur avendo molte applicazioni diverse, qui ne descriviamo l'essenza in termini di innovazione di business.

2. *Come si applica?*

(1) L'idea di base è definire il problema o l'area in cui vogliamo innovare, specificandone alcuni elementi. Poi pensiamo a (2) situazioni analoghe, supporti, fenomeni naturali o qualunque altra cosa che si correli a uno o più elementi del problema. (3) Quindi descriviamo questi fenomeni e (4) andiamo alla ricerca di possibili connessioni con gli elementi del nostro problema.

Vediamo un esempio: (1) Dobbiamo sviluppare politiche e azioni che rendano più propositivi i team di vendita e li inducano a suggerire idee per far crescere le vendite. (2) Enumeriamo perciò i diversi elementi del problema: (a) tutti i venditori devono partecipare; (b) non dobbiamo forzarli, il loro contributo dovrebbe essere libero e volontario; (c) tutte le idee dei venditori hanno lo stesso valore; (d) questa attività non dovrebbe portar via loro troppo tempo.

Poi (2) ricerchiamo analogie per alcuni degli elementi che concorrono a formare il nostro problema. Per esempio, la frase "tutti i venditori devono partecipare" si associa al concetto di democrazia. (3) Adesso descriviamo il fenomeno analogo. Come funziona

una democrazia? Ci sono dei partiti e dei candidati, e la gente vota depositando le schede nelle urne. (4) Infine cerchiamo il modo di connettere le due idee: democrazia a partecipazione attiva dei venditori. Per esempio, potremmo creare una sorta di sistema partitico, ossia dei gruppi di lavoro che operano in team e poi sottopongono le proprie idee agli altri, come fanno i candidati in campagna elettorale; potremmo anche mettere a disposizione dei venditori un'urna in cui possono infilare le schede di voto delle idee che preferiscono.
Per ciascun elemento del problema si possono formulare varie analogie. Tutte le connessioni vengono elencate alla fine e le migliori vengono selezionate con l'obiettivo di sviluppare un unico progetto finale che fornisca una soluzione al problema.

3. Per quali situazioni è più raccomandabile?
La sinettica funziona particolarmente bene per risolvere problemi, migliorare processi e generare nuove invenzioni o nuovi modelli.

4. Casi di studio
La sinettica viene utilizzata fin dagli anni Sessanta e in molte organizzazioni, da aziende a capitale ristretto a imprese a capitale diffuso e istituzioni pubbliche. Per esempio, Nokia impiega una tecnica derivata dalla sinettica nella progettazione di telefoni cellulari per paesi come India e Cina. Una delle caratteristiche di questi paesi è la presenza di utenti a basso reddito e con un livello di istruzione più basso di quello dei normali utilizzatori di telefoni cellulari. Nokia ha portato il concetto al limite e si è domandata come dovrebbe configurarsi un cellulare destinato a un analfabeta. Ha elencato le caratteristiche e i limiti di un analfabeta, da cui hanno cominciato a emergere le prime idee per un telefono di questo tipo. Qual è il risultato? Un menù di icone che consentono agli analfabeti totali di utilizzare pienamente l'apparecchio comprendendo intuitivamente le diverse opzioni e i diversi servizi.
Ecco un esempio famoso: la NASA voleva progettare una tuta spaziale ermetica, ma non l'ha detto ai partecipanti, il cui brief era pensare un meccanismo di "chiusura" particolarmente efficace. Sono uscite idee come le cerniere lampo, il nido, i bottoni, la colla. A mano a mano che si andava avanti si capiva di più sul progetto, per esempio che si trattava in qualche modo di un indumento. Alla fine la NASA si è ritrovata con un bel po' di idee su come chiudere ermeticamente una tuta spaziale.

5. Su quale logica creativa si basa?
Si tratta chiaramente di un sistema basato sulla combinazione, in quanto il problema viene suddiviso nei suoi componenti attraverso la formulazione di analogie.

Strategia oceano blu
1. Che cos'è?
La strategia oceano blu è stata ideata da W. Chan Kim e Renée Mauborgne per confutare l'idea che la competizione si basi unicamente sulla differenziazione o sul costo, dimostrando che le due strategie non sono incompatibili se si ragiona in termini di ridefinire il proprio settore, creando così "nuovi oceani" (nuovi settori o nuovi mercati) in cui non c'è concorrenza. Il suo obiettivo è andare al di là dei mercati frammentati e ipercompetitivi, strapieni di concorrenti (definiti oceani rossi, per via del sangue versato nella feroce lotta tra i concorrenti) in modo da creare nuovi spazi in cui la competizione è irrilevante: dei monopoli temporanei.

2. Come si applica?
La strategia oceano blu è descritta in un libro pieno di dettagli sulla sua implementazione. Qui ci concentriamo sugli aspetti essenziali, con tutti i rischi insiti in ogni semplificazione.
La tecnica principale per creare degli oceani blu è sviluppare un "canovaccio strategico" che include i principali fattori di competizione, investimento e creazione di valore per il cliente che caratterizzano un determinato settore. Poi si analizza ogni fattore, decidendo come agire in base a una di queste quattro azioni: ridurre (quali fattori andrebbero ridotti nettamente al di sotto dello standard di settore?); eliminare (quali fattori che il settore dà per scontati andrebbero eliminati?); accrescere (quali fattori andrebbero accresciuti nettamente al di sopra dello standard di settore?); creare (quali fattori si dovrebbero creare perché il settore non li ha mai offerti?).
In base a queste azioni, si ridefinisce completamente la strategia competitiva, il valore apportato al cliente e i costi, il che può attrarre non solo clienti potenziali che in precedenza non operavano nel settore, ma anche clienti non potenziali, cioè coloro che rifiutavano totalmente i prodotti e i servizi del nostro settore e coloro che non li avevano mai presi in considerazione.
L'esempio più celebre di strategia oceano blu è il Cirque du Soleil. Le variabili definitorie del circo tradizionale erano: prezzo, attrazioni, animali, vendite negli spazi di passaggio, piste multiple, di-

FIGURA 5.1a **STRATEGIA OCEANO BLU: FATTORI DEI CIRCHI CONCORRENTI**

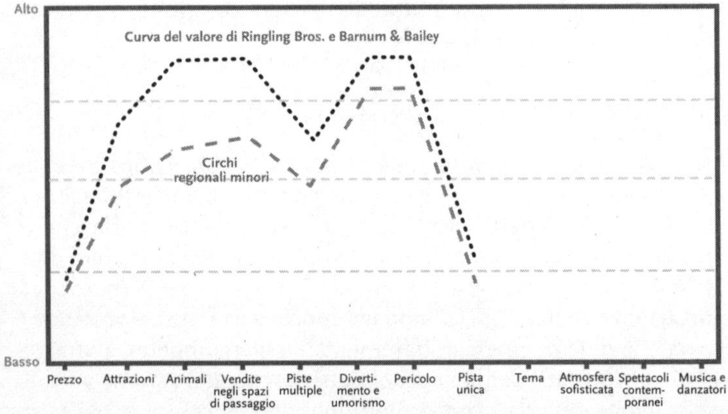

vertimento e umorismo, suspense e pericolo, un ambiente unico. La *Figura 5.1a* mostra il posizionamento dei circhi più importanti e di quelli regionali minori.

Le quattro azioni suggerite per ognuno dei fattori sono indicate nella *Figura 5.2*[7].

FIGURA 5.2 **STRATEGIA OCEANO BLU (AZIONI)**

Eliminare	**Accrescere**
Attrazioni Animali Vendita di snack e bibite Piste multiple	Pista unica
Ridurre	**Creare**
Divertimento e umorismo Pericolo	Tema Atmosfera sofisticata Spettacoli contemporanei Musica e danzatori

FIGURA 5.1b **STRATEGIA OCEANO BLU (FATTORI COMPETITIVI NEL CIRCO)**

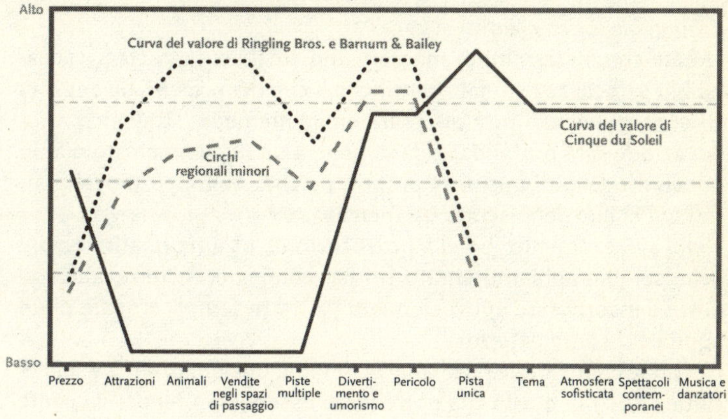

Di conseguenza, la nuova curva che ha dato origine a una nuova forma di circo – una strategia oceano blu – è quella indicata nella *Figura 5.1b*.

3. Per quali situazioni è più raccomandabile?
La strategia oceano blu come mezzo di innovazione è ideale per sviluppare nuovi mercati (nuovi clienti, nuovi bisogni o nuove situazioni) e l'innovazione del modello di business. Mira a produrre innovazioni scardinanti, anziché marginali o tattiche.

4. Casi di studio
Il libro presenta molti casi in cui la tecnica viene applicata direttamente o in cui, per lo meno, il risultato di una strategia può essere espresso in termini di strumento. L'esempio più emblematico, a parte il Cirque du Soleil, è quello di Southwest Airlines, con la sua enfasi – nettamente superiore allo standard di settore – sul servizio amichevole, sulla velocità dell'aeromobile e sulla frequenza delle partenze, oltre alle tariffe convenienti. Tutto questo a fronte di un'offerta nettamente inferiore allo standard di settore sui pasti a bordo, sulle sale d'attesa, sulla gamma delle classi e delle tariffe e sulle coincidenze in partenza dagli hub.
Nelle sue conferenze, Renée Mauborgne cita anche il caso di Wii come esempio di ridefinizione del settore dei videogame attraver-

so l'eliminazione di tutti i fili e l'applicazione pionieristica all'esercizio fisico, per attrarre un gran numero di utenti senior.

5. *Su quale logica creativa si basa?*
Notate che, in termini di meccanismo creativo, la strategia oceano blu si focalizza sui fattori principali che definiscono un settore. Di conseguenza, il prodotto sarà eminentemente strategico. L'innovazione sarà profonda, e darà luogo a un nuovo mercato o a un nuovo modello di business proprio perché vengono rimossi i fattori critici che definiscono un mercato.
Nello spiazzamento, o nella provocazione, usiamo quattro azioni delle sei che abbiamo citrato prima: eliminare, incrementare, ridurre o incorporare nuovi elementi (si tratta semplicemente di un approccio combinatorio).
La connessione deriva dall'analisi di tante opzioni diverse e dall'esame critico di quelle che potrebbero essere più utili per il cliente e più profittevoli per l'azienda, e che possono attrarre il maggior numero possibile di clienti potenziali e non potenziali.

Analisi morfologica
1. *Che cos'è?*
L'analisi morfologica è un metodo analitico-combinatorio creato da Fritz Zwicky, un astronomo del California Institute of Technology. Il suo scopo è risolvere i problemi analizzandone le componenti[8].

2. *Come si applica?*
Le fasi sono: (1) scegliere un problema da risolvere, e (2) analizzare le caratteristiche che lo compongono (componenti fisiche, processi, funzioni, o elementi estetici). Per stabilire se includere o meno una caratteristica, possiamo chiederci se è o non è rilevante. (3) Poi elenchiamo le diverse opzioni a disposizione per ciascuna caratteristica. (4) Dopodiché sviluppiamo tutte le possibili combinazioni, scegliendo una sola alternativa per ciascuna caratteristica (ed eliminando quelle che non hanno senso). Infine, analizziamo tutte le combinazioni e ne testiamo le possibilità creative. Il processo può essere casuale, o procedere in maniera ordinata e sistematica finché non si esauriscono le combinazioni possibili.
Facciamo un esempio. Supponiamo di voler realizzare una matita più efficace. Abbiamo perciò la fase (1), la definizione di un obiettivo. La fase (2) è analizzare le caratteristiche che la compongono: dimensione, punta, tipo di materiale, tipo di mina, colore, acces-

FIGURA 5.3 **ESEMPIO DI CARATTERISTICHE MORFOLOGICHE**

Dimensione	Punta	Materiale	Mina	Colore	Accessori	Prezzo
Grande	Spessa	Legno	Sostituibile	Nero	Gomma	Alto
Media	Fine	Plastica	Non sostituibile	A colori	Mina di riserva	Medio
Piccola					Temperamatite	Basso

sorio e prezzo. Adesso (3) elenchiamo le opzioni a disposizione per ciascuna caratteristica (*Figura 5.3*).
Poi cominciamo a fare delle combinazioni (*Figura 5.4*).
La fase (5) consiste nel valutare il quadro complessivo: come si presenterebbe una matita nera grande, a basso prezzo, di legno, dalla punta fine e la mina non sostituibile, accompagnata da gomma e temperino?
Ciò viene fatto eliminando le scelte impossibili (per esempio, la punta fine e anche spessa). Prendiamo le diverse opzioni, le valutiamo, le miglioriamo, ci domandiamo dove ci portano e poi te-

FIGURA 5.4 **ESEMPIO DI COMBINAZIONI DI CARATTERISTICHE MORFOLOGICHE**

Dimensione	Punta	Materiale	Mina	Colore	Accessori	Prezzo
Grande	Spessa	Legno	Sostituibile	Nero	Gomma	Alto
Media	Fine	Plastica	Non sostituibile	A colori	Mina di riserva	Medio
Piccola					Temperamatite	Basso

niamo le migliori finché non abbiamo capito se possono generare qualche forma di innovazione.

3. *Per quali situazione è più raccomandabile?*
L'analisi morfologica è una tecnica ideale per rinnovare un prodotto fisico o un servizio. Funziona bene anche per l'innovazione della logistica e dei processi industriali e per i miglioramenti della qualità. Si addice alle innovazioni marginali, alle estensioni di linea, ai miglioramenti incrementali e all'individuazione di nicchie all'interno di una determinata categoria. Porta, in generale, a un'innovazione più tattica che strategica, anche se ciò dipende dal problema che stiamo affrontando. Se prendiamo, per esempio, gli elementi strategici del business, il risultato porterebbe a innovazioni più radicali. Ma poiché la sua metodologia si basa sulle caratteristiche in essere e non introduce nuove possibilità originali, l'analisi morfologica tende a produrre innovazioni meno radicali.

4. *Casi di studio*
I cambiamenti che Olympus apporta continuamente sul mercato delle videocamere digitali riflettono un'approfondita analisi delle diverse combinazioni di caratteristiche che definiscono il prodotto[9].

5. *Su quale logica creativa si basa?*
Possiamo notare che il punto focale di questa tecnica è la definizione del problema, che viene suddiviso nelle sue componenti prima di ricombinarle. Si tratta sostanzialmente di un metodo combinatorio. La connessione viene effettuata in base al ragionamento sulle possibilità offerte da ogni nuova combinazione. È un approccio molto esauriente, nel senso che mira a esplorare e a valutare il numero massimo di combinazioni possibili. In altre parole, genera da un singolo diagramma un numero altissimo di separazioni o di provocazioni.

Marketing laterale a livello del mercato (I): spiazzamento
1. *Che cos'è?*
È un metodo sviluppato dagli autori di questo libro che consiste nello "spiazzamento" del prodotto o del servizio che si vuole innovare, portandolo concettualmente su dimensioni del mercato (bisogno, situazione e cliente) considerate finora impossibili.

2. *Come si applica?*
Il modo in cui applica è semplicissimo. (1) Per prima cosa, prendete il prodotto o il servizio che volete innovare. (2) Identificate

il numero di categorie adiacenti con cui avete in comune una o più delle tre dimensioni (bisogno, situazione o cliente). (3) Estraete virtualmente il prodotto o il servizio da una di queste categorie adiacenti e fate un inventario dei clienti target e dei bisogni che soddisfa. (4) Scambiate il prodotto o il servizio adiacente con quello che volete innovare. (5) Quando assegnate al vostro prodotto o al vostro servizio le dimensioni del prodotto adiacente, create numerose provocazioni e tentare di risolverle (6) una per una.
Un esempio di questa tecnica è illustrato nella *Figura 5.5*.

FIGURA 5.5

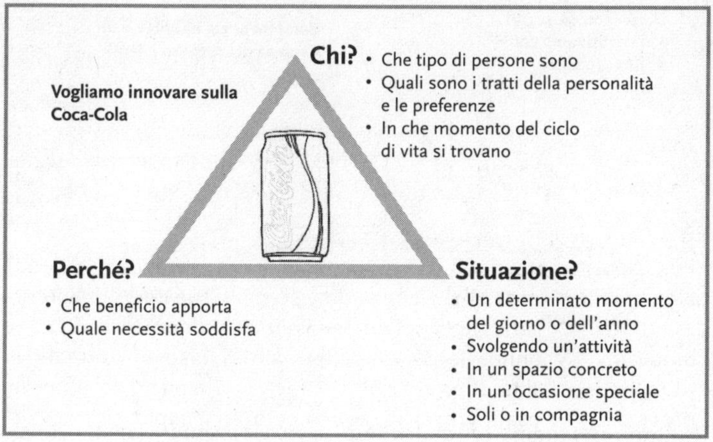

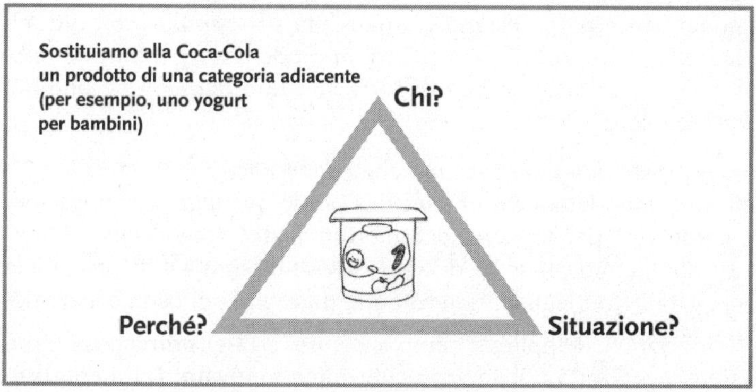

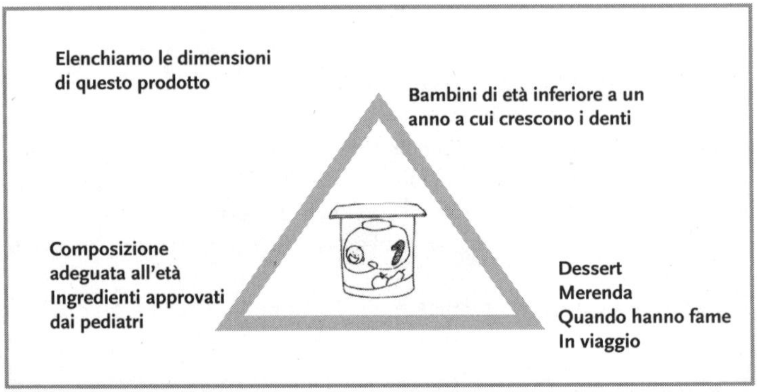

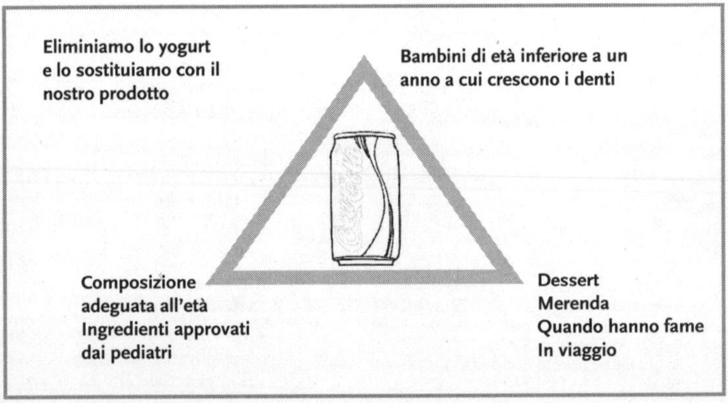

L'ultima immagine offre alcune provocazioni interessanti. Consideriamo infine ciascuna provocazione e cerchiamo soluzioni o nuovi concetti. Per esempio, una bibita per bambini con tutti gli ingredienti approvati dai pediatri, in modo che i genitori non abbiano più preoccupazione di sorta se i loro bambini bevono dei soft drink.

3. Per quali situazioni è più raccomandabile?
Il marketing laterale è una tecnica per lo sviluppo di innovazioni scardinanti, per la ricerca di opportunità al di fuori dei nostri mercati, in quanto consente di creare nuove categorie e di ricercare la crescita incrementale, riducendo le possibilità di cannibalizzazione del portafoglio in essere.

4. Casi di studio
Questo metodo è stato usato ripetutamente da Nestlé. Una delle innovazioni che ha prodotto è una bevanda in polvere per bambini, a base di cacao, da bere prima di andare a letto anziché appena svegli, chiamata Good Night Nesquik.

5. Su quale logica razionale si basa?
Questa tecnica è un'applicazione semplice ma efficace della tecnica di sostituzione mediante le analogie occulte. Sostituiamo un prodotto o un servizio a un altro prodotto o a un altro servizio, creando così delle provocazioni.

Marketing laterale al livello del mercato (II): analogie
1. Che cos'è?
Come abbiamo spiegato nel *Capitolo 4* sui browser, l'analisi del percorso di innovazione seguito in categorie adiacenti è utilissima come tecnica creativa. In questo caso, faremo delle analogie con i percorsi di innovazione di altri prodotti, chiedendoci se non si potrebbero seguire questi percorsi con il prodotto o con il servizio che vendiamo.

2. Come si applica?
(1) Scegliamo alcune caratteristiche del nostro prodotto. (2) Andiamo alla ricerca di categorie adiacenti che siano in linea con alcune di quelle caratteristiche. (3) Chiediamo ai browser di documentare i percorsi di innovazione che hanno seguito negli ultimi anni. (4) Vediamo se questi percorsi sono applicabili alla nostra categoria merceologica.
Nestlé ha usato questa metodologia. Per innovare nel caffè, ha esaminato la categoria adiacente del tè. Tra le innovazioni più recenti introdotte nella categoria del tè, quelle che facevano registrare una crescita elevata erano le versioni salutistiche. I ricercatori dell'azienda hanno identificato, pertanto, alcune funzionalità importanti delle diverse piante di caffè. Il caffè verde è stato individuato come il prodotto ideale, grazie ai suoi antiossidanti, che sono molto benefici per la salute e ritardano l'invecchiamento delle cellule. Di conseguenza, è stato lanciato con successo un nuovo caffè: Green Coffee.

3. Per quali situazioni è più raccomandabile?
Questa tecnica è ideale per identificare percorsi di innovazione con l'obiettivo di sviluppare il vostro portafoglio e differenziarlo da

quello della concorrenza. Può portare sia a innovazioni marginali sia a innovazioni scardinanti.

4. Aziende che la applicano.
Nestlé, come abbiamo già visto.

5. Su quale logica razionale si basa?
Questo tipo di marketing laterale comporta semplicemente l'utilizzo di analogie; è un mezzo molto efficiente, molto semplice e molto rapido per creare combinazioni rilevanti.

Marketing laterale al livello del mercato (III): comparazioni
1. Che cos'è?
In questo caso l'idea è effettuare analogie dirette con qualunque elemento di altri prodotti e servizi che i browser hanno selezionato come paradigma o come fonte di ispirazione.

2. Come si applica?
Ci limitiamo a domandarci quale caratteristiche hanno in più gli altri prodotti e gli altri servizi rispetto ai nostri. Le risposte che otteniamo vengono usate come provocazione, che poi cerchiamo di mettere in connessione tra di loro.

3. Per quali situazioni è più raccomandabile?
Più o meno le stesse che si consigliano per la tecnica dello spiazzamento, ma con l'introduzione di possibili soluzioni al livello del prodotto, che consistono in innovazioni puramente verticali o marginali per l'estensione del portafoglio in essere.

4. Casi di studio
Applicando questa tecnica, la casa farmaceutica Novartis si è domandata che cosa avessero in più i congressi economici rispetto a quelli medici. L'azienda si è resa conto che i congressi economici trattano spesso tematiche che riguardano tutti i settori, come l'innovazione, le politiche di gestione delle risorse umane e le strategie. Ha deciso perciò di modificare i convegni medici che sponsorizzava e organizzava, trasformandoli da incontri specialistici in convegni che coprono tutte le aree di esperienza, anche non medica, di interesse per l'ambiente medico, come la situazione economica, la gestione del personale, il maggior coinvolgimento del paziente, la generazione di nuove idee ecc. Novartis ha capito che il medico è anche un manager, e in quanto tale ha bisogni di formazione multidisciplinare. Ha chiamato questo nuovo tipo di con-

gresso “Novartis Excellence Forum” e ha ottenuto un grandissimo successo presso i medici, che sono i principali prescrittori dei suoi farmaci.

5. *Su quale logica creativa si basa?*
Questa tecnica si basa unicamente sulla forza e sull’efficacia delle comparazioni.

Elencazione delle caratteristiche
1. *Che cos’è?*
È una forma particolare di analisi morfologica che si focalizza unicamente sulle caratteristiche o sui tratti del prodotto o del servizio che si vuole modificare.

2. *Come si applica?*
(1) Elencate le caratteristiche del vostro prodotto e del vostro servizio; (2) ne aumentate o ne diminuite il numero; (3) stabilite come si presenterebbe il prodotto risultante e se potrebbe interessare ad alcuni dei vostri clienti potenziali, o se farebbe aumentare i volumi o i tassi di consumo tra i clienti attuali.
Immaginate per esempio di voler lanciare un nuovo tipo di insalata. Dopo averne elencato le qualità e le caratteristiche, ci dilettiamo a variare l’intensità delle sue proprietà: un’insalata dolcissima, facile da digerire e facilissima da mangiare, molto ricca di proteine, ma con poco sodio, poco sale e poco fosforo. Sperimentiamo varie possibilità finché non troviamo uno o più tipi di insalata che potrebbero concretizzare un nuovo concetto.

3. *Per quale situazione è più raccomandabile?*
Questa tecnica è stata progettata pensando sostanzialmente a tre obiettivi: riprogettazione del prodotto, estensioni di linea e riposizionamento del prodotto.

4. *Casi di studio*
Quasi tutte le estensioni di linea, nei prodotti e nei servizi, sono state realizzate direttamente o indirettamente con questa tecnica. Per esempio, bibite senza zucchero e senza caffeina, prodotti arricchiti con vitamine ecc., che modificano le caratteristiche originarie del prodotto o del servizio. L’elencazione delle caratteristiche si usa anche per definire la strategia di posizionamento in mercati caratterizzati da prodotti relativamente poco differenziati.

5. Su quale logica creativa si basa?
Le logiche creative sono le stesse dell'analisi morfologica, con la sola differenza che questa tecnica si focalizza su modifiche al rialzo o al ribasso come tecniche di spiazzamento.

Analisi degli scenari
1. Che cos'è?
L'analisi degli scenari, anziché tentare qualcosa di improbabile come conoscere o prevedere il futuro, si basa sull'assunto opposto: l'ipotesi che sia impossibile indovinare ciò che sta per accadere. Anche senza sapere ciò che accadrà, l'analisi degli scenari ci permette di anticipare le possibili conseguenze di qualunque scenario e di tutte le decisioni che prendiamo.

2. Come si applica?[10]
(1) Decidete qual è la domanda a cui dare risposta nell'analisi: più è dettagliata la domanda, meglio è per delineare uno scenario. Poi, (2) elencate i fattori di influenza: compilate un elenco di tutti i fattori che potrebbero incidere sul vostro business nel luogo e nel tempo che avete prestabilito. Potrebbero essere fattori industriali, politici, economici, tecnologici ecc. (3) Individuate le incertezze critiche: suddividete i fattori di influenza in due colonne: una per le maggiori incertezze e una per quelle meno importanti e più facilmente prevedibili. Ci ritroviamo così con una serie di forze imprevedibili. (4) Scegliete le incertezze: tra le possibili forze trainanti, sceglietene due che considerate particolarmente critiche per la creazione dei vostri scenari. (5) Identificate gli estremi: aggiungete questi due fattori a un semplice diagramma cartesiano indicando ai due estremi come potrebbe variare l'incertezza in questione. Supponiamo che si tratti della situazione economica: a un estremo (−∞) scrivete " buona, boom..." e all'altro estremo (+∞) scrivete "negativa, crisi...". (6) Definite gli scenari: di solito si costruiscono da due a quattro scenari, ma potete aggiungerne altri se il problema è complesso e dipende da un gran numero di fattori critici di influenza. In ogni quadrante collocate gli impatti che potrebbero derivare dalla situazione. Per esempio, se ci troviamo nel quadrante che si associa a una situazione economica negativa, il nostro business si concentrerà su prodotti a basso prezzo, a meno che non ci rivolgiamo a una categoria di clienti facoltosi. (7) Scegliete lo scenario più plausibile e definite una strategia per affrontarlo.

FIGURA 5.6 **EVOLUZIONE DELL'ECONOMIA**

Probabilità dell'arrivo di concorrenti cinesi	**Evoluzione dell'economia** NEGATIVA	POSITIVA
ALTA	Forte concorrenza sui prezzi	Possibilità di crescita con piccole variazioni sul portafoglio
BASSA	Lieve riduzione dei margini	Facilità di innovazione

Potete inserire nell'analisi degli scenari anche le vostre probabilità di influenzare o di creare uno scenario favorevole. Gli scenari futuri vengono generalmente classificati in diverse sezioni.
Facciamo un esempio. (1) Vogliamo decidere la nostra politica di innovazione per i prossimi anni. (2) Scegliamo i seguenti fattori di influenza: livello di innovazione atteso dai concorrenti nel breve termine, mutamento delle condizioni economiche, incremento atteso delle vendite a livello di settore, probabilità di un grosso salto tecnologico e possibilità dell'arrivo di concorrenti cinesi. (3) e (4) Fra tutti questi fattori, prendiamo in considerazione i più critici: l'evoluzione dell'economia e la possibilità che appaiano sulla scena concorrenti cinesi. (5) Sviluppiamo una matrice delle possibilità e (6) definiamo gli scenari (*Figura 5.6*)
(7) Stabiliamo infine di non poter influenzare questi fattori (evoluzione dell'economia e ingresso sul mercato di un concorrente cinese), perciò andiamo a esaminare lo scenario più plausibile. La probabilità che l'economia non migliori è elevata, e sappiamo per certo che alcune imprese cinesi stanno per entrare nel nostro settore. Si profila dunque uno scenario di forte concorrenza sui prezzi. Iniziamo da qui a progettare la nostra strategia usando, se necessario, altre tecniche creative.

3. Per quali situazioni è più raccomandabile?
Per concentrarsi su problemi complessi, identificare punti focali di innovazione e definire strategie di business e di innovazione.

4. Casi di studio
L'analisi degli scenari è largamente usata nell'ambiente militare, in quello politico e in quello economico. In azienda si usa generalmente per definire le strategie di business. Nell'innovazione, si può usare per stabilire quali strategie di innovazione seguire in base alla possibile evoluzione (i possibili scenari) del nostro mercato e alle mosse strategiche che verranno messe in atto dai nostri concorrenti.

5. Su quale logica razionale si basa?
Si basa sulla tecnica di continuare a chiedersi: "Che cosa accadrebbe se...?", dunque si basa sulle domande critiche.

Ridefinire il valore per il cliente
1. Che cos'è?
Questa tecnica consiste nel modificare il valore che i clienti traggono dai nostri prodotti e dai nostri servizi. Ogni transazione è composta da due elementi: lo sforzo del cliente (il prezzo pagato, il tempo trascorso a informarsi e a effettuare materialmente l'acquisto, il rischio che si associa alla decisione...) e il prodotto o il servizio che riceve in cambio. Il valore è il rapporto tra ciò che ottiene il cliente e i suoi sforzi. Potete aumentare il valore per il cliente in due modi: (a) dandogli di più (in termini di qualità o di quantità) per lo stesso prezzo, o (b) offrendogli lo stesso prodotto a fronte di uno sforzo totale minore, grazie alla facilitazione di uno o più degli elementi che concorrono a formarlo.

2. Come si applica?
La sua applicazione è molto semplice. (1) Analizziamo il valore per il cliente: che cosa gli diamo? Quali sforzi deve fare? (2) Una volta determinate esattamente le due cose, studiamo le opzioni disponibili per accrescere, ridurre o eliminare questi sforzi, allo scopo di capire se c'è un incremento finale nel valore per i clienti. (3) Quando si trova una nuova combinazione, il passo successivo è connetterla e sviluppare l'idea che permetterà di trasformare la nuova combinazione in un nuovo prodotto, in un nuovo servizio o in un nuovo modello di business.
Per esempio, se eliminiamo i servizi post vendita, che sono mol-

to costosi, e offriamo invece di sostituire un prodotto danneggiato o difettoso con un prodotto nuovo di zecca, il cliente ottiene più valore senza costi aggiuntivi per noi, sempre che la qualità del nostro prodotto sia abbastanza alta.

3. Per quali situazioni è più raccomandabile?
È un metodo che funziona particolarmente bene quando l'obiettivo è sviluppare un mercato, attrarre clienti potenziali o ridefinire le regole di un settore.

4. Casi di studio
L'esempio più noto ed emblematico dell'utilizzo di questa tecnica viene da Ikea, che ha completamente ridisegnato il valore per il cliente trasferendogli l'assemblaggio dei mobili in cambio di prezzi molto più bassi.

5. Su quale logica razionale si basa?
Utilizza tecniche di suddivisione del problema e modifica i fattori che compongono il valore fornito al cliente.

Visite e viaggi di istruzione
1. Che cos'è?
Consiste semplicemente nel visitare dei luoghi, collegati o meno al nostro prodotto o al nostro servizio, con l'idea che ciò che vedremo possa ispirarci e stimolare la generazione di nuove provocazioni. Per quanto riguarda i luoghi collegati al nostro settore, le visite si effettuano normalmente dove i clienti acquistano, consumano o usano determinati prodotti e servizi. In alcuni casi si intervistano i clienti, tramite un questionario strutturato, sui problemi che incontrano nell'utilizzo del prodotto o del servizio, sui bisogni, sulle aspirazioni e sui desideri che hanno in tema di nuovi prodotti. È un metodo difficile e costoso da implementare, perché si devono trovare clienti rappresentativi e occorre una preparazione adeguata per ottenere dei risultati soddisfacenti.
Per i luoghi non collegati al nostro settore, il metodo consiste nel visitare paesi esteri per vedere come si relazionano i clienti con la nostra categoria di prodotto o con altre categorie adiacenti.

2. Come si applica?
Nel caso delle visite ai clienti, (1) definite un campione di clienti o di consumatori, (2) li visitate e li osservate mentre acquistano o mentre usano il prodotto o il servizio, (3) prendete appunti su ciò

che fanno, con una particolare attenzione all'uso improprio o all'incapacità di sfruttare appieno il potenziale di un prodotto, (4) li intervistate sui loro problemi e sui loro bisogni. (5) Poi tutte queste informazioni vengono esaminate in una sessione interna di creatività che dovrebbe fungere da stimolo per generare idee.
Nel caso dei viaggi di istruzione, (1) definite ciò che volete innovare o su cui volete produrre idee, (2) pensate a luoghi che potrebbero ispirarvi, (3) scegliete i più promettenti, (4) ci andate, registrando o mettendo per iscritto le cose che vedete e che catturano la vostra attenzione. (5) Tutte queste informazioni vengono usate come provocazioni e sottoposte al gruppo come mezzo per la generazione di idee.

3. Per quali situazioni è più raccomandabile?
Per la sua natura casuale, questa tecnica produce risultati imprevedibili a tutti i livelli, dal più tattico al più strategico. Il suo impatto sull'innovazione dipende più dal punto di focalizzazione scelto per creare delle provocazioni che dalla tecnica in sé.

4. Casi di studio
Starbucks usa questa tecnica. Michelle Gass, senior vicepresident for category management di Starbucks, ha portato il suo team a Parigi, Düsseldorf e Londra a visitare punti vendita della catena e altri ristoranti per avere una percezione più precisa delle culture, dei comportamenti e delle mode locali. "Torni indietro con molte più idee e approcci mentali diversi sulle cose di quante ne potresti maturare leggendo una rivista o una mail", spiega la Gass[11].

5. Su quale logica creativa si basa?
È un mix di casualità e combinazione di idee.

Cocreazione
1. Che cos'è?
La cocreazione è una tecnica di innovazione recentissima, che consiste nel coinvolgere i clienti o i consumatori nel processo creativo.

2. Come si applica?
Lo si fa di solito con le nuove tecnologie, specie Internet, creando spazi in cui le persone possono proporre, classificare o migliorare le idee, o in cui l'azienda può chiedere alle persone di esprimere le proprie opinioni e le proprie valutazioni sulle idee che intende sviluppare.

La cocreazione si rivolge generalmente a consumatori e clienti particolarmente legati al brand o alla categoria merceologica, fornendo loro gli strumenti online (e offline) per esprimere le loro idee e indirizzare i progettisti allo sviluppo di prototipi. Si può attuare anche con sessioni di lavoro, simili alle riunioni finalizzate, a cui vengono invitate persone esterne all'organizzazione.

3. Per quali situazioni è più raccomandabile?

La cocreazione è particolarmente utile nei mercati B2B e dei servizi, dove il contatto diretto con i clienti è fondamentale e dove l'innovazione richiede un certo grado di coordinamento tra gli innovatori e i clienti a cui si rivolge. È altrettanto efficace nei mercati altamente dinamici in rapida evoluzione, esposti a mode e a cambiamenti nelle preferenze dei consumatori e dei clienti.

Uno dei metodi di cocreazione più usati è la cosiddetta "Lead user analysis", sviluppata da Eric von Hippel. Si basa sul principio che se si lavora con clienti innovativi, alla fine essi escogiteranno idee di prodotto innovative. Si tratta di riunire alcuni clienti particolarmente innovativi e chiedere loro di identificare problemi e soluzioni. Il problema principale è identificare questi clienti e convincerli a partecipare alle sessioni. 3M è particolarmente convinta dell'utilità di questa tecnica.

Una variante di questo approccio è invitare clienti e utenti a progettare il nuovo prodotto:

> Bush Boake Allen (BBA), un fornitore globale di aromi che ha tra i suoi clienti grandi aziende alimentari come Nestlé, ha costruito una "cassetta degli attrezzi" per consentire ai clienti di sviluppare i propri aromi, che vengono poi prodotti da BBA. Nel campo dei materiali, GE fornisce ai suoi clienti strumenti online per la progettazione di prodotti in plastica migliorativi. Nel software, varie aziende consentono agli utilizzatori di aggiungere moduli customizzati ai loro prodotti standard e poi commercializzano i più validi[12].

La cocreazione si può implementare anche attraverso i comitati consultivi formati dai clienti, in cui l'azienda rimane regolarmente in contatto con un campione prefissato di clienti selezionati da cui raccoglie continue informazioni su nuove idee e nuove possibilità.

Una variante è la cosiddetta "comunità di appassionati", dove il campione è composto da clienti o utenti scelti per il loro attaccamento al prodotto dell'azienda.

La cocreazione avviene spesso nella fase beta, quando l'azienda sceglie un gruppo ristretto di clienti fedeli affinché sperimentino il prodotto e forniscano ulteriori idee di miglioramento.

4. *Casi di studio*
La cocreazione viene usata in Harley-Davidson, dove alcuni clienti particolarmente affezionati al brand chiedono di collaborare con i progettisti. Si usa anche in Lego, dove sono i bambini a proporre le loro idee. C'è anche una cocreazione di idee pubblicitarie. L'azienda che produce le patatine Doritos ha scavalcato l'agenzia pubblicitaria e ha invitato i consumatori a proporre idee per le campagne pubblicitarie, offrendo premi alle idee più brillanti. Starbucks ha dedicato anni a sollecitare nuove idee ai clienti e a sfruttare quelle che i consumatori votano su Internet.

5. *Su quale logica creativa si basa?*
Si basa semplicemente sul networking, una forma particolare di lavoro collaborativo, e viene applicata ai clienti anziché ad aziende specializzate nella creatività, nell'innovazione e nel design.

QUALI METODI DI RICERCA DELLE INFORMAZIONI SONO PIÙ UTILI PER CIASCUNA TECNICA?

Abbiamo spiegato nel capitolo precedente che la ricerca delle informazioni andrebbe collegata direttamente alla tecnica creativa da applicare o ai bisogni specifici dei developer (D) e degli esecutori (E). Qui vedremo quali metodi di ricerca delle informazioni alimentano più adeguatamente ognuna delle tecniche che abbiamo illustrato (*Tabella 5.1*).

Quando parliamo di "alimentare una tecnica creativa" intendiamo dire che, per avere successo, qualunque sessione di creatività – finalizzata a produrre concetti da sviluppare o a risolvere i problemi che hanno di fronte gli esecutori – dev'essere ben preparata e ben organizzata. Le sessioni di creatività non sono assemblee informali e disorganizzate. Per produrre risultati ed essere efficace, la sessione di creatività richiede una lunga preparazione. Possiamo dire che per ogni minuto di generazione delle idee occorrono almeno tre minuti di preparazione.

In una sessione di creatività, l'oggetto dev'essere ben definito e ognuno degli stimoli a cui verranno esposti i partecipanti va pianifi-

Tabella 5.1 **TECNICHE PIÙ ADEGUATE DI ANALISI DELLE INFORMAZIONI PER CIASCUNA TECNICA CREATIVA**

	Sinettica	Oceano blu	Analisi morfologica	Marketing laterale	Elencazione delle caratteristiche	Costruzione degli scenari	Visite	Cocreazione	Ridefinizione del valore per il cliente	Brainstorming
Esame critico dell'innovazione		X	X	X	X					X
Analisi delle categorie adiacenti		X		X			X			X
Consulenza interna	X	X	X		X	X				
Trend sociali/ classi sociali		X		X		X	X			
Trend di mercato		X		X	X	X				X
Processo d'acquisto			X		X				X	X
Percorsi di innovazione		X	X		X					X
Soluzioni tecnologiche	X		X	X		X				X
Progettazione	X	X	X		X		X	X		
Strategie e tattiche di successo/ Apprendimento dagli errori				X	X	X				
Monitoraggio del network					X			X		
Studi etnografici		X		X	X			X	X	X
Geolocalizzazione					X			X		

cato e preparato in anticipo. Le sessioni più efficaci sono quelle che si traducono in un'improvvisazione ben pianificata.

VALUTAZIONE DELLE TECNICHE CREATIVE E DEI METODI DI RICERCA DELLE INFORMAZIONI

Di fronte a tutti questi metodi, molti manager si sentono smarriti. Anche se nelle pagine precedenti abbiamo tentato di identificare le situazioni in cui funzionano meglio, potreste ancora domandarvi quali si sono dimostrati più utili. In molti casi, il semplice fatto che un'innovazione sia stata scoperta con una determinata tecnica ha procurato a quest'ultima una grandissima popolarità, anche se non molte altre aziende la trovano utile. Bob Cooper e Scott Edgett hanno effettuato uno studio interessante, analizzando 160 aziende che avevano impiegato alcuni dei metodi illustrati in questo libro[13].

Le conclusioni principali sono visualizzate nella matrice riprodotta nella *Figura 5.7*. Per ogni metodo confrontiamo due fattori: quanto lo utilizzano le aziende e come lo classificano in base all'efficacia percepita.

FIGURA 5.7 **EFFICACIA (PERCEPITA DAGLI UTENTI) VS POPOLARITÀ DI CIASCUN METODO DI IDEAZIONE**

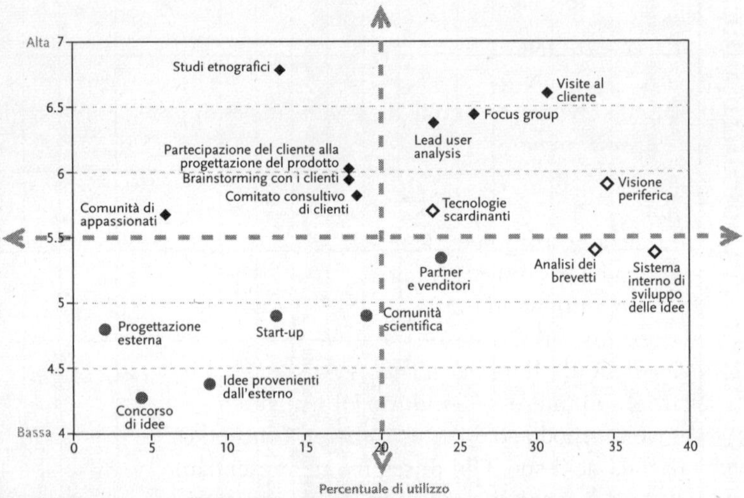

Fonte: studio sull'ideazione di Cooper e Edgett.

Come possiamo vedere, ci sono due categorie preferenziali:

Metodi più efficaci e più apprezzati

- Visite al cliente.
- Visione periferica o analisi dei trend.
- Focus group.
- Inserimento di tecniche scardinanti nella nostra categoria di prodotto o di servizio.
- Lead user analysis.

Metodi più efficaci ma meno popolari

- Studi etnografici.
- Comitati consultivi di clienti, comunità di appassionati.
- Meccanismi per facilitare il contributo dei clienti alla progettazione dei prodotti.

Gli altri, ancorché classificati a un livello inferiore, non andrebbero scartati. Quella classificazione più bassa potrebbe dipendere dalla mancanza di esperienza o di competenza nella loro applicazione o dalla loro inadattabilità al settore a cui appartiene l'azienda che ha effettuato la valutazione. Qualunque tecnica per la generazione di idee è utile. Il segreto è sapere quando e come usarla.

DALL'IDEA AL CONCEPT

Supponendo che conoscano le diverse tecniche di generazione delle idee, i creatori (insieme ai developer) devono trasformare le idee più valide di nuovi prodotti, servizi o modelli di business in concept.

Il concept è più sviluppato e definito dell'idea. Non è ancora una concretizzazione completa dell'idea, ma contiene gli elementi e gli ingredienti che giustificano appieno l'investimento nel suo sviluppo.

Applicato a nuovi prodotti e a nuovi servizi, il concept consiste in una descrizione breve ma sufficientemente esplicita di come un'idea si trasformerà in valore per il cliente e delle ragioni per cui dovrebbe suscitare il suo interesse e indurlo all'acquisto.

Non c'è un modo solo per esprimere i concept: ce ne sono tanti, e ogni azienda ha il suo. Qui di seguito ne presentiamo uno che abbiamo trovato utile e che si può testare sui consumatori se i facilitatori (F) ritengono necessario il test prima di approvare nuovi voci di spesa.

Noi raccomandiamo di descrivere un concept nei seguenti termini: nome, immagini che lo descrivono, la percezione su cui fa leva, il beneficio principale che offre, il beneficio finale a cui mira, la ragione per cui i clienti dovrebbero acquistare, il trend sociale in cui s'inquadra, la fonte di business su cui si basa e una valutazione soggettiva delle possibilità di sviluppo e del potenziale di mercato. Esamineremo in dettaglio ognuno di questi aspetti; e forniremo anche un esempio illustrativo, facendo l'ipotesi di aver deciso di lanciare un apposito mix di cereali da consumare insieme allo yogurt.

Nome del concept

È un nome sintetico che descrive in qualche modo il prodotto o il servizio che intendiamo lanciare. È una cosa molto diversa dal brand o dalla sottomarca. Il nostro intento non è definire un brand attraente. Quella è un'operazione successiva. Si tratta, in poche parole, di una descrizione che mette in luce uno o più dei seguenti aspetti: "Che cosa vendiamo?", "A chi?", "Quale bisogno soddisfa" e "In quale situazioni verrà acquistato o consumato?". Nel nostro esempio, un nome del concept potrebbe essere "Cereali per lo yogurt". Come si vede, questo nome non include né il profilo del consumatore obiettivo, né il bisogno che soddisfa, ma solo la situazione di consumo (si accompagna allo yogurt anziché al latte). Facciamo così perché si tratta dell'aspetto più distintivo del concept. In altri casi, converrebbe enfatizzare il mercato obiettivo o il bisogno da soddisfare: "Cereali per gli anziani", "Cereali per gli sportivi", "Cereali facilmente digeribili" o "Cereali anti invecchiamento". In altri casi, il nome del concept potrebbe includere solo la caratteristica o l'attributo differenziale: per esempio, "Cereali ai frutti rossi", "Cereali in tavolette" o "Cereali senza zucchero".

Immagini che illustrano il concept

Un'immagine vale più di mille parole, perciò un mezzo efficace per fare in modo che tutte le persone coinvolte nel processo di innovazione condividano la stessa visione dell'idea che andranno a sviluppare è usare fotografie o immagini di repertorio che illustrano in qualche modo la foggia, il colore, il consumatore target, e il look che dovrebbe avere il prodotto o il servizio.

Per esempio, nel caso dei nostri "Cereali per lo yogurt", alcune immagini che potrebbero aiutare a descrivere il concept sono illustrate nella *Figura 5.8*.

Figura 5.8 **CEREALI PER LO YOGURT**

Le immagini ci danno già molte indicazioni su aspetti che non abbiamo ancora descritto: vedendo queste foto è abbastanza facile immaginare quali dovrebbero essere gli ingredienti, il design, la confezione, i colori ecc. Le immagini ci dicono che il prodotto si rivolge principalmente a donne attente alla propria salute, che amano lo yogurt e lo consumano di solito con la frutta o altri alimenti complementari; si tratta in sostanza di persone in buona salute che apprezzano gli alimenti naturali in quantità limitate. Le immagini forniscono tante informazioni che sono spesso difficili da esprimere e da comunicare, ma sono essenziali per "immergere" i developer nell'idea e nell'opportunità che vogliamo sfruttare. È importante che i creatori, i browser e i developer dedichino il tempo necessario a selezionare le immagini su cui concordano. Conviene anche che si trovino d'accordo sulle immagini da scartare. Le immagini si dovrebbero suddividere in due gruppi:

- primo gruppo: "Questa foto **non è rappresentativa** del nostro concept";
- secondo gruppo: "Questa foto **è rappresentativa** del nostro concept".

È un esercizio molto utile per indurre un gran numero di persone a concordare con ciò che ci aspettiamo di vedere quando l'idea si trasformerà in un prodotto o in un servizio tangibile.

Fonte di volumi

L'identificazione della fonte di volumi è fondamentale per l'innovazione. Significa rispondere alle seguenti domande: "Quando il prodotto andrà sul mercato, ipotizzando che abbia ottenuto un certo livello di accettazione, a chi si 'ruberanno' i volumi?", "Quali altri prodotti verranno abbandonati dai consumatori grazie alla nostra innovazione?". Si tratta dei cosiddetti "effetti sostitutivi".

La risposta, ovviamente, è una previsione, un'ipotesi e una valutazione soggettiva di quella che sarà la nostra attrattiva competitiva. Ecco alcune conclusioni fra le più tipiche:

a. il prodotto o il servizio produrrà un effetto incrementale; non ci aspettiamo che sottragga chiaramente vendite a qualche altra categoria di prodotto, ma che generi un incremento netto nel mercato o nella spesa dei consumatori;
b. il prodotto sottrarrà volumi a qualche altro prodotto o a qualche altro servizio. In questo caso ci sono tre ulteriori possibilità:
   b1. sottrarrà volumi ai concorrenti diretti ed eventualmente anche a dei nostri prodotti; nel nostro esempio potremmo immaginare che i nuovi cereali per lo yogurt sottraggano volumi ai cereali standard, da consumare con il latte o con i succhi di frutta, che vendiamo attualmente,
   b2. sottrarrà volumi ai concorrenti adiacenti, ossia a categorie correlate con cui concorriamo indirettamente. Per esempio, i nuovi cereali per lo yogurt potrebbero sottrarre volumi alle nocciole e alla frutta che i consumatori aggiungono allo yogurt,
   b3. sottrarrà volumi ai concorrenti remoti, riducendone la quota di spesa a loro favore. Per esempio, se pensiamo che le vendite dei cereali per lo yogurt facciano calare le vendite di altri prodotti disponibili nei supermercati, dai cosmetici ai detergenti.

L'individuazione dell'ambito competitivo risponde a varie finalità: contribuisce a inquadrare lo sviluppo commerciale successivo (tipi di clienti, canali e distributori, collocazione nel punto vendita, fasce di prezzo ecc.); consente anche ai facilitatori (F) di stimare l'impatto sul conto economico operativo, perché un'innovazione il cui referente competitivo si trova nel nostro portafoglio farà diminuire i volumi di vendita di questo prodotto, per effetto della "cannibalizzazione".

Percezione

Il punto successivo nella definizione di un concept è la percezione, intesa come la motivazione principale del cliente nei confronti del nuovo concept, i suoi pensieri reconditi, i suoi sentimenti e il bisogno latente che ci proponiamo di soddisfare. Per esempio, nel caso dei cereali per lo yogurt, la percezione potrebbe essere: "Voglio dare al mio yogurt un tocco speciale di tipo salutistico".

La percezione va al di là del bisogno. È veramente il punto "forte" su cui cerchiamo di convincere il consumatore: ciò che accade dentro di lui e che non saprebbe come esprimere. La percezione andrebbe validata dalle ricerche, ma sappiamo benissimo quanto sia difficile accedere alla percezione dei clienti, e tanto più quantificarla. Non parliamo perciò di validazione quantitativa, ma qualitativa. In questo senso i browser, con l'utilizzo delle tecniche illustrate nel *Capitolo 4*, dovrebbero confermare che la percezione su cui facciamo leva esiste effettivamente in misura rilevante fra i nostri clienti e fra i nostri consumatori.

Beneficio principale

L'identificazione del beneficio principale è un approccio consapevole alla percezione. È una verbalizzazione del bisogno che dovrebbe soddisfare il prodotto. Trattandosi di qualcosa che dovrebbe esprimere il cliente o il consumatore, il beneficio principale andrebbe formulato in prima persona, come se fosse il cliente a dire perché sceglierebbe quel prodotto o quel servizio.

Per esempio, nel caso del nostro yogurt, la verbalizzazione potrebbe essere: "Questo prodotto mi consente di aggiungere un pizzico di sapore in più al mio yogurt, che valorizza anche la bontà dei cereali".

Il beneficio principale è l'essenza, il cuore di un'innovazione. I developer non possono e non devono perdere di vista il beneficio principale mentre portano avanti il processo di innovazione. Potremmo scoprire di dover arrivare al beneficio principale diversamente da come avevamo programmato in origine. Accade molto spesso nello sviluppo di un'innovazione. Ma ciò che non possiamo mai fare è distorcere, ridurre o alterare significativamente il beneficio principale del prodotto o del servizio che vorremmo lanciare.

Se siamo costretti a modificarlo, dovrebbero approvare la modifica anche i membri del team che gestisce il processo di innovazione. La modifica o l'alterazione del beneficio principale, anche quando è dovuta a vincoli o a limiti di natura tecnica, non può essere effettuata unicamente dai developer.

Fondamento razionale

Il fondamento razionale descrive la ragioni obiettive per cui il cliente o il consumatore dovrebbe ritenere credibile la nostra proposta. La percezione, in effetti, è qualcosa di latente e di interiore, una motivazione. Ma ciò che attiva quella percezione è qualcosa di tangibile, di obiettivo e anche di verificabile.

Per esempio, nel caso dei cereali per lo yogurt, un fondamento razionale potrebbe essere: "La nostra proposta può incontrare il favore dei consumatori perché la consistenza di questi nuovi cereali si integra bene con lo yogurt, diversamente da quella dei cereali che si gustano con il latte o con i succhi di frutta, che sono molto più duri".

Il fondamento razionale dev'essere dimostrabile. Se il consumatore o il cliente non è in grado di verificarlo direttamente per mancanza di mezzi o di capacità, dobbiamo provarglielo noi. Se necessario, possiamo chiedere l'approvazione o la raccomandazione di autorevoli soggetti terzi (laboratori, medici, autorità, enti certificatori ecc.) o effettuare dimostrazioni sul punto vendita.

Non ci deve essere spazio per i dubbi sul fondamento razionale. Non può essere qualcosa d'incerto. Dobbiamo tener presente che l'intera credibilità del beneficio principale dipende da questo fattore, e quindi anche la percezione su cui intendiamo fare leva. Un fondamento razionale debole o dubbio non accede alla percezione, e diminuisce perciò le nostre probabilità di riuscire a mobilitare il cliente o il consumatore come vorremmo. Al momento dello sviluppo, se non pensiamo di avere ragioni o argomentazioni valide, o fondamenti razionali abbastanza convincenti, conviene rivedere l'intero concept. Forse abbiamo creato aspettative eccessive, e al momento della verità non siamo in grado di assicurare al cliente ciò che pensavamo di potergli offrire.

È qui che falliscono molti nuovi prodotti e servizi. Abbiamo trovato un beneficio principale e una percezione così efficace che non vogliamo rinunciarvi neppure quando, in realtà, non siamo sicuri di poterla effettivamente soddisfare. Nel marketing, e specialmente nei nuovi prodotti, non c'è nulla di peggio di scoprire che il vostro nuovo prodotto o servizio non è in grado di mantenere la sua promessa. Potete ingannare il cliente, ma solo una volta. Dopodiché lo perderete per sempre.

Beneficio finale

Il beneficio finale è quello in grado di soddisfare il bisogno che sta in cima alla piramide dei bisogni a cui si rivolge la novità che stiamo sviluppando. Diciamo che è il vero beneficio ricercato dal nostro cliente, non solo nella nostra categoria o nel nostro settore, ma in tante altre categorie.

Per esempio, nel caso dei "Cereale per lo yogurt" il beneficio finale potrebbe essere: "Voglio mantenermi in buona salute".

Ci rendiamo conto che si tratta di un beneficio estremamente generico che richiede non solo una dieta sana, ma anche l'esercizio fisico, una vita poco stressante ecc.

Il beneficio finale contribuisce a inquadrare il prodotto o il servizio all'interno di uno schema generale dei bisogni dei clienti, e quindi a capire come si relaziona con altri aspetti della loro vita.

Trend sociale in cui si inquadra

Nel *Capitolo 4* abbiamo enfatizzato l'esigenza di inquadrare un'innovazione in un determinato trend sociale, e abbiamo sottolineato come l'analisi del trend possa costituire addirittura uno stimolo diretto nelle sessioni di creatività.

La definizione del trend sociale che si accompagna al concept e lo ispira ci dà un'ulteriore rassicurazione del fatto che quello che stiamo facendo ha senso nella vita reale e nelle dinamiche più vaste che orientano gli interessi delle persone e attirano l'attenzione dei media.

Per esempio, nel caso dei "Cereali per lo yogurt", potrebbero esistere alcuni trend sociali che confermano il potenziale del concept proposto e la sua coerenza con i trend attuali di consumo o di mercato:

- oggi lo yogurt è il paradigma dell'alimentazione sana, con il suo gusto unico e naturale;
- nella società è diffusa la convinzione che le qualità salutari dei cereali (un alimento caratterizzato da un elevato valore nutritivo e dalla presenza di vitamine e di minerali) offrano un prezioso complemento ai benefici dello yogurt. I cereali in fiocchi rappresentano ormai un macrotrend estremamente diffuso;
- la popolazione dimostra complessivamente una maggiore attenzione alla salute.

Nella *Figura 5.9* presentiamo un concept completo, che include tutti gli aspetti di cui abbiamo parlato.

Un testo di questo tipo, aggiunto alle immagini, si può usare nella sperimentazione del concept, sia a livello qualitativo sia a livello quantitativo.

FIGURA 5.9 **CEREALI PER LO YOGURT (CONCEPT)**

Cereali per lo yogurt (concept)

- **FONTE DI VOLUMI**
  Riteniamo che i cereal per lo yogurt sottrarranno volumi ai nostri cereali standard che si accompagnano al latte e ai succhi di frutta
- **PERCEZIONE**
  "Voglio dare al mio yogurt un tocco speciale di tipo salutistico".
- **BENEFICIO PRINCIPALE**
  "Questo prodotto mi consente di aggiungere un pizzico di sapore in più al mio yogurt, che valorizza anche la bontà dei cereali".
- **FONDAMENTO RAZIONALE**
  Si può fare perché la consistenza di questi nuovi cereali si integra bene con lo yogurt, diversamente da quella dei cereali da consumare con il latte o con i succhi di frutta, che sono molto più duri.
- **BENEFICIO FINALE**
  "Voglio mantenermi in buona salute".
- **TREND SOCIALE**
  - Oggi lo yogurt è il paradigma dell'alimentazione sana, con il suo gusto unico e naturale.
  - Nella società è diffusa la convinzione che le qualità salutari dei cereali (un alimento caratterizzato da un elevato valore nutritivo e dalla presenza di vitamine e minerali) offrano un prezioso complemento ai benefici dello yogurt. I cereali in fiocchi rappresentano ormai un macrotrend estremamente diffuso.
  - La popolazione dimostra complessivamente una maggiore attenzione alla salute.

Una descrizione come quella che abbiamo appena letto è ugualmente applicabile e facilmente adattabile ad alti tipi di innovazione, come un nuovo modello di business, una nuova tecnologia, un processo migliorativo ecc. Si tratta solo di raccogliere le informazioni essenziali, che includono la natura del contributo fornito e l'obiettivo che intendiamo raggiungere con il cambiamento o con l'innovazione allo studio.

Valutazione soggettiva

Nella formulazione del concept (esamineremo più dettagliatamente questo punto nel *Capitolo 8* sui facilitatori (F)) conviene inserire alcune informazioni sul grado di difficoltà che prevediamo per lo sviluppo del prodotto e sul potenziale di business che gli attribuiamo.

Queste informazioni ci aiuterebbero a scegliere tra un gran numero di concept che riteniamo meritevoli di considerazione, a mano a mano che portiamo avanti il processo di innovazione (*Figura 5.10*).

Il quadrante superiore sinistro indica concept facili da sviluppare e ad alto potenziale.

Il quadrante superiore destro include concept difficili da sviluppa-

FIGURA 5.10 **MATRICE PER LA VALUTAZIONE DEI NUOVI CONCEPT**

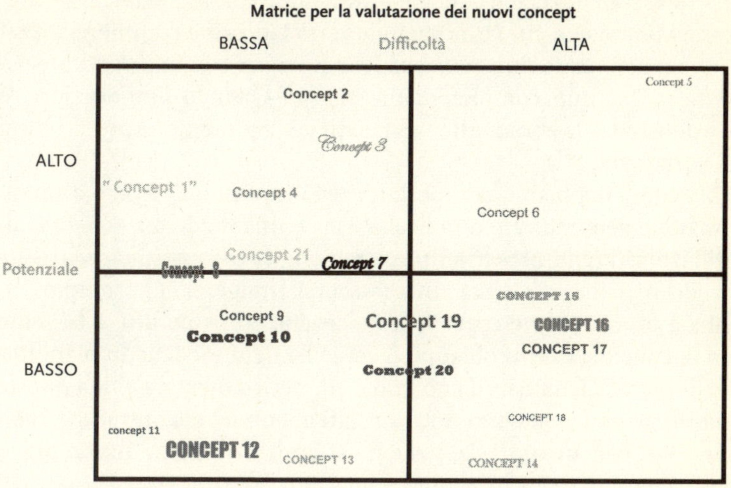

re e ad alto potenziale. Qui raccomandiamo di riesaminare il concept per semplificarne lo sviluppo e, qualora non sia possibile, di ottimizzare i costi di produzione e di marketing per evitare di prendere una decisione finanziariamente negativa.

Il quadrante inferiore sinistro include concept a basso potenziale e facilmente realizzabili. Noi consigliamo di usarli strategicamente e di "spalmarli" nel tempo come mezzo per frenare la concorrenza. Infine, il quadrante inferiore destro include concept che andrebbero abbandonati, perché presentano un basso potenziale e un'elevata difficoltà di sviluppo.

Idealmente, nel processo di innovazione le imprese dovrebbero sviluppare un gran numero di concept alternativi, in modo da poter scegliere quello da portare avanti. La matrice di analisi difficoltà/potenziale è uno strumento fondamentale per stabilire dove investire le risorse. Ce ne occuperemo più in dettaglio nel *Capitolo 8*.

In presenza di una matrice di questo genere, i developer e i facilitatori dovrebbero scegliere, in base a criteri economici e finanziari, un numero limitato di concept da portare avanti. Nel *Capitolo 8* esamineremo vari metodi per la valutazione dei concept. Nello stesso tempo si dovrebbero riesaminare i vari limiti che i developer incontreranno nello sviluppo di questi concept, anche come base per una decisione. Ma è un argomento che tratteremo nel prossimo capitolo.

Decisione sul brand

Una volta stabilito che il concept è attraente, il passo successivo è scegliere il brand con cui l'innovazione verrà lanciata e commercializzata. Le opzioni sono due: lanciare l'innovazione con un brand preesistente o con uno completamente nuovo. Quando l'innovazione è un'estensione di portafoglio, conviene generalmente usare il brand del portafoglio.

Ma come dobbiamo comportarci se ci troviamo di fronte a un'innovazione semiradicale o radicale? Esiste una tendenza generale all'utilizzo di brand preesistenti. La ragione è ovvia: sfruttare la notorietà del marchio, che costa tanta fatica raggiungere. Per esempio, Yamaha è un brand che copre le motociclette e i pianoforti, e la gente non lo considera un problema. È vero che ogni modello di pianoforte o di motocicletta ha un suo brand numerico o letterale. Ma queste denominazioni non sono note a molti clienti e vengono usate raramente dai consumatori. Le persone si limitano a dire: "Il mio piano è uno Yamaha" o "La mia moto è una Yamaha".

Ma i brand hanno dei limiti. Se vogliamo utilizzarli per troppi prodotti, rischiamo di fargli perdere forza evocativa o di creare confusione sul nostro posizionamento. Secondo Al Ries e Jack Trout, un prodotto o un servizio che si inquadra in una determinata categoria dovrebbe avere un suo brand, specie quando l'innovazione è radicale, perché in quel caso abbiamo la possibilità di denominare la categoria con il nostro brand: iPhone è già più di un brand, è un tipo di supporto mobile. In questo caso iPhone è il brand e Apple è la casa produttrice, o per meglio dire il brand di produzione. Anche Apple è un brand. Nel caso dell'iPhone, Apple funge da sovra-brand. Usare i brand e i sovra-brand (brand di produzione) è una strategia molto efficiente per nuovi prodotti e servizi: Actimel di Danone, Nespresso di Nestlé, iPhone di Apple...

Questo accorgimento permette di sfruttare la forza e la popolarità del brand "madre" e di creare un nuovo nome e un nuovo brand per l'innovazione da lanciare.

Tutte queste decisioni coinvolgono il CIO, il CEO, il marketing e la comunicazione. L'utilizzo di brand preesistenti incide sulla comunicazione e sulle politiche di promozione dei prodotti in essere e potrebbe modificare il posizionamento attuale dei nostri brand; questa materia dev'essere perciò coordinata adeguatamente all'interno dell'organizzazione.

Capitolo 6

Developer

CHE COS'È UN DEVELOPER?

I developer sono persone il cui compito è passare dall'idea all'invenzione, ossia tradurre l'idea in qualcosa di tangibile che si possa commercializzare.

Sarebbe inutile, e impossibile, tentare di descrivere tutto ciò che si fa nelle funzioni sviluppo nuovi prodotti o R&D. Anzitutto, questo non è un libro sull'engineering e sulla progettazione. È un libro sull'innovazione, e principalmente sull'innovazione di marketing, in cui presentiamo un modello strutturato per progettare e organizzare i processi di innovazione. I compiti che deve mettere in atto un reparto tecnico per trasformare un'idea in un'invenzione o in un nuovo servizio sono estremamente eterogenei. Tutto ciò che potremmo offrire per lo sviluppo tecnico, mettiamo, delle biciclette, sarebbe insufficiente o inadeguato per lo sviluppo di una motocicletta, che è del tutto diverso da quello di un elettrodomestico o di un prodotto di largo consumo o di un cosmetico, che non hanno nulla a che vedere con i saloni di bellezza o con i servizi di distribuzione dell'energia.

Ci sono già libri sull'engineering e sui processi che trattano questi argomenti, suddivisi per settore o per tipo di tecnologia. Qui ci concentriamo sugli aspetti principali che caratterizzano il lavoro di un developer in relazione agli altri ruoli che partecipano a un processo di innovazione. Dobbiamo esaminare i maggiori problemi trasversali, cioè comuni a qualunque settore o a qualunque tipo di prodotto. Enfatizzeremo in particolare la dimensione del marketing, che lo sviluppo tecnico non dovrebbe mai perdere di vista, e illustreremo in dettaglio le varie tecniche e i vari metodi che permettono di capire come il mercato comprende e valuta i prodotti e i servizi sviluppati dalla funzione tecnica di un'azienda.

Vogliamo chiarire inoltre che, a nostro avviso, il ruolo del developer non è solo tecnico. Non meno importante dello sviluppo tecnico di un'idea è il suo sviluppo a livello di marketing. Il ruolo successivo, quello degli esecutori (E), si concentra sull'esecuzione, intesa come l'implementazione del concetto totale. Gli esecutori devono realizzare i progetti, un ruolo in cui c'è poco spazio per nuove idee e nuovi piani e occorre invece un grande senso pratico.

Storicamente, per via delle loro competenze tecniche e della loro esperienza, lo sviluppo del concetto è sempre stato affidato ai reparti R&D. Gli ingegneri e i tecnici sono i depositari della tecnologia e i soggetti che possono tradurre efficacemente in realtà le idee che vengono proposte all'interno di un'azienda.

Noi concordiamo sulla posizione preminente e fondamentale dell'R&D e della progettazione e siamo i primi a riconoscere che il ruolo di developer andrebbe ricoperto prevalentemente da persone di estrazione tecnica. Gli addetti alle vendite, al marketing e alla pubblicità non sanno come sviluppare piani tecnici e prototipi, o come organizzare la produzione di massa o la logistica. Diciamo solo che i developer dovrebbero includere anche rappresentanti del marketing e delle vendite.

Un articolo molto interessante intitolato "Masters of value and possibility: Optimizing the marketing and research & development relationship"[1], che si basa sulle ricerche riguardanti la visione manageriale della relazione tra le due funzioni (marketing e R&D) durante il processo di innovazione, offre conclusioni rivelatrici che supportano e confermano l'opportunità di lavorare con i ruoli che proponiamo qui (da A a F) per promuovere la collaborazione tra esperti che appartengono a diversi reparti e a diverse funzioni dell'azienda.

I reparti R&D si focalizzano principalmente su nuove soluzioni tecnologiche, su innovazioni più scardinanti, sulle possibilità tecnologiche che è in grado di creare l'innovazione, ma non sono permanentemente in contatto con il cliente e in molti casi le loro proposte non riflettono né soddisfano necessariamente i suoi bisogni e le sue preoccupazioni.

Da parte loro, gli operatori di marketing si concentrano prevalentemente sulle innovazioni marginali, sulle estensioni di portafoglio, sulla corrispondenza tra le innovazioni e i bisogni dei clienti, ma non sono degli esperti tecnici e ignorano molte possibilità offerte dalla tecnologia, per cui non alzano lo sguardo al di sopra delle innovazioni che possono creare valore ma sono troppe ovvie e spesso non scardinanti dal punto di vista tecnologico.

In realtà, i due ruoli sono complementari, perciò il modo più suggestivo e utile di procedere, come suggeriamo qui, è mettere il personale dell'R&D in condizione di aiutare i creatori a definire i concetti, e coinvolgere gli esperti di marketing nello sviluppo dell'innovazione. I primi contribuiranno a fare in modo che non venga meno l'apporto dell'esperienza tecnologica alla generazione delle idee; i secondi contribuiranno a fare in modo che tutte le idee in arrivo dall'R&D vengano valutate in termini di bisogni del cliente.

> La soluzione consiste anche nel capire come differiscono i ruoli dei developer e degli addetti al marketing. I developer dovrebbero essere maestri nell'arte del possibile. Gli addetti al marketing dovrebbero essere maestri nell'arte del valorizzabile: dovrebbero definire esattamente ciò che desiderano i potenziali acquirenti. Sapere che cosa è possibile non ci dice che cosa è valorizzabile, e viceversa. È la combinazione delle due cose che ci consente di costruire la partnership giusta tra marketing e sviluppo. Questi professional devono collaborare veramente per trasformare dei "possibili valorizzabili", ossia delle soluzioni, in nuove offerte di successo. Entrambe le cose richiedono arte e scienza, ed entrambe richiedono l'offerta giusta per la domanda disponibile o potenzialmente disponibile. Questi due punti di focalizzazione – valore e soluzioni – richiedono diversi strumenti e diverse competenze, e si traducono in priorità differenti. Si possono scoprire tante cose possibili che potrebbero avere un valore minimo o inesistente, ma non ci si dovrebbe aspettare di riuscire a sviluppare le offerte migliori in assoluto se non si sono ancora scoperti i bisogni più valorizzabili dei clienti, rispetto a quanto fa la concorrenza.

In effetti, General Electric ha risolto questo problema creando unità operative in cui lavorano persone con entrambi i profili. Al marketing si chiede di acquisire una certa eperienza nella tecnologia e all'R&D si chiede di dedicare un po' di tempo alla comprensione del consumatore o del cliente. Sia gli addetti al marketing sia quelli all'R&D devono conoscere in qualche misura il gergo tecnico della controparte, per creare una sorta di multilinguismo essenziale per la comunicazione. Per esempio, The House of Quality è un'organizzazione all'interno della quale gli addetti al marketing elencano ciò che il consumatore desidera in un'automobile, e l'R&D lo trasforma in potenza e in altre specifiche tecniche[2].

Nel nostro modello A-F affrontiamo questo problema e lo risolviamo assegnando persone di entrambi i profili e altri dipendenti dell'azienda a ognuno dei ruoli, e soprattutto facendo in modo che, nei punti di interazione, il ruolo principale di una fase lavori a stretto contatto di gomito con il ruolo principale della fase successiva. Per esempio, come spieghiamo in questo capitolo, è bene far collaborare i creatori e i developer sui concetti che emergono dalle idee; analogamente, i developer e gli esecutori dovrebbero lavorare insieme alla definizione generale del business plan per il prototipo da sviluppare.

In ogni caso, la natura interattiva dei sei ruoli induce tutti a farsi coinvolgere in permanenza nel lavoro e nei successi, nei progressi e nelle realizzazioni degli altri. Significa che le barriere tradizionali tra i reparti vengono abbattute ed eliminate: l'R&D sviluppa l'idea e il marketing ne cura il lancio sul mercato (come avviene normalmente nelle aziende tecnologiche); oppure il marketing propone un'idea e l'R&D la sviluppa (come avviene normalmente nelle aziende dei beni di largo consumo).

Ma non dobbiamo affidarci unicamente a questi due reparti. Se necessario, i developer potrebbero includere rappresentanti di tutte le funzioni, dagli esperti di marketing agli ingegneri, agli addetti agli acquisti, alla logistica, alla produzione, alla vendite e alla progettazione.

Per decidere se queste persone dovrebbero appartenere all'azienda o se i ruoli si possono esternalizzare, i lettori dovrebbero tornare al *Capitolo 3*, dove illustriamo tutte le forme di collaborazione, e al *Capitolo 5*, dove illustriamo il concetto di cocreazione.

CONTRIBUTO DEI DEVELOPER ALLA DEFINIZIONE DEL CONCEPT

I developer non sono "muli da carico" a cui mettere sul groppone un'idea brillante ma poco fattibile. Abbiamo detto chiaramente nel *Capitolo 5* che i creatori non si limitano a generare delle idee: producono idee rilevanti, economicamente sostenibili, fattibili e preziose. Non possiamo affidare a un developer un'idea impossibile insieme alla responsabilità di renderla realizzabile, perché l'unico risultato che otterremmo in questo modo sarebbe creare un conflitto, scoraggiare le persone e buttar via soldi, oltre a compromettere il processo di innovazione.

Ecco perché c'è tutta una serie di limitazioni che si interpongono fra i creatori e i developer; limitazioni che essi devono superare insieme prima di dedicarsi allo sviluppo di prototipi, modelli e piani di produzione. Vedremo inoltre come tali limitazioni influenzano la progettazione del concept.

Limiti noti ai developer
I limiti che i developer sono in grado di identificare nella definizione di concept relativi a nuovi prodotti o servizi hanno a che vedere con le loro limitazioni aziendali e si possono classificare in quattro gruppi che rispondono alle seguenti domande:

a. Possediamo e controlliamo la tecnologia richiesta da questo concept?
b. Possiamo fabbricarlo?
c. Possiamo e siamo in grado di commercializzarlo?
d. Abbiamo le risorse sufficienti per sviluppare questa innovazione?

Se le risposte a queste domande non sono soddisfacenti, si danno tre possibili soluzioni:

1. si abbandona il concept;
2. si mantiene il concept così com'è (previa assicurazione che non entri in conflitto con i piani generali dell'impresa o con la sua missione) e si inizia la ricerca di fornitori, soci ecc.;
3. si comincia a modificare il concept in modo da ottenere una risposta soddisfacente alle quattro domande viste in precedenza.

Limiti tecnologici
Il primo interrogativo che si pone nello sviluppo di un'innovazione è: abbiamo la tecnologia? Se la risposta è affermativa, siamo messi bene. Il possesso delle capacità tecnologiche che permettono di realizzare un'idea ci porta già a metà strada. Se la risposta è negativa, cioè se "non abbiamo la tecnologia per sviluppare questo concept", i developer e i browser devono collaborare per individuare possibili fornitori esterni che mettano a disposizione quella tecnologia. È un processo tendenzialmente lungo, difficile e costoso, dunque i benefici di un'innovazione che richiede una tecnologia fornita dall'esterno devono essere sufficientemente attrattivi. Prima di andare avanti con un processo di innovazione di questo tipo, dovremmo pensarci due volte: forse è il caso di fermarsi a riflettere.

Limiti di produzione
Sono differenti da quelli tecnologici. In questo caso, abbiamo una determinata tecnologia ma non le capacità o le strutture produttive che occorrono per realizzare l'innovazione. Vale dire che le nostre linee di produzione non sono in grado di fabbricare il prodotto, o che la nostra struttura non è in grado di erogare il servizio. È un limite che si può superare, ma le implicazioni sono importanti anche qui. Ci sono solo due alternative, peraltro scontate: esternalizzare o investire in nuove strutture produttive o distributive. L'outsourcing comporta la condivisione del margine di profitto e incide direttamente sul ROI e sulla profittabilità del progetto, un'ulteriore difficoltà che ne accresce il rischio. Investire in nuove strutture produttive o distributive significa investire soldi, tempo e risorse organizzative, e richiede soprattutto il raggiungimento di una soglia minima di fatturato.

Limiti di marketing
Qui ci domandiamo se abbiamo le competenze e l'esperienza per commercializzare il prodotto o il servizio. Potrebbe sembrare contraddittorio essere in grado di produrre una determinata cosa e poi scoprire che non si è in grado di venderla o di distribuirla, ma è una situazione in cui si ritrovano spesso i produttori di componenti e di materie prime. Un'azienda della gomma che fabbrica pneumatici, per esempio, potrebbe avere la tecnologia e la capacità che occorrono per produrre arredi e utensili da cucina a base di gomma, ma essere talmente specializzata nel settore automobilistico da non disporre né della rete di vendita né dell'expertise di marketing che le occorrerebbero per entrare nel mercato dei prodotti per la casa. In questo caso, potremmo chiederci se andare avanti per conto nostro o costituire delle partnership con soggetti terzi per distribuire ciò che produciamo. Ovviamente, c'è quasi sempre una soluzione per qualcosa che siamo in grado di produrre ma non sappiamo come vendere, ma a livello strategico l'azienda deve domandarsi se una diversificazione di questo tipo rientra effettivamente nei suoi piani.

Limiti finanziari
Veniamo infine alle risorse finanziarie. Qualunque innovazione comporta dei costi e degli investimenti (vedi *Capitolo 8*). Al di là del ROI, un'innovazione che potrebbe generare profitti consisten-

ti ma richiede investimenti molto elevati, tali da "affamare" l'intera azienda, andrebbe scartata. Questo problema è il limite principale che condiziona le piccole e medie imprese nell'innovazione. Le PMI prendono in considerazione più opportunità di quelle che sono in grado di finanziare; la loro capacità finanziaria non è quella di una multinazionale, e abbandonano molti progetti di innovazione perché comportano un rischio eccessivo.

PRESERVARE IL CONCEPT

Dopo aver selezionato uno o due concept da tradurli in prodotti o servizi con un buon potenziale di mercato, i developer devono ancora affrontare un bel po' di problemi; ma il maggiore è certamente il rischio di diluire l'essenza e il potenziale del concept a mano a mano che lo si trasforma in qualcosa di reale e di commercializzabile.

Il mondo delle idee non conosce limiti, per cui si può aspirare "all'impossibile": "uno yogurt dimagrante" o "una polizza vita che garantisce il futuro di figli e nipoti". Per contro, il mondo dei prodotti e dei servizi reali è pieno di limiti e di restrizioni. Il creatore direbbe: "Benvenuti nel mondo delle possibilità e delle opportunità". Il developer risponderebbe: "Benvenuti nel mondo reale delle limitazioni".

E forse dovrebbe proprio essere così. La tensione tra i due punti di vista accresce il potenziale innovativo di un'azienda. Chi non osa sognare non fa progressi, e chi non sta con i piedi per terra è destinato all'insuccesso. Entrambi gli atteggiamenti sono necessari nel processo di innovazione.

Il problema è saperli combinare. I developer dovrebbero sapere che "concretizzando un'idea" si rischia di diluirne il potenziale, di attenuarne l'essenza, la chiarezza e la brillantezza. C'è un'infinità di prodotti e di servizi nati con il potenziale occorrente per soddisfare un determinato bisogno e che al momento della verità somigliano poco a ciò che intendevano essere o non sono in grado di mantenere la loro promessa.

Come abbiamo detto prima, più realistica, appropriata e fattibile è un'idea, meno pressione c'è sui developer. Inoltre, la performance effettiva delle soluzioni tecniche proposte dai developer dovrebbe essere accompagnata da una valutazione della misura in cui sono stati mantenuti i benefici di base e i contenuti originari dell'idea.

Per questa ragione, i developer dovrebbero essere totalmente sinceri e onesti sulla propria capacità di fornire risposte a ciò che viene ipotizzato nei concept.

In ogni caso, il modello A-F suggerito in questo libro previene la diluizione del concept nel momento in cui si trasforma in un prodotto o un servizio tangibile. Perché? Perché, invece di operare in maniera lineare, i diversi ruoli si interfacciano continuamente in tutte le direzioni. Attivatori, browser, creatori, esecutori e facilitatori seguono la progressiva evoluzione del concept a mano a mano che si trasforma in un prodotto, cooperando in caso di difficoltà, con nuove idee, informazioni, ricerche o risorse addizionali, per contribuire a superare i limiti imposti dalla realtà.

COME PROCEDERE PASSO DOPO PASSO NELLO SVILUPPO

Come abbiamo detto, il mondo delle idee costa relativamente poco all'azienda. È quando i developer prendono in mano il processo che il problema dei costi inizia a diventare serio.

Una delle massime dell'innovazione riguarda la corretta gestione degli errori e degli insuccessi: fallire presto, rapidamente e a basso costo. Innovare significa gestire gli errori che fanno inevitabilmente parte dell'attività innovativa.

I developer possono fare progressi mentre i facilitatori approvano nuove voci di spesa e di investimento, convinti che non si tratti di uno spreco di denaro, usando una concretizzazione del prodotto o del servizio il cui costo cresce progressivamente nel tempo. In effetti, come dimostrano tanto bene T. Davila, M.J. Epstein e R. Shelton, a mano a mano che un progetto di innovazione avanza nel tempo, la capacità di influenzare il risultato finale diminuisce e l'investimento aumenta. Entrambi i fattori accrescono il rischio dell'innovazione con il passare del tempo (*Figura 6.1*).

La trafila da seguire per specificare l'idea in ordine crescente di costo è la seguente:

Concept → Disegni e piani → Modello → Prototipo → Test di produzione → Prodotto finito

Il processo inizia con disegni e piani, quindi ha ancora un costo contenuto. Il modello è una riproduzione (non necessariamente in scala) in cui non si usano i materiali da impiegare effettivamente nella

FIGURA 6.1 **EVOLUZIONE DELL'INVESTIMENTO E DEL RISCHIO NEL CORSO DEL PROCESSO DI INNOVAZIONE**

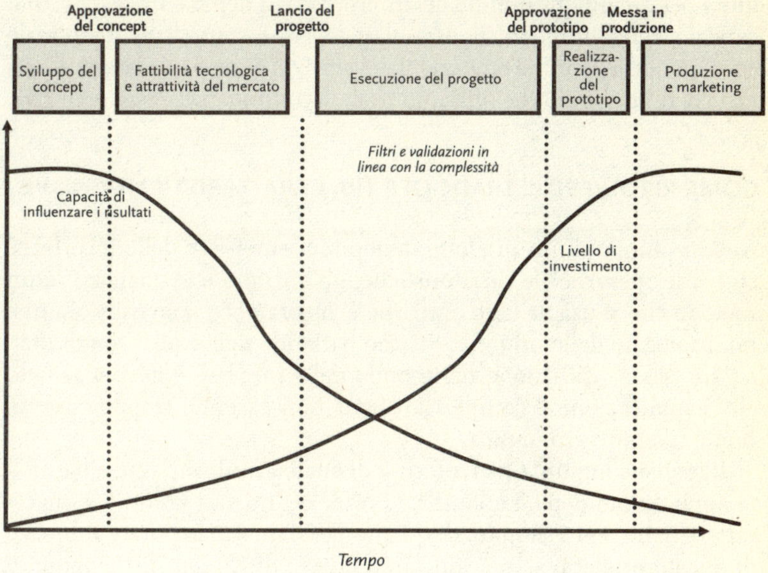

fabbricazione del prodotto. Il prototipo è una riproduzione identica all'originale, fabbricata, se possibile, con i materiali da impiegare in produzione. Il test di produzione genera uno dei primi prodotti che escono dalla linea. Il prodotto finito è ciò che si ottiene quando la produzione funziona a pieno regime. La differenza tra il prodotto finito e il test di produzione è che il primo incorpora la curva di apprendimento che si determina nel portare a regime la produzione e rappresenta l'oggetto nella sua forma definitiva, così come sarà quando la produzione andrà a regime.

In termini di costi, il disegno tecnico comporta meno investimenti di un modello, che a sua volta costa meno di un prototipo, che costa meno dei primi test di produzione, i quali comportano un investimento più basso rispetto al prodotto definitivo.

La stessa cosa vale per i servizi. In questo caso, la sequenza per ottimizzare il controllo dei costi e degli investimenti è la seguente:

Concept → Configurazione del servizio → Demo del servizio → Test reale → Servizio definitivo

La configurazione del servizio include l'elenco dei benefici apportati al cliente, le fasi del servizio al cliente, il protocollo e la procedura da seguire per qualunque eventualità imprevista. La demo è un test in cui il servizio viene fornito in condizioni ipotetiche e controllate. Il test reale corrisponde alle prime erogazioni del servizio dopo il suo lancio. Il servizio definitivo è ciò che offriamo su base continuativa e non esclusiva.

COME RISOLVERE IL TRADE-OFF TRA CARATTERISTICHE CHIAVE

Nello sviluppo di un prodotto, tendono a emergere delle incertezze su come "pesarne" le caratteristiche, gli attributi e le qualità. C'è un metodo che si usa da tanti anni, ma è ancora poco noto e ancora meno impiegato dalle imprese. Stiamo parlando dell'analisi congiunta[3]. La sua scarsa diffusione nel mondo delle imprese è dovuta al fatto che l'applicazione è complessa e, pur non essendo troppo costosa, non è neppure economica.

L'analisi congiunta è una forma di analisi multivariante e ha molte applicazioni perché quantifica i trade-off tra vari fattori o varie caratteristiche. Per esempio, di quanto possiamo maggiorare il prezzo di questo prodotto se ne riduciamo il peso di X grammi? Oppure, il cliente ricercherà il prodotto se pesa un po' di più, ma offre più caratteristiche?

L'analisi congiunta consiste nel mostrare a un campione rappresentativo di clienti una serie di modelli alternativi in cui viene modificato ognuno dei fattori chiave. Ai clienti si chiede di classificare le proprie preferenze. Per esempio, preferiscono il prodotto più pesante con più caratteristiche al prodotto più leggero con meno caratteristiche? Una delle applicazioni più vaste dell'analisi congiunta si è avuta nello sviluppo della catena alberghiera Courtyard: ha aiutato il management a valutare le preferenze dei consumatori in ordine alla presenza di una piscina, di televisori piccoli o grandi ecc.

Il prezzo, le caratteristiche ecc. sono esempi di fattori o attributi. Il peso e il numero di caratteristiche costituiscono livelli o valori diversi che possono assumere questi attributi e rientrano nel range di possibilità che stiamo prendendo in considerazione nello sviluppo del nostro prodotto. Lo stesso principio si applica ai servizi.

C'è un limite al numero di attributi e di livelli che si possono includere in un'analisi congiunta. Recentemente, tuttavia, sono state messe a disposizione applicazioni per interviste computerizzate in cui si può includere un numero piuttosto cospicuo di attributi e di fattori.

Illustriamo i risultati di un'analisi congiunta effettuata da un operatore di telefonia cellulare nella definizione della gamma di apparecchi da mettere a disposizione degli abbonati. Vediamo i vari fattori di cui l'azienda voleva misurare l'importanza con l'obiettivo di sviluppare un piano coerente con le preferenze dei suoi clienti[4].

FIGURA 6.2 **ESEMPIO DI PROGETTAZIONE DI UN'ANALISI CONGIUNTA**

L'analisi congiunta è stata costruita per:

- Capire la sensibilità a ciascuno dei fattori che compongono l'offerta di valore

- Analizzare scenari diversi da quelli testati nel questionario

FATTORI	LIVELLI DA SPERIMENTARE
Prezzo del pacchetto	\$50, \$75, \$100
Brand	Motorola, Nokia, Siemens
Peso	50 G, 75 G, 100 G
Dimensione	piccola, media, grande
Apertura	sì, no
Touch screen	sì, no

In questo esempio, quasi tutti i fattori sono legati al design e alle caratteristiche del telefono cellulare, ma vi sono anche delle variabili di marketing, come il prezzo del pacchetto. Questo perché lo strumento è stato utilizzato per tre scopi:

- configurazione del piano (per i developer);
- configurazione dell'offerta commerciale ottimale (per gli esecutori);
- stima della domanda per ognuna delle possibili configurazioni (per i facilitatori).

Nella *Figura 6.3* vediamo alcuni risultati di questa analisi congiunta. Per esempio, viene mostrato il primo indicatore messo a disposizione da questa tecnica: l'importanza relativa dei fattori su base 100. In base al feedback complessivo dei clienti, possiamo calcolare il peso proporzionale di ciascuno dei fattori che incidono sulla progettazione dell'offerta.
Un altro risultato che possiamo ottenere dall'analisi congiunta è l'ordine di priorità delle varie configurazioni, ricavato dalla stima delle quote di clienti che sceglierebbero una determinata opzione. Se la sua struttura include gli attributi e i livelli dei concorrenti principali, l'analisi congiunta può stimare addirittura (per consentire ai facili-

FIGURA 6.3 **ESEMPIO DI ANALISI CONGIUNTA (PESO O IMPORTANZA RELATIVA DEI FATTORI IN BASE ALLE RISPOSTE DEI CLIENTI)**

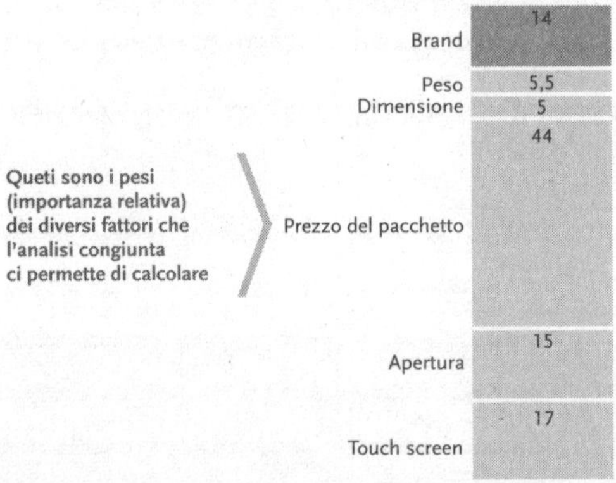

tatori di valutare il potenziale di ogni configurazione) quanti clienti preferirebbero la nostra offerta a quelle dei concorrenti. Per rendere operativa questa analisi, bisogna convertire le utilità generate dall'analisi congiunta in un modello di facile comprensione che si può esprimere in un foglio elettronico e che vi consente di sperimentare varie configurazioni e poi di verificare quale percentuale dei rispondenti preferisce l'una piuttosto che l'altra.

FIGURA 6.4 **ESEMPIO DI ANALISI CONGIUNTA (STIMA DELLA QUOTA DI MERCATO PER DIVERSE CONFIGURAZIONI)**

Prezzo del pacchetto	$ 50	$ 60	$ 65
Brand	Motorola	Siemens	Nokia
Peso	75 g	75 g	50 g
Dimensione	piccola	piccola	piccola
Apertura	no	no	no
Touch screen	sì	sì	sì
Quota di mercato stimata	25%	35%	40%

Controlli di qualità

In entrambi i casi, per i prodotti come per i servizi, a mano a mano che il developer porta avanti il suo lavoro si dovrebbero controllare ripetutamente tutta una serie di fattori, senza paura di apparire pignoli o eccessivamente cauti e prudenti. Gli attivatori, i browser, i creatori, i developer e i facilitatori dovrebbero essere coinvolti in questa fase, che è cruciale per il processo di innovazione.

Dal tavolo da disegno al prodotto finito, si dovrebbero effettuare le seguenti verifiche tra una fase e l'altra:

a. relativamente all'utilizzo: funziona abbastanza bene? È sicuro da usare o da consumare? Risponde alle aspettative o soddisfa la sua promessa?
b. relativamente alla qualità: il prodotto è ben progettato? Durerà secondo le attese? Questo modello si può produrre con tutte le sue caratteristiche?
c. relativamente al concept: manteniamo il beneficio principale? Il fondamento razionale del nostro progetto è abbastanza chiaro al cliente? Stiamo attivando la percezione del cliente che volevamo attivare con il prodotto che abbiamo sviluppato? Dovremmo riesaminare le difficoltà e il potenziale del concept dopo averlo sviluppato?

La virtù del developer: la pazienza

Come hanno detto Picasso e molti altri artisti, l'innovazione – al pari della creatività – è all'1% ispirazione e al 99% traspirazione, in altre parole: sudore. Le idee non si trasformano semplicemente e facilmente in realtà. Trasformarle in prodotti e servizi è un lavoro che richiede tenacia, continuo superamento dei limiti, delle difficoltà e degli ostacoli che si creano inevitabilmente, e indisponibilità a rinunciare. È qui che molte aziende gettano la spugna. Non hanno la pazienza, il tempo, la flessibilità di programmazione o le risorse che consentirebbero loro di avanzare in maniera lenta, ma sicura. Gli autori hanno visto molte aziende che, non essendo in grado di procedere in questo modo, finiscono per lanciare prodotti e servizi non ancora pronti e che, non essendo più migliorabili dopo l'uscita sul mercato, falliscono miseramente.

I test

Un modo sicuro per passare dal concept al prodotto finito è lanciare test periodici. Ci sono aziende che testano i loro nuovi prodotti in un modo o nell'altro, mentre altre, molto più numerose di quanto immaginiamo, non sperimentano affatto i loro nuovi prodotti e servizi. Alcune commettono questo errore per ignoranza, altre per mancanza di abitudine e altre ancora, la maggioranza, per i costi della sperimentazione. È un gravissimo errore, perché l'insuccesso è molto più costoso del test. Inoltre, c'è una vasta gamma di metodi di sperimentazione, sia qualitativi sia quantitativi, di varia portata e di diverso costo.

Concept →	Disegni e piani →	Modello →	Prototipo →	Test di produzione →	Prodotto finito
Test del concept		Test del prodotto		Test di utilizzo domestico	Area test e market test

Questi metodi aiutano i developer a dare progressivamente forma al prodotto a mano a mano che si procede nella materializzazione e nel piano di produzione. È essenziale anche per consentire ai facilitatori di valutare il potenziale economico o di mercato del prodotto, e di testarlo per essere sicuri che soddisfi i requisiti minimi per il lancio. Poiché alcuni lettori potrebbero avere familiarità con queste tecniche, le illustriamo nel box che segue, dove spieghiamo che cosa sono, come si applicano e come contribuiscono a migliorare lo sviluppo dell'innovazione.

Test del concept

Il test del concept viene effettuato normalmente quando vogliamo validare un nuovo concept per misurarne il potenziale di mercato e il grado di coerenza con il brand. Nello stesso tempo, usiamo un test del concept per validare le caratteristiche che il cliente apprezza maggiormente e quelle a cui non è interessato, in modo da poter focalizzare adeguatamente gli sforzi da compiere nella fase di sviluppo. Il test del concept viene condotto tramite interviste personali (ultimamente si effettuano anche test via Internet). In questi test il cliente o il consumatore non utilizza, non tocca e non prova il prodotto; si limita a valutare l'idea. In alcuni casi si danno all'intervistato delle informazioni sul prezzo, ma lo si fa in genere dopo la valutazione del concept per evitare che le informazioni sul prezzo ne influenzino la percezione. All'intervistato si chiede anche se ha compreso il concept (che gli viene mostrato su carta, a volte con un grafico e con una breve descrizione scritta), che cosa gli piace e non gli piace, quali sono gli aspetti che possono suscitare attrazione o rifiuto, qual è il grado di integrazione con il brand (se si intende usare un brand preesistente), che cosa pensa del packaging (se c'è), come giudica il nome del prodotto e quali sono gli elementi che modificherebbe.

Test del prodotto

Il test del prodotto si effettua quando abbiamo già un prototipo o alcune unità già realizzate. L'intervista avviene in contesti specifici nei quali il prodotto viene sperimentato (o usato). A volte, prima della sperimentazione, viene illustrato il concept negli stessi termini in cui viene prospettato nel test del concept, e si fanno le stesse valutazioni e le stesse domande. Una volta provato il prodotto, si chiede all'intervistato qual è la sua intenzione di acquisto, in che misura pensa di trovarsi di fronte a un prodotto unico o distinto da ciò che esiste già sul mercato e se ciò che ha sperimentato corrisponde alla descrizione del concept effettuata in precedenza. Dopodiché chiediamo normalmente le opinioni dell'intervistato sulle caratteristiche fisiche del prodotto, in modo da poterne migliorare lo sviluppo. Ciò potrebbe consistere nella valutazione del sapore, se è un alimento. Cerchiamo di capire che cosa manca o che cosa non va bene, che cosa piace e non piace al potenziale cliente, quali aspetti vanno migliorati e infine se ha senso andare avanti nel processo di innovazione (vedi *Capitolo 8*). E, dopo la sperimentazione del prodotto, forniamo alcune informazioni sui prezzi, in modo da poter stimare i prezzi minimi e massimi che potremmo applicare.

Tutte queste informazioni sono vitali per i developer, che introdurranno modifiche e aggiustamenti prima di avviare definitivamente la produzione.

In alcuni casi, dopo la sperimentazione del prodotto, se ne regala una certa quantità all'intervistato, in modo che possa continuare a utilizzarlo o consumarlo a casa. È il cosiddetto test di utilizzo domestico.

Test di utilizzo domestico

In questo caso i clienti o i consumatori portano con sé uno o più campioni dei prodotti testati (se si tratta di un servizio, diamo loro la possibilità di utilizzarlo). Vogliamo capire quali potrebbero essere i problemi che si creano quando il cliente si ritrova nel suo ambiente naturale senza un intervistatore, e al di fuori di un contesto di intervista. Dopo alcuni giorni, normalmente una o due settimane, la persona viene intervistata di nuovo dopo che ha utilizzato o consumato il prodotto. La seconda intervista viene effettuata di persona o per telefono e ripropone le stesse domande sull'apprezzamento, sull'integrazione con il brand, sull'intenzione di acquisto e sugli aspetti da migliorare. Vogliamo capire se l'uso o il consumo ripetitivo si modificano rispetto alla prima sperimentazione. A parte questo obiettivo, vogliamo anche raccogliere informazioni sulle situazioni di utilizzo o di consumo: quali componenti della famiglia hanno utilizzato/consumato il prodotto o il servizio? Dove? Perché? Quali attività si svolgevano durante il consumo? Tutte queste informazioni sono fondamentali per i developer, ma anche per gli esecutori se alla fine l'innovazione viene lanciata.

Area test e market test
Sono i modi più comuni di testare un'innovazione. Poiché in entrambi i casi occorre un certo grado di esecuzione, li tratteremo nel capitolo successivo.

Capitolo 7

Esecutori

CHI SONO GLI ESECUTORI?

Gli esecutori sono i responsabili dell'attuazione pratica ed efficace di un'innovazione. In altre parole, gli esecutori hanno il ruolo direttivo in tutto ciò che concerne l'implementazione.

ESECUZIONE: UN FATTORE CRITICO DI SUCCESSO

Senza disconoscere l'importanza dei ruoli che abbiamo esaminato in precedenza, è proprio nella fase di implementazione o di esecuzione che incontriamo alcune delle maggiori difficoltà e alcuni dei fattori principali che penalizzano la performance di innovazione delle imprese[1].

Vijay Govindarajan e Chris Trimble, grandi esperti di innovazione e autori di vari libri, hanno dedicato un intero volume all'esecuzione dell'innovazione. Ecco cosa dicono sul ruolo della fase di esecuzione[2]:

> Paragoniamo l'innovazione alla scalata del monte Rainier. La maggior parte degli scalatori concentra le proprie energie e il proprio impegno sul raggiungimento della vetta, conservando pochissime risorse per la parte meno entusiasmante e pericolosa della spedizione: la discesa. Analogamente, le imprese dedicano le proprie energie unicamente a raggiungere la vetta dell'innovazione, ossia a identificare, sviluppare e portare avanti un'idea brillante. Arrivare in cima può sembrare la realizzazione di un so-

> gno, ma non basta. Arrivati in vetta bisogna affrontare l'altro lato dell'innovazione: i problemi che stanno al di là dell'idea, i problemi dell'esecuzione. Come nella scalata al monte Rainier, la parte più difficile è quella che viene dopo. In poche parole, c'è troppa enfasi sulle idee e troppo poca sull'esecuzione[3].

Oppure, come dice Theodore Levitt:

> Un'idea ricca di potenziale può restare inutilizzata per anni all'interno di un'azienda, non perché i suoi meriti non vengano riconosciuti, ma perché nessuno si è preso la responsabilità di trasformarla da espressione verbale in azione[4].

Ecco un'ulteriore testimonianza a supporto di questa tesi:

> Più frequentemente, il problema è che le organizzazioni investono in iniziative di ideazione creativa, come sessioni di brainstorming, programmi di idea management, campagne di promozione delle idee ecc., ma non investono nell'implementazione delle idee più creative che emergono da quelle iniziative[5].

In effetti, le aziende arrivano troppo spesso alla fase di esecuzione senza più risorse e senza più entusiasmo, e prendono decisioni inappropriate su chi sia meglio posizionato per eseguire il lancio di un'innovazione.

In questo capitolo non vi diremo come sviluppare il piano di lancio di un nuovo prodotto o di un nuovo servizio, perché esiste già una vasta letteratura sull'argomento. Dedicheremo invece la nostra attenzione agli aspetti critici di un'esecuzione di successo: chi dovrebbe gestirla, quali sono gli strumenti e le strategie di esecuzione che valgono per tutti i settori e per tutti i comparti e quali sono i fattori da prendere in considerazione una volta avviata la fase di esecuzione.

SELEZIONARE GLI ESECUTORI

Chi è più adatto al ruolo di esecutore?

Questa domanda non riceve quasi mai l'attenzione che merita. Le aziende tendono ad assegnare il lancio di nuovi prodotti e di nuovi servizi in base a una logica di "corrispondenza": o al reparto che ha il portafoglio più simile o, in via subordinata, al reparto che ha la clientela più vicina o più simile.

FIGURA 7.1 **ALBERO DELLE DECISIONI PER IDENTIFICARE L'AMBITO ORGANIZZATIVO IN CUI ESEGUIRE L'INNOVAZIONE**

In altre parole, decidono in base ad affinità o similarità tra l'innovazione e i prodotti o i clienti in essere, anche se, come vedremo tra poco, non è necessariamente il criterio più valido.

Nella *Figura 7.1* sono indicate le opzioni effettivamente disponibili per un'azienda nel lancio di un nuovo prodotto.

Come possiamo vedere, le opzioni a disposizione non si riducono affatto a quella, scontata, di affidare l'esecuzione dell'innovazione a una delle divisioni in essere.

ALL'INTERNO O ALL'ESTERNO DELL'AZIENDA?

Il primo interrogativo da porsi è se eseguire l'innovazione all'interno o all'esterno dell'azienda. Ovviamente, costituire un'azienda al solo scopo di lanciare un nuovo prodotto o un nuovo servizio sarebbe molto costoso, mentre le spese di implementazione si potrebbero condividere se decidessimo di procedere all'interno della struttura in essere.

Analogamente, affidare l'esecuzione a un'altra organizzazione significa condividere una percentuale dei margini lordi potenziali e dei benefici totali, oltre ad assumersi un vincolo di medio-lungo termine, perché, senza la garanzia di partecipare ai profitti futuri, ben difficilmente il partner esterno metterà in atto il grandissimo sforzo necessario per portare l'innovazione sul mercato.

I costi rappresentano una delle principali argomentazioni contro l'outsourcing dell'implementazione. Le imprese ragionano sul breve termine. Molti dirigenti possono intascare forti incentivi finanziari se riescono ad accrescere i profitti dell'azienda o il valore delle sue azioni. Per contro, costituire una nuova azienda – con un nuovo nome, una nuova struttura organizzativa ecc. – è un'iniziativa rischiosa e complicata.

Per entrambe le ragioni, è difficile che le aziende prendano seriamente in considerazione l'ipotesi di partire da zero nell'esecuzione di un nuovo progetto commerciale.

Questa affermazione vale ovviamente per le innovazioni di una certa entità; non concerne le estensioni di linea o innovazioni marginali che generano basse vendite incrementali. Costituire una nuova azienda è un'opzione da considerare per questi tipi di innovazione: modello di business, ingresso in un nuovo mercato (accesso a una nuova base di clientela), prodotto o servizio rivoluzionario o tecnologia ultra innovativa.

Riguardo a quest'ultimo tipo di innovazione, ossia la tecnologia scardinante, Clayton Christensen, uno degli autori più accreditati sul tema dell'innovazione, ritiene che eseguire l'innovazione attraverso un nuovo progetto commerciale sia una delle chiavi per il successo.

> Con pochissime eccezioni, i soli casi in cui le aziende tradizionali sono riuscite a sfruttare tempestivamente una tecnologia scardinante sono quelli in cui i manager hanno costituito un'organizzazione autonoma, incaricata di costruire un business nuovo e indipendente intorno alla tecnologia scardinante[6].

Tuttavia, c'è una ragione ancora più valida per valutare molto attentamente l'opzione di creare un'azienda indipendente al solo fine di eseguire un'innovazione. Se esaminiamo le statistiche sulla sopravvivenza delle imprese, scopriamo che la profittabilità di breve termine non è necessariamente il criterio più appropriato. Questo perché, piaccia o no, le imprese sono destinate, prima o poi, a scomparire. L'obsolescenza è un fenomeno che non si può evitare quasi mai. Il motivo è molto semplice: l'ambiente si modifica con un ritmo a cui le rigide strutture aziendali non riescono sempre a tener dietro. Studi empirici recenti dimostrano che solo un'azienda su dieci è in grado di sostenere la crescita nel lungo termine o di generare costantemente profitti:

- nel loro studio *Profit from the Core*, Chris Zook e James Allen hanno analizzato 1.854 aziende e hanno scoperto che solo il 13% di esse erano in grado di mantenere la crescita per almeno dieci anni[7];
- in *Good to Great*, Jim Collins ha osservato che su un campione di 1.435 aziende solo il 9% sono state in grado di sostenere la crescita per dieci anni consecutivi nell'arco di trent'anni[8];
- nel loro studio *Creative Destruction*, Richard Foster e Sarah Kaplan hanno analizzato un campione di 1.008 aziende, scoprendo che dopo 35 anni il tasso di sopravvivenza era appena del 16%[9].

Quest'ultimo dato è supportato dal fatto che nella storia della Borsa di New York c'è una sola azienda che è riuscita a rimanere nell'indice Dow Jones per oltre 150 anni: General Electric. La ragione è semplice: GE non è un'azienda, ma una conglomerata. Poiché nel lungo termine le imprese sono destinate a scomparire, l'unico modo di sopravvivere è formare un aggregato di aziende indipendenti. Così, quando i cambiamenti ambientali fanno andare in declino una divisione del gruppo, GE esce da quel business per investire nei settori in crescita. General Electric si classifica ai primi posti tra le aziende innovative. Se per ridurre i costi gestisse le innovazioni all'interno di una singola organizzazione, probabilmente oggi non esisterebbe più. Se uno dei suoi business dovesse andare in perdita, trascinerebbe con sé il resto dell'azienda. Anche se costituire nuove business unit per portare avanti l'innovazione costa di più, è comunque una politica in grado di assicurare maggiormente la sopravvivenza nel lungo termine.

Ciò vale anche per le piccole e le medie imprese. Poiché sono spesso a corto di risorse, esse tendono a implementare le proprie innovazioni all'interno. Il risultato è che quando il business principale entra in difficoltà genera perdite così ingenti da trascinare nel baratro l'intera impresa, incluso il nuovo progetto. Forse quel progetto sarebbe sopravvissuto se fosse stata creata un'organizzazione autonoma per implementarlo.

Di conseguenza, la scelta di eseguire l'innovazione all'interno o all'esterno dell'azienda dovrebbe basarsi anche sulla sostenibilità, sulla sopravvivenza nel lungo termine e non soltanto sulla profittabilità o sui risparmi di breve periodo.

Se alla fine decidiamo di andare all'esterno del business corrente, ciò non comporta necessariamente l'obbligo di costituire una nuova azienda. Possiamo subappaltare o esternalizzare l'esecuzione entrando in partnership con un'altra organizzazione.

Nella storia dell'innovazione abbondano esempi di aziende che hanno deciso di non eseguire l'innovazione all'interno, neppure attraverso la costituzione di una nuova business unit, e hanno preferito costituire delle joint venture. Pensate al caso di Nestea, un'iniziativa che una grande azienda delle dimensioni e della potenza finanziaria di Nestlé avrebbe potuto tranquillamente implementare da sola. Invece, come sanno tutti, ha esternalizzato il progetto a una partnership costituita con Coca-Cola. Un altro esempio è quello di Sunil B. Mittal, CEO dell'azienda indiana di telecomunicazioni Bharti Tele-Ventures Ltd., il cui modello di business ultra innovativo esternalizza tutto tranne il marketing e il customer service, facendo pagare tutte le chiamate pochi centesimi al minuto, e procura all'azienda un milione di clienti in più ogni mese[10].

Wal-Mart fa qualcosa di simile con le proposte avanzate dal Wal-Mart Innovation Network. Pur promuovendo determinati progetti, Wal-Mart non è obbligata a distribuire le innovazioni che ne derivano attraverso i suoi punti vendita. Quando ha interesse a farlo, contatta i buyer e organizza campagne promozionali per la vendita e la distribuzione dell'innovazione.

La scelta di eseguire o meno l'innovazione all'interno dell'azienda non incide minimamente sulla decisione relativa al brand. Non c'è nulla che ci vieti di esternalizzare l'esecuzione con uno dei nostri brand.

Ecco una sintesi dei fattori principali da prendere in considerazione quando si deve decidere se lanciare l'innovazione all'interno o all'esterno dell'organizzazione in essere:

- **livello scardinante dell'innovazione**: più scardinante è, più è consigliabile eseguirla tramite una nuova organizzazione;
- **traiettoria di lungo termine prevista per l'innovazione**: più lunga è la traiettoria prevista, più facile è eseguire l'innovazione attraverso una nuova organizzazione;
- **ostacoli interni**: in qualunque organizzazione c'è una resistenza naturale al cambiamento; le strutture organizzative e la cultura organizzativa possono ostacolare l'esecuzione dell'innovazione; maggiori sono gli ostacoli interni, più forte è l'esigenza di eseguire l'innovazione all'esterno;
- **risparmi di costo**: più elevati sono i costi, più ha senso eseguire l'innovazione all'interno;
- **risorse**: meno risorse si hanno, più conviene eseguire l'innovazione all'interno.

Bisogna tener presente che delegare l'esecuzione a una nuova azienda non comporta una netta cesura con l'azienda attuale. Nel loro libro *10 Rules for Strategic Innovators*, Govindarajan e Trimble forniscono una serie di raccomandazioni su come la nuova impresa a cui viene demandata un'innovazione possa sfruttare gli asset della casa madre.

Secondo gli autori, costruire business scardinanti o rivoluzionari significa dimenticare, prendere a prestito e imparare: dimenticare quelle verità indiscusse che vigono nella casa madre; prendere a prestito da quest'ultima tutti gli asset necessari e infine imparare rapidamente dal mercato e dai primi risultati dell'esecuzione.

Perciò, quella che abbiamo presentato qui come una decisione dicotomica (eseguire all'interno o all'esterno dell'organizzazione) si può e si deve affrontare in un modo più lineare, lasciando fuori tutte le componenti dell'azienda che non verranno coinvolte nell'esecuzione, anche se hanno sviluppato l'idea originaria o finanziano il progetto.

Team dedicato o team condiviso?

Supponiamo di aver deciso di eseguire l'innovazione all'interno dell'azienda; adesso dobbiamo decidere se affidarne o meno la responsabilità a un apposito team.

Benché le conseguenze di questa decisione siano relativamente modeste rispetto al caso precedente, entrambe le opzioni hanno comunque un certo numero di implicazioni, positive e negative.

I team dedicati comportano costi più elevati in termini di risorse umane, ma hanno il vantaggio che gli esecutori sono totalmente focalizzati e liberi da altri impegni, e quindi maggiormente in grado di concentrarsi a tempo pieno sull'innovazione. Inoltre, il messaggio inviato all'organizzazione è che l'azienda crede veramente nel progetto. Se vi aspettate che l'innovazione possa acquisire volumi significativi e avete in programma innovazioni marginali per ampliare il mercato, vi suggeriamo di raggruppare i team dedicati in una nuova divisione creata appositamente a quello scopo (vedi al paragrafo *Estendere il lancio*). La scelta di collocare i team dedicati in una divisione separata presenta l'ulteriore vantaggio di facilitare l'imputazione dei costi e di rendere molto più visibili, fin dall'inizio, i profitti generati dal progetto.

Un team condiviso, per contro, implica il fatto che gli esecutori dell'innovazione devono farsi carico anche di altri prodotti e di altri servizi. Devono aggiungere il nuovo prodotto o il nuovo servizio al portafoglio che gestiscono, oppure aggiungere la gestione di un nuovo processo o di un upgrading ai loro compiti abituali. È un sistema più economico, ma dobbiamo fare in modo che l'esecuzione non fallisca perché i nostri collaboratori sono sovraccarichi di lavoro.

Opzione delle esecuzioni unificate

Esiste tuttavia una terza opzione: unificare varie innovazioni presso lo stesso team di esecutori, affinché le metta in atto simultaneamente. Se c'è una fase in cui si possono gestire contemporaneamente vari processi di innovazione è proprio l'esecuzione.

Non ci dovrebbero essere problemi ad affidare due indipendenti processi di innovazione agli stessi esecutori. Il chief innovation officer (CIO), la persona preposta a supervisionare tutti i processi di innovazione dell'azienda, con una visione a 360 gradi sull'attività innovativa, è la persona giusta per stabilire quali innovazioni possono essere eseguite dagli stessi reparti o dagli stessi team. Accade a volte che idee eseguite insieme rivelino un maggior potenziale rispetto a quando vengono messe in atto separatamente.

> Prima di valutare le idee generate in una campagna [...], il primo passo dovrebbe essere combinare quelle che sono in relazione tra loro[11].

Profilo dell'esecutore dell'innovazione

Possiamo scegliere le persone a cui affidare l'esecuzione di un'innovazione prima di avviare il processo di innovazione o quando è abbastanza avanzato da darci un'idea più precisa di quali siano le persone più adatte a questo compito. Potremmo chiedere al team che dirige il processo di predisporre un elenco di persone che "aderiranno entusiasticamente" al progetto e all'idea che ci sta dietro, per essere sicuri di mettere l'esecuzione nelle mani di persone che credono veramente nel progetto. È la procedura che segue l'IBM. Una volta identificata un'opportunità, il management nomina un project leader, il cui compito è portare l'idea dal punto di partenza all'esecuzione garantendo nel contempo un risultato economico soddisfacente[12].

C'è una tendenza generale ad affidare il ruolo di esecutori dell'innovazione a dei dirigenti di successo. Poiché si sono dimostrati pienamente in grado di gestire certi business, vengono considerati anche perfettamente idonei all'esecuzione di un'innovazione. Ma c'è una scuola di pensiero contrapposta, che nega questo assunto. La sua tesi è che gestire un business continuativo non ha niente a che fare con avviare un progetto praticamente da zero (come nel caso di un nuovo modello di business). Le competenze necessarie per gestire un business preesistente sono molto diverse da quelle che occorrono per farsi carico di un nuovo progetto. I sostenitori di questa tesi affermano che è meglio affidare l'innovazione a un senior manager che ha già implementato altre innovazioni, anche se con risultati modesti. L'esecuzione di un'innovazione, specie quando è scardinante o coinvolge un business nuovo o indipendente, crea nuove situazioni in un ambiente sconosciuto, il che richiede riflessi molto pronti; bisogna essere rapidi e creativi nel trovare soluzioni: sono competenze molto diverse da quelle necessarie per la gestione quotidiana del business, dove contano di più fattori come il controllo o l'efficienza. Dunque i criteri per la selezione dei candidati sono del tutto diversi: occorre un esecutore che abbia già gestito delle innovazioni, un individuo abituato a reagire a improvvisi cambiamenti della situazione ambientale. L'esperienza nell'innovazione dà più garanzie del successo nella gestione di un business preesistente.

INPUT PRINCIPALI E CARATTERISTICHE DI UN'ESECUZIONE IDEALE

Input principali

Quando viene il momento di passare all'esecuzione, ci sono così tanti fronti da coprire, dettagli da controllare e compiti da coordinare che è facile perdere di vista le componenti critiche dell'innovazione, i suoi punti di forza, i plus che dobbiamo mettere in luce.

C'è un modo per evitare questa dispersione: compilare un elenco degli input principali e metterlo da parte per il momento dell'esecuzione. A mano a mano che viene coinvolto nel processo di innovazione, ogni ruolo fornirà input, fattori di rischio e di opportunità rilevanti per l'esecuzione. Dovremmo fare in modo che tutti questi elementi vengano registrati e che, nella fase di esecuzione, coloro che svolgono questo ruolo li tengano ben presenti. Gli attivatori enfatizzeranno i requisiti che dovrebbe soddisfare l'innovazione; i browser enfatizzeranno le scoperte principali delle loro ricerche sul cliente obiettivo, che è il fondamento dell'opportunità di business; i creatori enfatizzeranno gli aspetti vincenti del concept; i developer enfatizzeranno i vantaggi e gli svantaggi tecnologici dell'innovazione e i limiti tecnologici che potrebbero incidere sull'esecuzione; i facilitatori enfatizzeranno i rischi identificati durante la fase di valutazione e i fattori che hanno condotto all'approvazione del progetto.

Per esempio, è così che i developer, operando in una prospettiva tecnica, potrebbero definire i propri input più rilevanti per gli esecutori:

- problemi tecnici incontrati nella fase di sviluppo;
- soluzioni alternative prese in considerazione;
- soluzione tecnica finale e ragioni per cui costituisce la scelta migliore;
- tecnologie innovative incorporate nel nuovo prodotto o nel nuovo servizio.

Esecuzione significa implementazione delle idee, perciò gli esecutori hanno bisogno di una sintesi delle idee principali su cui hanno lavorato gli altri ruoli nel corso del processo.

Equazione del valore

La *ragion d'essere* di qualunque innovazione è la sua capacità di creare valore per il cliente. La *Figura 7.2* illustra un'equazione semplicissima che riflette il valore ricercato dal cliente quando effettua un acquisto.

Come abbiamo visto nel *Capitolo 4*, lo sforzo principale sostenuto dal cliente è il prezzo che paga, l'esborso di denaro. Ma non è l'unico. L'elenco include anche: il tempo dedicato alla scelta dell'articolo; il tempo dedicato all'acquisto (recarsi nel negozio, reperire l'articolo, fare la coda alla cassa...); il rischio, reale o percepito, di fare la scelta sbagliata; le garanzie post vendita e così via.

Al momento dell'esecuzione, occorre esprimere nell'equazione la proposta di valore dell'innovazione, ossia come crea valore per il cliente. Lo si può fare aumentando il numeratore (offrendo più qualità, più caratteristiche, un formato più grande, un look più attraente ecc.) o riducendo gli sforzi del cliente senza modificare ciò che ottiene. Tutte le innovazioni dovrebbero tradursi in un valore più elevato rispetto alle opzioni sostitutive disponibili. La rilevanza di questa equazione per l'esecuzione sta nel fatto che semplifica e mette in luce il valore insito nell'innovazione e quindi l'obiettivo finale dell'esecuzione. A volte, i vantaggi principali di un'innovazione vanno persi

FIGURA 7.2 **EQUAZIONE DEL VALORE PER IL CLIENTE**

$$\text{Valore di un acquisto} = \frac{\text{Ciò che il cliente riceve}}{\text{I costi che il cliente sostiene}}$$

nella fase di esecuzione: vincoli pubblicitari, una campagna inadeguata, ostacoli sul punto vendita, rivenditori che non sottolineano abbastanza i punti di forza dell'innovazione, ecc. Nel marketing, l'espressione *Unique Selling Proposition* (USP) designa i *selling point* più importanti, ossia i vantaggi principali che offriamo ai consumatori. Nell'innovazione ci occorre un'espressione analoga, *Unique Innovation Value* (UVI). Essa definisce il fattore dell'equazione che accresce il valore del cliente. Nell'esecuzione, tutti gli sforzi dovrebbero essere finalizzati a comunicare il valore specifico dell'innovazione.

Caratteristiche di un'esecuzione efficace

Attraverso l'analisi delle innovazioni di successo, proprie e altrui, le imprese dovrebbero costruire una scheda delle caratteristiche comuni. Queste caratteristiche, ovviamente, varieranno da un settore all'altro e da un tipo di cliente all'altro, ma alla fine l'azienda dovrebbe avere una checklist che possa guidarla nella strategia di esecuzione.

Ecco alcune caratteristiche comuni alle innovazioni di successo[13]:

- **Semplicità**. Per esempio, Southwest Airlines si concentra su un messaggio molto chiaro: "La compagnia dal costo più basso". Bill Clinton ha adottato lo stesso approccio con lo slogan della sua campagna elettorale: "It's the economy, stupid". La regola è: "Semplificare il messaggio".
- **Sorpresa**. L'innovazione deve catturare l'attenzione del cliente per poterne vincere l'inerzia e indurlo a modificare le sue preferenze e le sue abitudini d'acquisto. L'unico modo è venirsene fuori con qualcosa di inatteso. La capacità di sorprendere è direttamente legata alle emozioni. L'esecuzione è più efficace quando fa leva sulle emozioni anziché su argomentazioni razionali, sempre che la natura del prodotto o del servizio lo consenta. Quasi tutti coloro che sono abbastanza vecchi da ricordarselo sanno dire esattamente dove si trovavano e con chi quando l'uomo mise piede per la prima volta sulla Luna. Il livello di ricordo è elevato perché quell'evento ha avuto un fortissimo impatto emotivo.
- **Specificità**. Più specifico è lo stimolo, più forte è il ricordo: la mente umana funziona così. Ecco perché è difficile ricordare delle teorie astratte, mentre è facile ricordarne l'applicazione pratica.
- **Credibilità**. Tutte le innovazioni di marketing introducono qualche forma di novità, un cambiamento o un miglioramento. L'e-

secuzione deve fare in modo, attraverso la comunicazione, i distributori o il prodotto stesso, che la proposta di valore sia credibile, offrendo al cliente le rassicurazioni e le prove del caso.

- **Narrazioni**. La comunicazione di un'innovazione è particolarmente efficace quando siamo in grado di costruire una narrazione. Nel suo libro *Marketers Are Liars*, Seth Godin spiega che i professionisti del marketing devono essere in grado di raccontare una storia: una storia che potrebbe non essere vera, ma che non è neppure falsa. È un gioco molto simile a quello che si crea tra il romanziere e il lettore. Il romanziere racconta una storia che sappiamo non essere reale, ma potrebbe esserlo. È una storia plausibile.

IL PIANO DI MARKETING

È composto in realtà da due elementi: il piano di marketing vero e proprio e il processo di marketing. Esula dai fini di questo libro spiegare in che cosa consiste il piano di marketing. C'è una vasta letteratura sull'argomento e sappiamo che la maggior parte dei nostri lettori ha grande familiarità con questo tema; nel box che segue offriamo comunque un ripasso dell'argomento.

Strategia di marketing

- Definizione del mercato (sulle tre dimensioni: bisogno – clienti – situazioni)
- Segmentazione (criteri per segmentare il mercato attuale e potenziale)
- Mercato obiettivo (il segmento o i segmenti che intendiamo prendere di mira)
- Posizionamento (caratteristiche che concorrono a formare il vantaggio competitivo differenziale)
- Le 4 P:
  - Prodotto (beneficio principale, prodotto fisico e sue caratteristiche, prodotto esteso)
  - Prezzo
  - Placement, ossia strategia di distribuzione e di vendita, canali distributivi
  - Piano pubblicitario e di comunicazione (pubblicità, pubbliche relazioni, social media plan, piano promozionale ecc.)

Un metodo efficace per quantificare gli elementi delle 4 P, come l'investimento pubblicitario in denaro o in GRP (*Gross Rating Point*: la quantità di pubblico raggiunta da un annuncio pubblicitario, *n.d.r.*), consiste nell'utilizzo di modelli statistici basati sui dati storici. Metodi come la serie temporale o la regressione multipla vi permettono di stimare l'impatto sulle vendite di un aumentato investimento pubblicitario o dell'inclusione nel test di una promozione o di un omaggio per renderlo più appetibile. Questi modelli non sono esatti e non andrebbero considerati come la "sfera di cristallo" di un chiaroveggente, ma sono comunque molto indicativi e servono a orientare gli sforzi nel lancio di un'innovazione.

Elementi del piano di marketing
(tratti da *Marketing Management* di Philip Kotler)

I **Executive summary**
Una sintesi del piano proposto, da sottoporre al management.

II **Analisi della situazione attuale di mercato**
Dati estensivi sul mercato, sul prodotto, sulla concorrenza, sulla distribuzione e sul macroambiente.

III **Analisi delle minacce e delle opportunità**
L'analisi identifica, attraverso le minacce, le opportunità, i punti di forza e i punti deboli, i problemi principali che circondano il lancio.

IV **Obiettivi**
Questa parte definisce gli obiettivi che il piano si propone di raggiungere in relazione ai volumi di vendita, alla quota di mercato e ai profitti.

V **Strategie di marketing**
Direttive d'azione da seguire per raggiungere gli obiettivi.

VI **Programma d'azione**
Questa parte risponde a domande del tipo: Che cosa si farà? Chi lo farà? Quando si farà? Quanto costerà?

VII **Conto economico stimato**
Elenca i risultati previsti per il piano. La stima può essere a 1, 3 o 5 anni.

VII **Monitoraggio**
Questa sezione indica i criteri di monitoraggio del piano.

PREIMPLEMENTAZIONE

La preimplementazione è un insieme di azioni e di strumenti finalizzati a testare l'appropriatezza di alcune decisioni relative all'esecuzione e a determinare il mix ottimale degli investimenti di marketing. Gli strumenti principali di preimplementazione sono: esperimenti e test di prodotto, area test e market test.

Le aziende usano spesso questi strumenti di preimplementazione nel lancio di nuovi prodotti e di nuovi servizi, ma li usano raramente per altri tipi di innovazione, come quelle di processo o di modello di business, anche se servirebbero altrettanto bene a minimizzare gli errori di esecuzione.

Sperimentazione e test di prodotto

Un approccio efficace alla preimplementazione è consentire a un gruppo di clienti di sperimentare direttamente il prodotto o il servizio in situazioni reali.

Per esempio, nel 1997, quando ha lanciato il nuovo sistema Speedpass di pagamento diretto alla pompa, che utilizza un sensore a radiofrequenza installato nella vettura del cliente, ExxonMobil ha deciso di offrire gratuitamente il sensore e il servizio. Grazie a ciò che ha appreso da quel primo gruppo di utilizzatori, l'azienda ha introdotto una serie di miglioramenti prima di lanciare definitivamente il nuovo servizio. I risultati sono stati eccellenti: a pochi mesi dal lancio, più di un milione di clienti si erano abbonati a Speedpass, raddoppiando il numero delle soste per il rifornimento.

È un approccio seguito regolarmente anche da Google. Prima dell'esecuzione definitiva di un'innovazione, Google utilizza l'apprendimento ricavato da un test sul prodotto. Per facilitare la sperimentazione sistematica dei nuovi prodotti da parte degli utenti, ha creato il sito Google Labs (http://labs.google.com), su cui sono state testate innovazioni come Google Desk Bar e News Alerts.

Area test

Dopo il lancio di un prodotto su scala nazionale, modificare la strategia di marketing può essere oltremodo costoso. Ecco perché alcune aziende preferiscono effettuare degli area test per definire le proprie strategie di marketing. Conviene focalizzarsi sulla pubblicità o sul punto vendita? Dovremmo regalare dei campioni? Dovremmo offrire degli sconti per incentivare i buyer?

L'area test è una risorsa ben nota, ma in linea generale viene usata piuttosto raramente dalle imprese. Si tratta di un lancio su scala ridotta, effettuato in una singola città o in una singola area geografica, con un determinato mix di investimenti di marketing.

Si procede nel modo seguente.
Si analizzano i comportamenti in una serie di città o regioni finché non ne vengono individuate due fortemente correlate (*città test* e *città specchio*). L'elevato livello di correlazione tra le due città ci consente di testare un diverso mix di investimenti in ciascuna delle due. Poiché storicamente, con un mix di investimenti analogo, le due città si sono comportate in maniera molto simile (correlazione delle vendite), applicando un diverso mix di investimenti in ciascuna città possiamo stabilire quale dei due è più efficace.
Una volta individuate le due città, si esegue il lancio con due strategie diverse. Si lascia passare un po' di tempo, poi si registrano i dati di vendita e si confrontano con le correlazioni precedenti per capire se il risultato è migliore nella città in cui abbiamo utilizzato un diverso mix di investimenti (*città test*) piuttosto che nell'altra (*città specchio*). Poiché tutte le correlazioni comportano un determinato livello di errore, la conclusione è valida solo se i risultati relativi alla *città test* ricadono all'esterno dell'intervallo di attendibilità statistica della *città specchio*. Qui di seguito illustriamo l'analisi in maniera molto semplice e intuitiva.

FIGURA 7.3 **RISULTATI DI UN'AREA TEST (CITTÀ TEST VS CITTÀ SPECCHIO)**

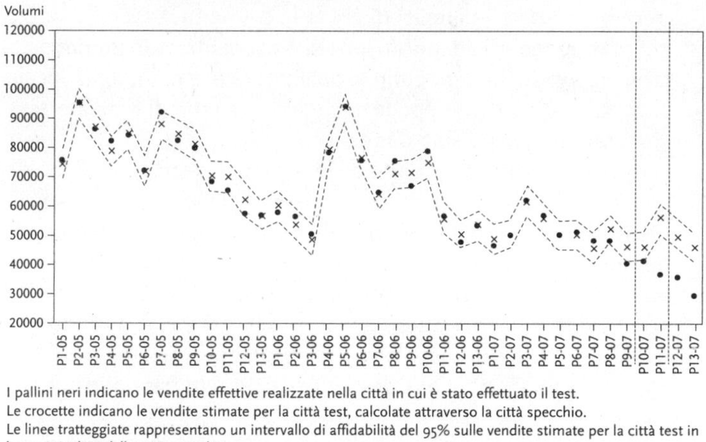

I pallini neri indicano le vendite effettive realizzate nella città in cui è stato effettuato il test.
Le crocette indicano le vendite stimate per la città test, calcolate attraverso la città specchio.
Le linee tratteggiate rappresentano un intervallo di affidabilità del 95% sulle vendite stimate per la città test in base ai risultati della città specchio.
Negli ultimi quattro periodi è stata sperimentata nella città test una nuova configurazione di marketing.
I risultati (i pallini) mostrano una performance in peggioramento - anche al di fuori dell'intervallo di attendibilità - rispetto alle vendite teoriche stimate attraverso la città specchio, dove il marketing mix è rimasto immutato.
Conclusione: rifiutiamo la nuova configurazione di marketing.

I pallini neri indicano le vendite effettive realizzate nella città in cui è stato effettuato il test.
Le crocette indicano le vendite stimate per la città test, calcolate attraverso la città specchio.
Le linee tratteggiate rappresentano un intervallo di affidabilità del 95% sulle vendite stimate per la città test in base ai risultati della città specchio.
Negli ultimi quattro periodi è stata sperimentata nella città test una nuova configurazione di marketing.
I risultati (i pallini) mostrano una performance in peggioramento – anche al di fuori dell'intervallo di attendibilità – rispetto alle vendite teoriche stimate attraverso la città specchio, dove il marketing mix è rimasto immutato.
Conclusione: rifiutiamo la nuova configurazione di marketing.

Nonostante tutti i benefici che derivano dalla possibilità di sperimentare altri marketing mix per l'esecuzione di un'innovazione, l'area test viene usato raramente. Ecco alcune delle ragioni principali:

- rivela le nostre carte ai concorrenti, che sanno in anticipo in che cosa consiste la nostra innovazione e quali sono i punti più importanti della nostra strategia di marketing. In molti mercati, i concorrenti copiano immediatamente l'innovazione, per cui potremmo perdere i benefici di chi fa la prima mossa;
- nel mondo reale, la distribuzione si è concentrata in grandi piattaforme logistiche rendendo problematiche le campagne locali;
- ci sono relativamente poche società di ricerche di mercato specializzate in questo tipo di analisi;
- l'area test assorbe gran parte delle risorse di marketing di cui dispone l'azienda. Potremmo decidere di lanciare sperimentalmente il prodotto o il servizio in due sole aree, ma dobbiamo comunque avviare una campagna di marketing, acquistare spazi pubblicitari, distribuire il prodotto, collocarlo nel punto vendita ecc. Poiché le risorse sono scarse per definizione, le aziende preferiscono quasi sempre allocarle direttamente sul lancio definitivo, e poi modificare il mix degli investimenti in base ai risultati.

Tuttavia, quando si sceglie per il lancio un'area geografica molto vasta (per esempio, il mondo intero), e l'investimento di marketing è abbastanza alto, l'area test è uno strumento di preimplementazione molto efficace e profittevole.

Market test

Il market test, o test di mercato, differisce dall'area test nel senso che, invece di mettere alla prova vari mix di investimenti di marketing, se ne sceglie solo uno, che dovrebbe essere quello definitivo. Assomiglia all'area test nella scala ridotta del lancio, anche se le opzioni per definire l'ambito in cui effettuare il lancio sono diverse:

- una certa area geografica;
- un certo canale;
- un certo insieme di distributori;
- un certo insieme di clienti.

In base ai risultati si raccolgono informazioni – facendo riferimento per esempio ai principali indicatori di performance, KPI – sulle aree di miglioramento o, eventualmente, come vedremo nel prossimo capitolo, per decidere se procedere o meno al lancio su scala nazionale.

Il market test presenta svantaggi simili a quelli dell'area test, perciò il suo utilizzo è raccomandato in caso di innovazione ad alto rischio. Il modo più efficace per limitare il rischio è sperimentare l'esecuzione definitiva su scala ridotta.

Anche se molti li ritengono applicabili unicamente ai beni di largo consumo, i test di mercato sono in realtà molto più facili da attuare nell'ambito dei servizi. IBM utilizza una strategia di questo tipo per sviluppare le proprie EBO (*Emerging Business Opportunities*).

> Il responsabile dell'EBO inizia a vendere il nuovo servizio tramite alcuni progetti pilota (su scala ridotta), coinvolgendo nel ruolo di "cavie" i clienti principali dell'azienda (formando così una sorta di joint venture dei servizi intellettuali). Se i test pilota funzionano, l'azienda può decidere di allocarvi ulteriori risorse, e altri clienti possono iniziare ad acquistare questi servizi. La strategia lascia a IBM abbastanza tempo per dimostrare che il concept ha senso, per creare relazioni critiche sul mercato e per posizionarsi come leader prima di sfruttare il segmento[14].

Il fatto che a partire dal 2000 IBM abbia lanciato 25 EBO di cui solo tre sono fallite dimostra inequivocabilmente che questo sistema di esecuzione accresce le probabilità di attuare l'innovazione con successo.

ESECUZIONE EFFETTIVA: IL PIANO D'AZIONE

In base all'organizzazione dei compiti che suggeriamo in questo libro, gli esecutori devono definire il business plan nei due elementi strategici che lo compongono: il piano di marketing e il processo di marketing. L'uno e l'altro vanno tradotti in una serie di azioni concrete. L'attuazione pratica del piano di marketing è demandata al piano d'azione.

Il piano d'azione è un elenco di attività, compiti o azioni specifiche che andranno svolte entro una data prefissata da individui, fornitori di servizi o reparti utilizzando le risorse allocate.

Il piano d'azione è il "manuale" che guida gli esecutori a organizzare e a coordinare gli sforzi, gli investimenti e le azioni previste dal piano di marketing per l'innovazione. Gli elementi fondamentali di un piano d'azione sono:

- elenco delle azioni e delle attività;
- data di inizio di ciascuna azione o di ciascuna attività;
- budget allocato a ciascuna azione o a ciascuna attività;
- responsabile di ciascuna azione;
- fini e tempi programmati di ciascuna azione;
- rischi di insuccesso nell'esecuzione e piano di riserva.

L'implementazione del piano d'azione viene monitorata per essere sicuri che l'esecuzione proceda secondo i piani. Oltre a verificare che ogni azione sia stata eseguita nei modi e nei tempi prescritti dal piano, valutiamo anche la misura in cui questo risponde agli obiettivi.

POSTESECUZIONE: RIPETERE E MIGLIORARE

Stiamo parlando di una serie di indicatori e di strumenti che l'azienda può usare per eseguire con successo l'innovazione, per capire come migliorare e come adattare il prodotto, per eliminare o includere alcune attività collegate al lancio. Di fronte alla difficoltà di eseguire correttamente l'innovazione fin da subito, le aziende utilizzano sempre più la ripetizione e il miglioramento progressivo. È un mezzo molto efficace di immettere l'innovazione sul mercato preparandosi contemporaneamente a identificare le parti dell'esecuzione che non danno i risultati attesi e a fornire le risorse che occorrono per migliorarle, in linea con le informazioni e con il feedback che riceviamo.

L'imbuto degli acquisti

Qualche tempo dopo il lancio di un'innovazione occorre diagnosticare le variabili di marketing che vanno modificate per migliorare i nostri risultati. A questo fine c'è uno strumento poco noto, di straordinaria semplicità e utilità: l'imbuto degli acquisti. Questo strumento parte dalla premessa che i clienti fedeli devono attraversare queste fasi nel rapporto con il nostro prodotto:

- consapevolezza;
- considerazione;
- sperimentazione;
- ripetizione.

È un percorso abbastanza scontato, ma lo è molto meno se lo invertiamo. Le ragioni per cui oggi le persone non acquistano da noi sono queste:

- non ci conoscono;
- ci conoscono, ma non ci hanno ancora presi in considerazione;
- ci hanno presi in considerazione, ma non ci hanno ancora provati;
- ci hanno provati, ma non hanno ripetuto l'acquisto.

In una situazione ipotetica in cui avessimo il 100% del mercato, tutti i clienti ci conoscerebbero, ci avrebbero presi in considerazione, ci avrebbero provati, e avrebbero ripetuto l'acquisto. Perciò, se non abbiamo il 100% del mercato è perché, rispetto all'ipotesi di partenza del 100%, abbiamo perso clienti. E le quattro ragioni di questa emorragia sono: mancanza di consapevolezza, mancanza di considerazione, mancanza di sperimentazione e/o mancanza di ripetizione.

Sembra un costrutto molto teorico, ma in realtà è molto facile ed economico da applicare praticamente. Dobbiamo effettuare uno studio di mercato per ottenere i dati, ma dobbiamo solo porre a un campione rappresentativo del nostro mercato obiettivo quattro domande: Ci conoscete? Se sì, ci avete presi in considerazione? Se sì, ci avete provati? E se sì, avete ripetuto l'esperienza? Se ci sono vincoli di budget, possiamo risparmiare dei soldi includendo queste domande in uno studio "omnibus" multiclienti.

Cerchiamo di capire che cosa possiamo ottenere da queste informazioni per ottimizzare i nostri sforzi di marketing nell'esecuzione di un'innovazione. Supponiamo di aver lanciato un servizio di taxi su chiamata. Abbiamo effettuato una campagna pubblicitaria alla radio e con cartelloni esposti negli aeroporti e nelle stazioni ferroviarie, informando i clienti potenziali che abbiamo una flotta di auto nuove e che siamo così attenti alla puntualità da regalare la corsa se arriviamo in ritardo di oltre due minuti; abbiamo offerto uno sconto del 10% ai primi 10.000 clienti per incentivarli a provare il nostro servizio e abbiamo indotto un buon numero di clienti a rispondere a un breve sondaggio sulla soddisfazione per avere un'idea di come viene valutata la qualità del servizio e di quali potrebbero essere le aree di miglioramento. A distanza di qualche mese, vogliamo sapere come hanno funzionato le nostre campagne di marketing e conduciamo un piccolo studio di mercato che ci fornisce le seguenti informazioni:

- consapevolezza del nostro servizio: 70%;
- clienti potenziali che ci hanno preso in considerazione: 65%;
- clienti potenziali che ci hanno utilizzato: 40%;
- clienti potenziali che hanno riutilizzato il nostro servizio: 10%.

In base a questi quattro dati, possiamo capire dove stiamo perdendo clienti potenziali. Sul 100% teorico, abbiamo perso il 30% per mancanza di consapevolezza (100% – 70%). Sul 70% che potrebbero essere nostri clienti (perché ci conoscono) abbiamo perso il 5% per mancanza di considerazione (70% – 65%). Abbiamo perso il 25% per mancanza di sperimentazione (65% – 40%) e un altro 30% per mancanza di ripetizione (*Figura 7.4a*).

FIGURA 7.4a **IMBUTO DEGLI ACQUISTI**

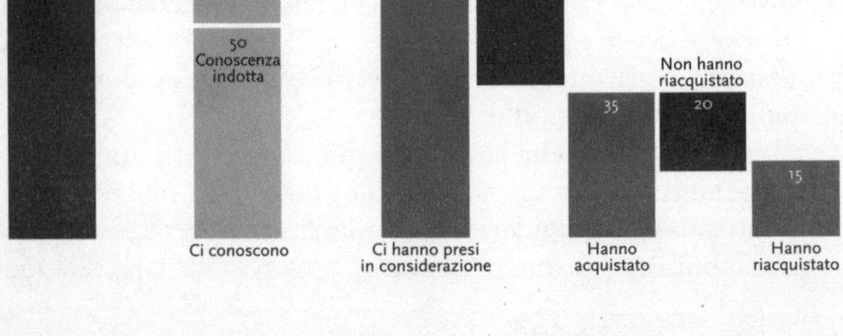

La diagnostica dell'esecuzione dell'innovazione è chiara. Dopo alcuni mesi di campagna, possiamo considerare ottimale un tasso di consapevolezza del 70%. E quasi tutti coloro che ci conoscevano ci hanno preso in considerazione. Ma abbiamo perso una grossa quota di mercato a livello di sperimentazione del servizio. O i nostri incentivi erano poco adatti, o lo sconto che offrivano non era abbastanza alto. Un'altra possibilità è che gli incentivi fossero adeguati e che dovessimo semplicemente investire di più per pubblicizzare il nostro servizio. Per scoprirlo, dobbiamo esaminare le ragioni per cui questi clienti non lo hanno provato (idealmente, introducendo apposite domande nel nostro studio di mercato). Abbiamo perso anche molti clienti che hanno sperimentato il servizio, ma non l'hanno riutilizzato. Ciò fa ipotizzare un problema di qualità del servizio. Dobbiamo esaminare le indagini sulla soddisfazione dei clienti che abbiamo effettuato e scoprire che cosa sta accadendo per apportare delle correzioni. Gli scenari più comuni sono illustrati nel box che segue.

FIGURA 7.4b

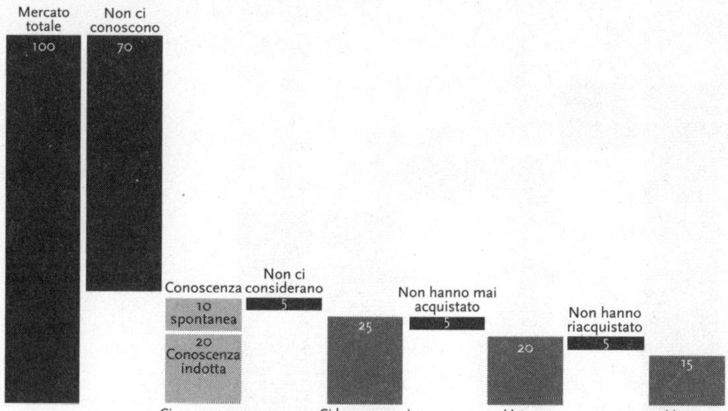

Questo scenario si associa tipicamente alle aziende che economizzano sulla pubblicità: hanno una presenza limitata sul mercato e i clienti sanno a malapena che esistono.

FIGURA 7.4C

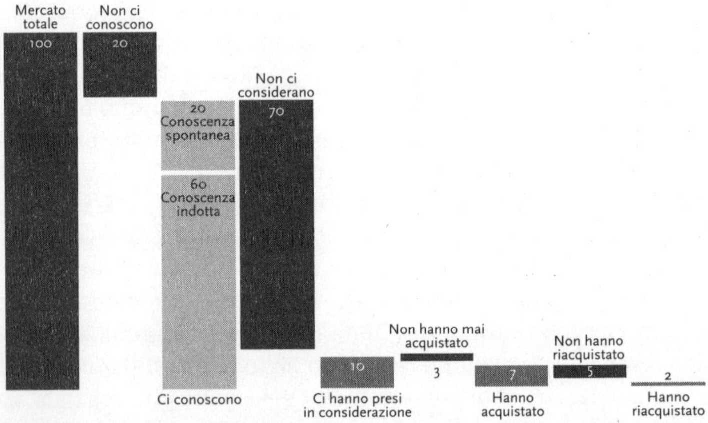

Sono brand che godono di un certo riconoscimento, ma hanno un posizionamento poco chiaro. Potrebbero risentire della mancata presenza sul punto vendita o della scarsa propensione dei venditori a spingere il loro prodotto.

FIGURA 7.4d

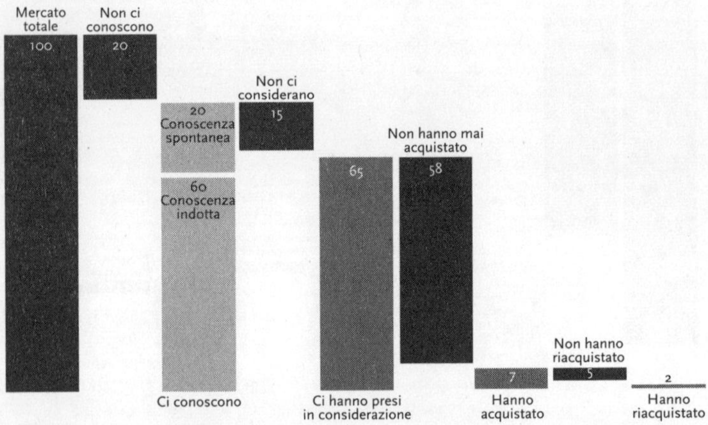

Sono brand che vengono presi in considerazione, ma non convincono i clienti. Hanno spesso problemi di pricing o di qualità percepita.

FIGURA 7.4e

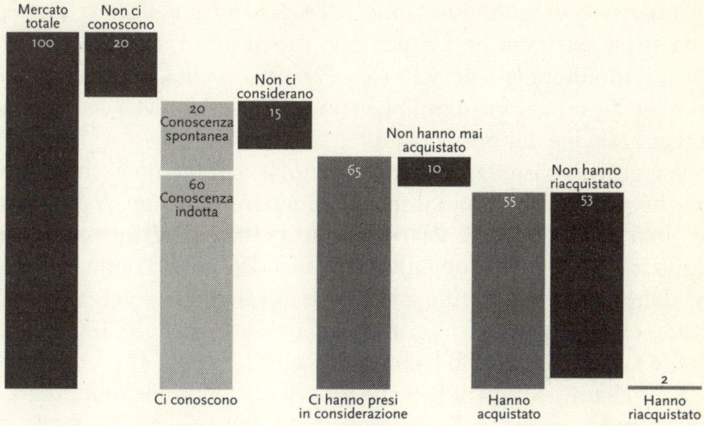

Sono brand che deludono i clienti per la cattiva qualità o per aver creato delle aspettative che non mantengono.

Un esempio dell'uso efficace di questo strumento è un caso molto elogiato e citato spesso nei testi di management: il foglietto adesivo Post-it di 3M. La storia dell'invenzione di questo prodotto è arcinota, ma pochi sanno che l'esecuzione del lancio è stata oltremodo problematica. L'azienda ha scoperto che perdeva clienti potenziali, non per mancanza di consapevolezza, ma perché la gente non sperimentava il prodotto. Il Post-it era talmente nuovo che i clienti non sapevano bene come usarlo. 3M ha modificato la propria strategia di marketing e ha investito milioni di dollari in campioni gratuiti, distribuendoli persino negli stadi. Tutti dovevano ricevere un blocchetto omaggio di Post-It. L'azienda era convinta che chiunque sperimentasse il prodotto lo avrebbe acquistato o riacquistato, perciò il punto focale dell'esecuzione del lancio si è spostato sul tentativo di indurre i potenziali consumatori a provarlo. Il resto è storia.

L'imbuto degli acquisti, noto anche come ATR (*Awareness, Trial and Repeat*) è uno strumento diagnostico elementare da utilizzare pochi mesi dopo aver eseguito un'innovazione di marketing.

EVOLUZIONE DEGLI INDICATORI CRITICI DI PERFORMANCE (KPI)

L'esecuzione di un'innovazione è l'esecuzione della sua strategia. Una strategia di cui non si possono misurare i risultati serve a ben poco. Il monitoraggio dei KPI (*Key Performance Indicators*) serve a stabilire se l'innovazione è in linea con i nostri obiettivi e se porterà alla realizzazione dei nostri piani.

Per gestire correttamente l'esecuzione, dobbiamo assolutamente monitorare gli aspetti più importanti dell'innovazione. A questo scopo, dobbiamo definire i nostri indicatori critici di performance. I KPI fanno riferimento agli obiettivi strategici dell'innovazione, agli obiettivi del piano di marketing, ai sistemi di valutazione dei facilitatori e a tutto ciò che concorre a formare la proposta di valore. I KPI devono essere specifici, misurabili e quantificabili.

Ecco alcuni esempi di KPI che un'azienda potrebbe monitorare nel lancio, per esempio, della versione migliorativa di un prodotto:

- KPI di mercato:
  - tasso di penetrazione nel mercato obiettivo,
  - quota di mercato in unità,
  - livello di soddisfazione rispetto al prodotto originario;
- KPI di canale:
  - distribuzione numerica (% di punti vendita in cui è stato distribuito il prodotto),
  - distribuzione ponderata (% di questi punti vendita sul fatturato nazionale),
  - posizionamento distributivo (% di punti vendita in cui il prodotto gode di un'esposizione privilegiata);
- KPI finanziari:
  - margine commerciale in %,
  - profitto/perdita in euro;
- KPI di innovazione:
  - % di utilizzatori del prodotto originario che hanno adottato la versione migliorativa,
  - % di nuovi clienti sottratti alla concorrenza grazie alla nuova versione del prodotto.

Tesco, per esempio, usa un KPI semplicissimo: il fatturato. Se un nuovo prodotto non soddisfa gli obiettivi di vendita dell'azienda, viene rimosso dagli scaffali. Il ciclo di vita dei nuovi prodotti dura diciotto mesi.

Estendere il lancio

Estendere il lancio significa sfruttare tutte le lezioni apprese e tutti i miglioramenti apportati a un lancio per estendere la portata del progetto[15].

Il sistema di pagamento alla pompa Speedpass introdotto da ExxonMobil e più volte menzionato è il tipico esempio di come le politiche di estensione di un'innovazione possano generare profitti in tempi molto brevi e con un rischio molto più basso. Speedpass ha incontrato parecchie difficoltà nella fase di introduzione, ma quando è decollato – nel senso che ha ottenuto un elevato livello di accettazione e di utilizzo da parte dei clienti – ExxonMobil ha fatto le seguenti cose:

- ha esteso il sistema di pagamento dalla pompa al negozio annesso alla stazione di servizio. Diversamente da quanto temevano i dirigenti di ExxonMobil, gli utilizzatori di Speedpass hanno continuato a fare acquisti nei negozi annessi alle stazioni di servizio;
- ha sviluppato campagne di marketing per promuovere l'utilizzo del sistema Speedpass da parte delle aziende che hanno venditori e trasportatori;
- ha sottoscritto un accordo con Timex per lo sviluppo di uno Speedpass incorporato in un orologio da polso;
- ha creato la Speedpass Network Unit per estendere il sistema ad altri fornitori di servizi come gli autolavaggi, i parcheggi, i ristoranti fast food, i distributori automatici ecc.[16].

L'innovazione si può estendere nei seguenti modi:

- entrando in nuovi mercati geografici (paesi o regioni);
- adattando il nostro messaggio per acquisire nuovi clienti;
- modificando i nostri prezzi per aumentare la penetrazione;
- incorporando nuovi canali di vendita non inclusi nel lancio;
- modificando la struttura del prodotto principale;
- estendendo il portafoglio con innovazioni marginali.

Quest'ultimo punto è fondamentale. Se studiate la storia di qualunque mercato, scoprirete che è stata un'innovazione scardinante a crearlo, ma che sono state quelle marginali a farlo crescere. Nel nostro libro *Lateral Marketing* abbiamo spiegato che le innovazioni laterali creano nuovi mercati, ma sono le innovazioni verticali a svilupparli. Esistono alcune aziende strutturalmente in grado di creare mercati, che addirittura eccedono nelle innovazioni scardinanti (Apple è un esempio emblematico). Ci sono altre aziende che non hanno la capacità di reinventare i mercati, ma sono rapide ed efficienti nello sviluppo di varianti ed estensioni di prodotti innovativi lanciati da altre aziende. Queste imprese si definiscono *fast second*[17]. Per un certo periodo, Microsoft è stata una *fast second*. Nel mercato del software, Apple era più creativa e rivoluzionaria e ha introdotto innovazioni scardinanti, ma Microsoft era più rapida e più efficace nell'estenderle e nel migliorarle e ha conquistato una quota di mercato superiore. Ma le cose non stanno più così. Apple ha imparato la lezione. Con l'iPhone, per esempio, non ha lanciato l'innovazione scardinante (il nuovo apparecchio) finché non ha definito una strategia di estensione post lancio: l'introduzione delle applicazioni per l'iPhone. Apple non fa più il lavoro preparatorio per la concorrenza. Poiché i cicli di vita dei prodotti e dei servizi stanno diventando sempre più brevi, nell'innovazione bisogna agire in questo modo. Dobbiamo avere pronta l'innovazione marginale o verticale di follow-up per sfruttare immediatamente un'innovazione radicale o laterale. Se un'innovazione radicale ha successo, dobbiamo agire subito ed estendere il mercato con varianti del prodotto. È il modo giusto per ottimizzare il rischio e l'investimento che sono insiti in tutte le innovazioni scardinanti.

TRASFORMAZIONE PROGRESSIVA (MORPHING)

Questo tipo di esecuzione ha conosciuto recentemente una grandissima popolarità. Consiste nell'assunto che non si può mai arrivare alla strategia perfetta di innovazione o di esecuzione, per cui il miglior modo di operare è lanciare il nuovo prodotto o il nuovo servizio sapendo che bisognerà adattarne sia la composizione sia la strategia di marketing.

> L'applicazione delle tecniche tradizionali di ricerca di mercato a prodotti totalmente nuovi (con cui cerchiamo di scoprire o di creare mercati che non esistono ancora) può avere un effetto paralizzante, perché richiede stime dettagliate, piani e budget che sono impossibili da definire. In questi casi, l'approccio convenzionale, che si basa sulla raccolta di tutte le possibili informazioni per accrescere le probabilità di successo, non solo assorbe una gran quantità di tempo e di energie ma, a causa della volatilità e dell'incertezza di questi progetti, non sarà mai valido o insufficiente.
> Negli ultimi anni, gli approcci basati sul lancio rapido hanno avuto nuovi

sostenitori, perché consentono di ottenere i benefici dell'ingresso iniziale nel mercato e di acquisire rapidamente un'esperienza concreta[18].

Poiché si assume preliminarmente che il prodotto andrà modificato, l'azienda si prepara a innovare in maniera del tutto diversa. Si predispongono dei meccanismi di allarme precoce per identificare i cambiamenti necessari in base al feedback del cliente e dell'utilizzatore, e i developer e gli ingegneri sono pronti ad apportare le modifiche del caso.

Questo tipo di strategia implica un cambiamento radicale nel processo di innovazione, dal momento che concentra la focalizzazione sulla capacità dell'azienda di apprendere dal mercato e di agire di conseguenza.

La trasformazione progressiva (*morphing*) si fonda sulla premessa che i mercati cambiano così rapidamente che non ha senso attendere il perfezionamento dell'innovazione, perché dovremo comunque modificarla o migliorarla a breve. Dunque, l'innovazione è il miglioramento continuativo, indotto dal mercato, di un prodotto o di un servizio. Anziché ragionare in termini di innovazione, ragioniamo in termini di riprogettazione continua basata sul feedback dei clienti e del mercato.

Google usa il *morphing* in una maniera sorprendente e intelligente al tempo stesso. Quando lancia un'innovazione, lascia che siano gli sviluppatori e i programmatori esterni a migliorare un prodotto in apparenza già sviluppato, sfruttando così l'universo dei programmatori come un gigantesco team di potenziali ottimizzatori del prodotto.

Nel nuovo Web 2.0, molti prodotti e molti servizi vengono forniti in un "beta perpetuo", e la loro funzionalità si evolve in continuazione attraverso l'uso che ne fanno gli utilizzatori (i quali si considerano cosviluppatori).

Le affinità tra area test, market test e *morphing* possono confondere. La *Tabella 7.1* dovrebbe aiutarvi a distinguerli.

TABELLA 7.1 **DIFFERENZE TRA AREA TEST, MARKET TEST E *MORPHING***

	Alternative di esecuzione (mix di investimenti)	**Ambito di esecuzione**
Area test	Varie alternative	Parziale (città o regioni e città o regioni di controllo)
Market test	Una (il piano definitivo)	Parziale (per aree, città, paesi, canali, distributori o clienti)
Morphing	Una (il piano definitivo)	Totale

Capitolo 8

Facilitatori

CHI SONO I FACILITATORI E QUALI SONO LE LORO FUNZIONI?

I facilitatori hanno le seguenti funzioni:

- approvare gli investimenti relativi al progetto;
- selezionare le migliori opzioni di innovazione;
- portare avanti il processo di innovazione;
- far ripartire il gruppo quando si trova in un momento critico;
- dare l'OK definitivo al lancio o all'esecuzione dell'innovazione.

Il ruolo dei facilitatori è essenziale per assicurare che il processo vada avanti efficientemente e non procuri all'azienda costi non necessari. I facilitatori devono anche interrompere un processo prima che i costi sfuggano di mano o rimetterlo in carreggiata quando prende una piega sbagliata, per esempio quando si discosta dagli obiettivi o dal budget. Dovremmo ricordare che uno dei segreti dell'innovazione di successo è fallire rapidamente, presto e a basso costo. I facilitatori devono prevedere gli insuccessi, eliminare le idee eccessivamente ambiziose o a basso potenziale e adottare le più promettenti, incoraggiare il gruppo a portare avanti il processo e sostenerlo con le risorse necessarie.

Il coinvolgimento dei facilitatori nel processo di innovazione è meno costante rispetto a quello di tutti gli altri ruoli: dovrebbero essere sempre pronti a prendere decisioni e, se necessario, approvare gli investimenti, ma è bene tenerli a una certa distanza dal processo in modo che possano agire più obiettivamente di quanto non farebbero se fossero coinvolti quotidianamente.

Elenchiamo i soggetti che possono fungere da facilitatori in qualunque fase del processo di innovazione (in ordine ascendente di livello gerarchico):

- dipendenti;
- team preposto al processo di innovazione;
- management intermedio;
- capi funzione (marketing, R&D, vendite, operations ecc.);
- direttore finanziario;
- chief innovation officer (CIO);
- direttore generale;
- chief executive officer (CEO);
- consiglio di amministrazione;
- azionisti.

E all'esterno dell'azienda:

- esperti;
- stakeholder;
- investitori.

Nel corso di un progetto di innovazione, i facilitatori potrebbero essere più di uno, e i soggetti potrebbero cambiare durante il processo. Per esempio, nelle fasi iniziali, quando il compito del facilitatore è restringere la gamma delle opzioni, questo ruolo potrebbe essere ricoperto dai dipendenti che valutano le idee migliori. Per contro, quando si devono approvare gli investimenti, il ruolo si può assegnare al senior management. C'è quasi sempre una correlazione tra la fase del processo di innovazione e il livello gerarchico del facilitatore. Man mano che avanza il processo di innovazione, entra in gioco di solito un facilitatore di più alto livello, che ha più potere decisionale all'interno dell'organizzazione.

Fino a che livello gerarchico si arriva? Torniamo per un attimo al *Capitolo 3*, dove abbiamo identificato una relazione fra tipo d'innovazione e livello gerarchico. Idealmente, nelle fasi conclusive di un processo di innovazione, il facilitatore dovrebbe essere a capo dell'area di innovazione: il CEO o gli azionisti per un nuovo modello di business; il direttore generale per un'innovazione di processo; il direttore marketing o il

FIGURA 8.1 **FILTRI, FACILITATORI E FINANZIATORI**

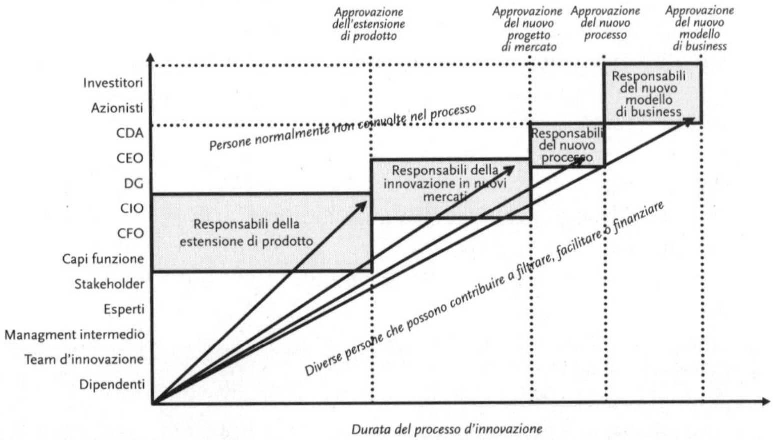

direttore generale per un'innovazione di mercato; il direttore marketing per un'innovazione di prodotto (estensione di linea).

La *Figura 8.1* mostra questa relazione e i livelli gerarchici che corrispondono al ruolo di facilitatore secondo il tipo d'innovazione.

In alcuni casi, il ruolo dei facilitatori coincide con quello degli attivatori del processo, ma non sempre e non necessariamente. Per esempio, in Google i dipendenti usano una parte del tempo libero per agire da attivatori dell'innovazione o per votare le buone idee, ma non sono loro che approvano gli investimenti. Nel caso di Tesco, a un certo punto l'attivazione del processo è stata delegata ai ricercatori e alle università, ma il finanziamento e la facilitazione del processo sono rimasti saldamente nelle mani del management.

TIPI DI FACILITAZIONE

Ci sono tre tipi di facilitazione, secondo il momento e la fase del processo:

a) valutazione e selezione di idee o concept alternativi;
b) riavvio del processo di innovazione in caso di interruzione;
c) approvazione e allocazione delle risorse finanziarie e degli investimenti.

Valutazione soggettiva

La valutazione soggettiva è uno strumento assai elementare che viene usato spesso per mettere in ordine di priorità idee o concept. È ideale per i piccoli gruppi, e il team di innovazione lo può usare tempestivamente in varie fasi del processo.

L'obiettivo è accelerare il processo decisionale senza perdere tempo in discussioni, per cui la valutazione soggettiva viene usata in decisioni meno critiche, in momenti meno cruciali o all'inizio del processo: per esempio quando ci sono troppe idee o troppi suggerimenti, per scartare le opzioni meno attraenti.

Le valutazioni soggettive si fanno con semplici scale di classificazione (da 0 a 5 o da 0 a 10) e su un numero limitato di dimensioni (da 1 a 3). Le dimensioni attengono a un aspetto dell'idea da prendere in considerazione. Per esempio, se valutiamo tutta una serie di progetti di concept per un prodotto o per un servizio, la valutazione si focalizza normalmente su una o due di queste dimensioni:

- potenziale di mercato;
- difficoltà di sviluppo;
- rischi di business;
- attrattività dell'idea;
- sinergia con il business preesistente;
- priorità strategica;
- coerenza con il business preesistente;
- concorrenti attuali.

I risultati vengono visualizzati in maniera semplice, e si attribuisce lo stesso peso alla valutazione di ciascuno, in modo che le persone con più anzianità abbiano lo stesso impatto di tutti gli altri (perlomeno in questa fase).

Quando ci si trova di fronte a un numero più elevato di idee, la valutazione soggettiva si può effettuare in varie riprese, eliminando di volta in volta le peggiori, e rivotando su quelle che restano in lizza. Si procede in questo modo fin quando non si riducono le opzioni disponibili a un numero gestibile che consente di portare avanti il processo.

A volte è consigliabile analizzare la distribuzione dei punteggi, perché si possono adottare due tipi di politica nella scelta dei concept in base alla classificazione effettuata dal gruppo. La prima opzione si basa sui punteggi medi. Ha il vantaggio di tener conto di tut-

ti i punteggi, e lo svantaggio di non discriminare tra un concept che ottiene per esempio 40 volte 8 (con la media di 8) e un altro concept il cui punteggio è equamente ripartito tra 10 e 6. Anche qui la media sarebbe 8, ma c'è una differenza sostanziale tra i due risultati. Nel primo caso, potremmo dire che è un'idea molto apprezzata da tutti. Nel secondo, piace moltissimo a qualcuno mentre altri le attribuiscono a malapena la sufficienza. Ciò conduce a un altro tipo di analisi: la deviazione standard. Un concept che ottiene punteggi elevati e deviazioni superiori alla media è un concept polarizzatore, nel senso che ha convinti sostenitori e altrettanto convinti oppositori. Alcune aziende preferiscono rischiare e focalizzarsi su questi concept anziché su quelli che piacciono "molto" a tutti. Dipende tutto dalla politica di innovazione dell'azienda e dal livello di rischio che è disposta ad accettare.
Quando i punteggi sono molto simili e le differenze sono incrementali (nell'ordine dei decimali), si può usare un sistema di distribuzione dei punti. Si assegnano per esempio 10 punti all'opzione più apprezzata, 9 alla seconda, 8 alla terza e così via.

Valutazione complessiva da parte dell'azienda
È un sistema analogo a quello che abbiamo appena descritto, ma coinvolge praticamente l'intera organizzazione. È ideale per selezionare le idee e i suggerimenti che provengono da tutte le parti dell'organizzazione, ancor prima del processo di innovazione, in quanto consente di decidere quali idee sono idonee per l'inclusione in un processo.
È uno strumento utilizzato dalle imprese ad alta intensità di innovazione caratterizzate da una cultura fortemente creativa. Nello stesso tempo, poiché le idee da classificare vengono dall'interno dell'organizzazione, è naturale che i dipendenti abbiano la possibilità di valutare le idee dei colleghi.
Google usa abitualmente questo sistema, sfruttando il proprio intranet come mezzo generalizzato di presentazione delle idee e di votazione.
I sistemi di voto popolare non si limitano unicamente al filtraggio o alla selezione delle idee. Vengono usati anche per classificare le alternative finali di progetto, rispetto alle quali le opinioni e il voto dei dipendenti costituiscono un fattore aggiuntivo del processo decisionale insieme, per esempio, alle opinioni degli esperti o alle stime della domanda.

Non è una tecnica riservata esclusivamente alle grandi organizzazioni. Nelle piccole e medie imprese, dove l'innovazione richiede il supporto e il coinvolgimento di tutto il personale, costituisce uno strumento particolarmente efficace per coinvolgere tutti i collaboratori nel progetto. Contribuisce inoltre a costruire una cultura creativa.

Livelli di selezione e test di concept

La selezione dei concept è uno strumento in cui ai rispondenti viene presentato un gran numero di concept con poche informazioni, in modo da non stancarli troppo presto nel corso dell'intervista e da consentire loro di valutare un gran numero di idee.

È pensato per mettere in ordine di priorità un numero molto elevato di concept. Quando invece i concept sono in numero minore, di solito si usa il metodo del test di concept o, se già sviluppato, quello del test di prodotto; in quest'ultimo caso il prodotto può essere toccato o provato fisicamente.

Una volta selezionate le nuove idee di prodotto più gettonate su cui lavorare, potremmo dover analizzare il potenziale di vari concept di prodotto. Nel *Capitolo 6* abbiamo passato in rassegna i diversi metodi per testare concept, prodotti e utilizzi. Oltre a venire usati per affinare e migliorare l'innovazione con l'aiuto dei consumatori e dei clienti, i test includono una serie di domande da sottoporre a campioni rappresentativi del mercato che dovrebbero aiutarci a mettere in ordine di priorità idee e concept, e a stimare, in termini molto generali, la domanda potenziale di innovazione.
La selezione dei concept si può effettuare in maniera qualitativa (attraverso i focus group) o mediante questionari strutturati che si avvalgono di una base statistica sufficiente. Lo screening qualitativo ci aiuta a stabilire quali concept vengono classificati al minimo e al massimo della scala di valutazione. Pur non prestandosi a discriminare tra i concept intermedi, questo metodo ci aiuta a decidere che cosa va scartato e che cosa è più apprezzato dai clienti.
Nel caso della selezione quantitativa, il modo più comune di procedere è porre due domande per selezionare i concept da eliminare e quelli da mantenere. Ai rispondenti si domanda qual è l'in-

tenzione di acquisto e quanto apprezzano l'idea. Per l'intenzione di acquisto possiamo usare due scale di valutazione: a 7 punti o a 5 punti, la seconda delle quali gode di sempre maggiore preferenza. Nella scala a 5 punti il rispondente deve scegliere tra le seguenti opzioni:
Acquisterebbe questo prodotto?
- sicuramente sì;
- probabilmente sì;
- forse;
- probabilmente no;
- sicuramente no.

Le aziende che impiegano questo strumento finiscono spesso per costruire un benchmark; vale a dire che quando lanciano dei prodotti sul mercato ed esaminano i risultati del lancio, confrontano questi ultimi con i dati ottenuti negli studi sulla valutazione dei consumatori. Ciò le mette in condizione di fissare una serie di valori di riferimento che il concept dovrà ottenere nei test successivi per essere lanciato. Per esempio, nell'industria alimentare si stima che, per essere lanciato, un nuovo concept debba ottenere un 20% di "sicuramente" per quanto riguarda l'intenzione di acquisto (è il cosiddetto *top box score*, ossia la risposta migliore) e un 60% aggregato di "sicuramente" e "probabilmente sì" (il cosiddetto *top two box score*).
Lo screening è finalizzato a mettere in ordine di priorità un gran numero di concept. Quando ne rimangono di meno, il metodo più comune è il concept test oppure, se il prodotto è già stato sviluppato, il product test, che permette anche di sperimentarlo e di toccarlo.
Nei test di concept e di prodotto, oltre all'intenzione di acquisto, prendiamo in considerazione altri aspetti estremamente utili per la stima della domanda. Per esempio, ai rispondenti che dichiarano di voler sicuramente acquistare il concept o il prodotto, si chiede come inciderebbe l'acquisto del prodotto sulle loro attuali abitudini di acquisto: cioè su 10 acquisti futuri in questa categoria merceologica, quanti riguarderebbero il nuovo prodotto o il nuovo concept. Poiché l'intervista include anche tutti i prodotti concorrenti che il rispondente acquista regolarmente, possiamo fare delle stime, grossolane ma indicative della quota di mercato a cui può aspirare il concept.

Facciamo questi test per il mercato complessivo e per i segmenti target. Un concept potrebbe ottenere punteggi medi sul mercato complessivo, ma avere un forte appeal in certi segmenti. Per identificare una situazione di questo tipo, dobbiamo avere un campione abbastanza ampio da generare una base statistica sufficiente in certi sottocampioni. Poiché questa esigenza fa aumentare i costi delle ricerche di mercato, è consigliabile predeterminare alcuni segmenti di popolazione in cui riteniamo che il concept possa ottenere una maggiore accettazione e chiedere alla società di ricerche di mercato che effettua il test di orientare il campione verso il gruppo target, e poi di ponderare i risultati per garantirne la rappresentatività.
Alcune aziende effettuano la selezione e il test di concept anche all'interno, intervistando i dipendenti.

Metodo Delphi

Il metodo Delphi serve a fare prognosi e previsioni, entrambe molto utili per valutare concept alternativi di innovazione. Mira a ottenere un consenso basato sull'interazione e sulla discussione portate avanti per un determinato periodo da un gruppo di specialisti e di esperti del settore in cui cerchiamo di fare delle previsioni.

A un numero limitato di persone in possesso di un'esperienza adeguata sul prodotto e sul servizio da innovare viene sottoposto un questionario. I risultati del questionario, che combina valutazioni qualitative e quantitative, vengono poi comunicati a tutti i partecipanti, a cui si chiede di rivedere le proprie valutazioni e le proprie previsioni alla luce di ciò che hanno detto gli altri. I partecipanti vengono invitati anche a proporre soluzioni ai problemi previsti da altri per il lancio dell'innovazione. L'anonimato è garantito, e dopo due o tre reiterazioni dell'esercizio, i risultati vengono ad assumere un rilevanza statistica.
Con il ripetersi dell'esercizio, le valutazioni tendono a convergere. In altre parole, a mano a mano che gli esperti conoscono i punteggi attribuiti dagli intervistati e rispondono ai dubbi e alle preoccupazioni che emergono sul nuovo progetto in corso di valutazione, la deviazione standard dei punteggi si riduce. Si arriva a un ▸

momento in cui il processo converge verso un punteggio medio che presenta una variabilità molto bassa, e si ritiene che questo consenso sia abbastanza valido. Nel suo libro *The Wisdom of Crowds: Why the Many Are Smarter Than the Few and How Collective Wisdom Shapes Business, Economies, Societies and Nations* (2004, trad. it. *La saggezza della folla*, Fusi Orari, 2007), James Surowiecki mette in luce i benefici del combinare le informazioni nei gruppi, affermando che le decisioni di un gruppo sono generalmente migliori di quelle prese da un singolo individuo.
Una ricerca di Basu e Schroeder (1977) ha dimostrato che il metodo Delphi è stato in grado di prevedere le vendite di un nuovo prodotto nei primi due anni dal lancio con un margine di errore del 3-4% rispetto al dato effettivo. Altri metodi quantitativi producevano errori del 10-15%, mentre i metodi destrutturati tradizionali facevano registrare un margine di errore intorno al 20%.
Uno dei vantaggi del metodo Delphi è che induce ogni membro del panel a sollecitare le opinioni dei colleghi. Un altro vantaggio è che non richiede la presenza fisica, per cui il panel può includere persone provenienti da diverse parti del mondo, garantendo quella eterogeneità che è essenziale per il metodo. E l'anonimato impedisce alle personalità più forti, più influenti, più note o più autorevoli di dominare gli altri. Oggi il metodo Delphi si può applicare in maniera molto efficiente, grazie al potenziale di Internet in termini di elaborazione delle informazioni, selezione degli esperti, tutela dell'anonimato e presentazione dei risultati a mano a mano che avanza il processo.

Altri metodi soggettivi

Ci sono dei momenti in cui la valutazione di idee e concept non dipende tanto da un parametro quantitativo, quanto da una serie di percezioni che fanno apparire logica una determinata innovazione. Ciò vale particolarmente nel caso delle innovazioni scardinanti o delle start-up, in cui è molto difficile definire il mercato.

In questi casi la valutazione dei nuovi concept si basa su informazioni qualitative e indicatori di mercato che derivano dall'osservazione e dal contatto con il cliente, dalle abitudini e dai trend riscontrati tra i forti utilizzatori e i cosiddetti *early evangelist*, "persone entusiaste che riconoscono il potenziale del prodotto e possono contribuire a diffondere la buona parola, clienti che assumono dei rischi sui nuovi prodotti"[1].

SISTEMI E STRUMENTI PER RIAVVIARE UN PROCESSO DI INNOVAZIONE CHE RISTAGNA

I facilitatori non dovrebbero ridursi a meri finanziatori o fornitori di risorse. Il loro compito è fare in modo che il processo continui ad avanzare in maniera efficiente e senza costi inutili, specie quando il leader non ha l'autorità formale per agire direttamente. Ovviamente questa funzione non spetta agli azionisti, agli stakeholder o al consiglio di amministrazione. Si tratta di strumenti che vengono gestiti dal CIO, dal responsabile del team che cura il processo di innovazione, dal direttore generale o da un soggetto di livello analogo.

Esaminiamo i metodi.

Tecnica del gruppo nominale

La tecnica del gruppo nominale (*Nominal Group Technique*, NGT) consente di superare i tipici problemi che i gruppi incontrano nel processo decisionale e nella ricerca di soluzioni quando, per via dei diversi livelli di responsabilità e di potere, si determina uno squilibrio al momento di esprimere giudizi e di votare.

La NGT è utile per prendere decisioni rapide con il voto, e permette di tener conto delle opinioni di tutti, senza bisogno di una maggioranza.

La tecnica del gruppo nominale, o uno dei suoi derivati (per esempio la Phillips 66) si può usare nel processo di innovazione in due modi:

- per rilanciare il processo quando il gruppo si impantana per un dissenso o per altre difficoltà che potrebbero emergere in un determinato momento;
- come mezzo per mettere in ordine di priorità le diverse opzioni o i diversi concept che il gruppo sta valutando.

La tecnica del gruppo nominale è strutturata nelle seguenti fasi:

Fase 1. Introduzione

I partecipanti si riuniscono e il leader spiega la finalità della riunione. I partecipanti vengono suddivisi in piccoli gruppi (da 4 a 10 persone). Il leader illustra il problema da risolvere o la decisione da prendere.

Fase 2. Idee
A livello individuale, al di fuori di qualunque discussione, ogni partecipante annota idee utili e possibili soluzioni del problema. Quando si valuta un progetto, ogni partecipante, sempre a livello individuale, elenca i rischi e le opportunità che intravede.

Fase 3. Presentazione delle idee
Il responsabile della riunione presenta tutte le idee generate da ciascuno dei partecipanti. Le idee non vengono ancora discusse; vengono semplicemente registrate in forma sintetica.

Fase 4. Analisi
Le idee vengono analizzate, ma senza discuterle approfonditamente. Poi vengono discusse, ma non con l'obiettivo di scartarne alcune; l'obiettivo è arricchirle, evitando giudizi e critiche. Infine, tutti i partecipanti votano in forma anonima.

Fase 5. Classificazione
In base ai risultati della votazione, le idee che ricevono meno voti vengono scartate e quelle più votate vengono messe in ordine di preferenza. Viene incoraggiata l'ulteriore discussione delle idee migliori e si effettua un'altra votazione allo scopo di selezionare una sola idea.

Fase 6. Soluzione
La soluzione concordata viene ulteriormente definita e si stabilisce un piano d'azione dettagliato. Quando si mettono in ordine di priorità dei concept di innovazione, i progetti vengono classificati in base ai risultati della votazione.

Per esempio, nell'azienda alimentare Nutrexpa, la tecnica del gruppo nominale viene utilizzata per stabilire quali sono gli oggetti promozionali da regalare ogni anno. Per prima cosa i partecipanti decidono quale tipologia di omaggi è più adatta a una determinata categoria di prodotto. Dopodiché, il product manager si mette alla ricerca del dono più appropriato per la promozione. Tutti i product manager partecipano alla sessione NGT.

Sei cappelli per pensare

Questa tecnica è stata messa a punto da Edward de Bono e si basa sul pensiero parallelo (che si basa a sua volta su un approccio dialettico tipico delle culture orientali). È una forma di tecnica del gruppo nominale per la soluzione di problemi che vanno affrontati in gruppo. Si può usare anche come mezzo per classificare progetti in competizione tra loro.

La tecnica dei sei cappelli mira a evitare che la discussione si protragga eccessivamente o che si paralizzi perché i partecipanti sono divisi.

I singoli membri di un gruppo hanno un atteggiamento determinato dalla struttura della loro personalità e dalla loro inclinazione a favore o contro l'oggetto della discussione. Una persona fortemente critica andrà alla ricerca di errori e problemi, il che può essere anche utile ma rischia di bloccare la discussione. Analogamente, una persona decisa a contrastare una determinata proposta adotterà un atteggiamento distruttivo o negativo. Anche se può servire a identificare i rischi insiti in un progetto, questo comportamento può rovinare le dinamiche di gruppo.

La tecnica dei sei cappelli affronta questo problema definendo sei atteggiamenti o stati psicologici in ordine a una determinata questione. I sei atteggiamenti sono: obiettività (cappello bianco), che presenta dati, fatti accertati e informazioni obiettive sull'innovazione; creatività (cappello verde), che applica il pensiero fertile, e suggerisce nuove idee e nuove possibilità; emotività (capello rosso), che lascia fluire le intuizioni e i sentimenti indotti nella persona dall'innovazione, anche se non si basano su dati incontrovertibili; ottimismo (cappello giallo), che enfatizza le opportunità e le possibilità offerte dall'innovazione, con un approccio costruttivo; pessimismo (cappello nero), che mette alla prova l'innovazione e si preoccupa dei pericoli e dei rischi, domandandosi per quali ragioni l'innovazione potrebbe non funzionare; controllo e organizzazione (cappello azzurro), che evidenzia fattori relativi al processo e alla sua organizzazione, riflettendo – per così dire – sulla riflessione.

Nella discussione di gruppo, i singoli individui assumono ognuno di questi ruoli o di questi atteggiamenti a turno e in maniera organizzata. Per esempio, mentre ragionano o lavorano per mezz'ora con il cappello rosso, tutti devono esaminare e giudicare l'in-

novazione con lo stesso atteggiamento, indipendentemente dal fatto che le proprie inclinazioni personali verso il progetto siano positive o negative. Poi il gruppo "cambia cappello" e la discussione continua con un approccio mentale diverso, per esempio la creatività (cappello verde), e così via.
Questa tecnica di lavoro, basata sul pensiero orientale, sull'allineamento anziché sul confronto, consente al gruppo di operare in maniera fortemente organizzata e di affrontare ordinatamente le varie dimensioni di un'innovazione, neutralizzando la parte dominante della personalità di ciascuno e i sentimenti personali sul progetto.
Alla fine della sessione, se non si è raggiunto il consenso, si può effettuare una sorta di votazione, ma in linea generale questo metodo nominale tende a produrre un allineamento complessivo di posizioni e un certo consenso.

Phillips 66

È una tecnica del gruppo nominale per superare i punti morti o scegliere in maniera molto rapida ed efficiente tra le varie opzioni.

È stata ideata da J. Donald Phillips e consiste nel suddividere un gruppo numeroso in sei piccoli gruppi di sei persone ciascuno. Ogni gruppo discute il problema per sei minuti. I sei minuti si possono anche assegnare a turno a ciascuno, che suggerisce una possibile soluzione del problema in discussione. Alla scadenza dei sei minuti, i partecipanti votano individualmente per le opzioni preferite. Poi il portavoce di ciascun gruppo sceglie le soluzioni migliori e i sei portavoce formano un nuovo gruppo che valuta per sei minuti le opzioni più gettonate.
Questo sistema funziona bene nei processi di innovazione quando emerge l'esigenza di trovare soluzioni rapide a problemi secondari che tuttavia, per mancanza di consenso, continuano a ostacolare i progressi del gruppo. È molto utile anche per scegliere in maniera organizzata e democratica tra un numero ingestibile di opzioni o di idee da prendere in considerazione.

Six Sigma

Le imprese che innovano in continuazione e gestiscono contemporaneamente più processi di innovazione acquisiscono una tale esperienza che con il tempo sono in grado di stabilire se un processo di innovazione progredisce normalmente o se dovrebbe iniziare a lampeggiare un segnale d'allarme. Queste imprese fondano tale valutazione su una serie di scostamenti nei tempi di avanzamento, nei costi o negli incidenti. La metodologia Six Sigma può servire allo stesso scopo.

A mano a mano che accumula esperienza nell'avvio di processi di innovazione, l'azienda può correlare certe variabili indicative di problemi futuri con il risultato finale. Una volta stabilita una correlazione, si può "automatizzare" in un certo senso la valutazione del processo di innovazione da parte dei facilitatori. Anziché concentrarsi unicamente sul risultato atteso dell'innovazione, qui l'attenzione si sposta su indicatori relativi all'efficienza e all'efficacia del processo, nel presupposto che quando i processi di innovazione si scostano eccessivamente da questi indicatori sono destinati a incontrare delle difficoltà.

Il metodo Six Sigma è in realtà una strategia finalizzata a migliorare i processi relativi alla qualità, attraverso la minimizzazione dei difetti di un prodotto o di un servizio. Ma ha tante applicazioni:

> Lo scopo originario del Six Sigma, così come è stato sviluppato da aziende del calibro di Motorola e General Electric, era identificare ed eliminare le cause dei difetti di produzione in progetti industriali di vasta portata. In questi ultimi decenni, i manager di svariati settori hanno adattato le metodologie Six Sigma alle proprie esigenze specifiche. Per esempio, alcuni specialisti di project management utilizzano strumenti del Six Sigma per misurare l'efficacia del team[2].

La filosofia Six Sigma si può adattare alla valutazione continuativa dei processi di innovazione di un'azienda. L'idea è affrontare i processi di innovazione nello stesso modo in cui si affronterebbe qualunque altro processo interno dell'azienda, dalla produzione alla fornitura dei materiali ai processi amministrativi.

Il metodo Six Sigma mira a minimizzare i difetti e le carenze di un processo, riducendoli a una probabilità statistica di 3, 4 difetti per milione. Ovviamente è impossibile ottenere un tasso di probabilità così basso nell'innovazione, ma si possono enumerare i fattori che causano difetti e problemi in questo tipo di processo. Per esempio, un'azienda potrebbe stabilire che quando un processo di innovazione...

- è in ritardo sui tempi programmati di oltre il 30%;
- mostra uno scostamento dal budget superiore al 20%;
- incontra più di 25 ostacoli;
- viene messo in discussione da oltre il 25% del management;
- i volumi previsti nelle varie proiezioni presentano una variabilità superiore a ± 40%.

...dovrebbe accendersi una spia rossa ed è ora di riesaminare la struttura del processo o addirittura la fattibilità del progetto.
I fattori e il livello di tolleranza si possono adeguare a tutti i tipi di innovazione: marginale o scardinante, tecnologica o del modello di business.
Il fatto di eccedere queste tolleranze non implica necessariamente che dobbiamo mettere fine al processo, ma ci segnala possibili problemi di fattibilità e di costi. Segnala anche l'esigenza di proiettare il profitto a un livello superiore al normale, perché il numero dei difetti riscontrati nel processo è direttamente correlato al rischio di insuccesso.

SISTEMI E STRUMENTI PER APPROVARE E ALLOCARE RISORSE FINANZIARIE E INVESTIMENTi

Gli strumenti che stiamo per esaminare servono a dare l'OK o lo stop a un'innovazione e ad approvare o a negare l'investimento che comporta.

Analisi costo/beneficio (o rischio/beneficio)[3]

Da ogni decisione di business deriva tutta una serie di costi e benefici, che vanno enumerati e valutati in termini economici. È sottinteso che le attività o le iniziative i cui benefici superano i costi andrebbero implementate e le altre andrebbero scartate. Questo metodo è perfettamente applicabile alla decisione di procedere o meno con una determinata innovazione, ma si può utilizzare anche per l'innovazione dei progetti politici e sociali. In alcuni casi, anziché i costi, si devono valutare i rischi.

Il metodo tiene conto di tutti i benefici e di tutti i costi di un'innovazione, indipendentemente dal fatto che si possano imputare al suo conto economico (per esempio, le eventuali vendite perse da altre divisioni dell'azienda a causa dell'innovazione). È questo che lo differenzia da altri metodi economici e finanziari, come l'analisi del conto economico o il ROI (*Return On Investment*), che includono solo gli utili e i costi operativi e non tengono conto di altri costi secondari che si associano al conto economico di un'innovazione, ma non ne fanno direttamente parte.
Raccomandiamo particolarmente l'analisi costo/beneficio per i progetti di miglioramento dei prodotti o di upgrading qualitativo dei processi, perché misura molto chiaramente il rapporto tra i benefici di un cambiamento e i costi da sostenere per attuarlo, e consente di stabilire quale delle varie opzioni in esame offre il ritorno più elevato sull'investimento.
L'indice si calcola dividendo i profitti (espressi in termini monetari) per i costi di sviluppo e di esecuzione (espressi anch'essi in termini monetari). In base a questo rapporto potete stabilire quanto ci metteranno i profitti a superare i costi, ossia determinare il periodo di payback.
Ecco un esempio. Una società di ricerche di mercato sta valutando la desiderabilità dell'introduzione di un sistema online per la somministrazione dei questionari utilizzati dal suo reparto di ricerche quantitative.
I costi del progetto ammontano a 94.000 euro, così ripartiti:

- hardware: 45.600 euro;
- addestramento del personale: 14.400 euro;
- perdita di efficienza nella fase di introduzione del nuovo metodo di lavoro: 34.000 euro.

I profitti attesi ammontano a 109.000 euro, così ripartiti:

- incremento di capacità: 32.000 euro;
- riduzione degli errori: 21.000 euro;
- acquisizione di nuovi clienti: 56.000 euro.

Di conseguenza, il periodo di payback è: 94.000 euro/109.000 euro = 86 centesimi di anno, ossia circa 10 mesi.
Come possiamo vedere, il metodo tiene conto di tutti i costi e di tutti i profitti, sia diretti sia indiretti.
L'analisi costo/beneficio è particolarmente utile nell'innovazione

del settore pubblico. Per esempio, se una giunta comunale dovesse valutare la fattibilità di un nuovo museo con questo tipo di analisi, includerebbe nello studio i costi e i benefici sociali dell'innovazione[4]:

- **costi sociali**: la valutazione si potrebbe basare sulla perdita che deriva alla società dalla riallocazione degli asset rispetto al loro utilizzo ottimale (per esempio, il costo opportunità sociale del personale impiegato è uguale al risultato dell'utilizzo di queste persone in lavori alternativi);
- **esternalità**: perdita di terreni e altre materie prime, possibile congestione stradale o urbana dovuta ai lavori pubblici ecc.;
- **incremento del business** (maggiore afflusso di turisti e maggiore durata media dei soggiorni);
- **incrementi di reddito aggiuntivi** dovuti ad altre attività potenzialmente indotte (negozi, ristoranti, tempo libero ecc.).

Le aziende fissano criteri di approvazione o rifiuto dell'innovazione in base a tre fattori:

1. profitto minimo (per esempio, l'innovazione deve fruttare un minimo di 100.000 euro);
2. periodo minimo di payback (per esempio, i profitti devono superare i costi entro un anno);
3. misura minima in base alla quale i profitti devono superare i costi (per esempio, i profitti finali del progetto devono superare di tre volte i costi totali).

Anche se alcune stime dei costi e dei profitti si fondano su assunti soggettivi, si tratta di un sistema molto utile per identificare tutti gli impatti attesi da una determinata innovazione. Questo strumento ci obbliga a chiederci: "Quale delle soluzioni offre i maggiori benefici in relazione alle risorse investite?", anziché "Qual è la soluzione più economica?"[5].

Stima della domanda[6]

Stimare la domanda (attuale o potenziale) di un servizio o di un prodotto allo studio è il primo passo per stabilire se vale o non vale la pena di sostenere un determinato investimento[7].

Il parametro di misurazione della domanda di un prodotto o di un servizio è il numero di coloro che lo acquistano o che lo utilizzano.

Perché la domanda si consideri effettiva devono sussistere tre requisiti:

1. ci devono essere persone il cui bisogno viene soddisfatto dal prodotto o dal servizio;
2. ci devono essere persone disposte a pagare per soddisfare quel bisogno;
3. queste persone devono avere il potere di acquisto occorrente per pagare il prezzo del prodotto o del servizio.

La domanda si stima di solito in due modi.

Il primo è moltiplicare le seguenti variabili:

- quantificazione del mercato potenziale (numero di clienti);
- penetrazione attesa (percentuale di clienti che acquisteranno il prodotto o il servizio);
- atti di acquisto per mese (o per anno);
- unità medie per atto d'acquisto.

Il secondo è moltiplicare queste altre variabili:

- quantificazione del mercato annuo (in unità o in valore);
- quota di mercato stimata (in percentuale).

Ovviamente è difficile stimare la domanda di beni e di servizi che non esistono ancora.

> Per Nintendo Wii, nonostante lo straordinario successo commerciale di questa piattaforma leader per i videogame, l'erronea pianificazione della domanda e il pricing improprio sono costati all'azienda almeno 680 milioni di dollari, oltre a sei punti di quota di mercato. Nintendo ha perso centinaia di migliaia di dollari di profitto sul Wii per una mancanza di prodotto durata due anni e per l'incapacità di prevedere la domanda. Secondo il presidente di Nintendo per il Nord America, le curve dell'offerta e della domanda non si intersecavano[8].

Come si può prevedere la domanda? La risposta dipende dal tipo di innovazione. Quando si tratta di innovazioni marginali, il metodo più comune è usare informazioni su iniziative analoghe introdotte in passato o fare stime in base alle vendite di altri prodotti in portafoglio. Quando si tratta di innovazioni scardinanti, stante la mancanza di precedenti, si possono prendere a riferimento i dati di vendita di prodotti e servizi sostitutivi come quelli identificati per la definizione del concept nel paragrafo *Fonte di volumi* (*Capitolo 5*).

In entrambi i casi, una possibilità è utilizzare i risultati dei test di prodotto da cui emerge quanti clienti acquisteranno "sicuramente" il prodotto quando verrà immesso sul mercato e quanti clienti possiamo pensare di attrarre con le campagne di comunicazione e promozionali. A questo scopo, moltiplichiamo le seguenti variabili:

- quantificazione del mercato potenziale (numero di clienti);
- consapevolezza stimata (% di clienti che raggiungeremo con la pubblicità);
- livello atteso di sperimentazione del prodotto (% del pubblico indotto a utilizzare sperimentalmente il prodotto o il servizio tramite le promozioni e la pubblicità);
- livello atteso di acquisti ripetitivi (% del pubblico che ha sperimentato il prodotto e dovrebbe riacquistarlo, in base ai punteggi di "apprezzamento" registrati nei test di prodotto);
- numero medio di unità acquistate (frequenza) dai clienti ripetitivi, in base alle normali abitudini di consumo identificate dalle ricerche di mercato.

Quando si stima la domanda, se si usano informazioni storiche per prevedere le vendite future, conviene sempre verificare una serie di variabili che presentano notoriamente un'elevata correlazione con le variazioni che intervengono nella domanda[9]:

1. tassi di crescita annui del settore;
2. elasticità del prezzo per la nostra categoria merceologica;
3. elasticità del reddito per il nostro mercato obiettivo;
4. elasticità incrociata con i prodotti sostitutivi;
5. trend di crescita del PIL;
6. crescita attesa del credito al consumo o degli investimenti;
7. sentimento dei consumatori (per esempio, lo University of Michigan Consumer Sentiment Index);
8. tassi di crescita della popolazione e del reddito e variazioni intervenute nella loro distribuzione;
9. variazioni intervenute nei livelli complessivi dei prezzi;
10. variazioni intervenute nelle preferenze dei consumatori;
11. eventuali prodotti sostitutivi;
12. variazioni intervenute nella politica economica;
13. variazioni intervenute nell'evoluzione e nella crescita del sistema economico.

Conto economico

Il conto economico (detto anche conto profitti e perdite) è uno strumento contabile che riflette la performance economica di un determinato periodo (quasi sempre un anno), che genera un risultato positivo (utile) o negativo (perdita). È uno degli strumenti più comunemente usati nell'innovazione a livello di prodotto o di mercato, perché le aziende hanno quasi sempre un conto economico operativo per ciascuno dei loro prodotti.

Viene usato anche per le innovazioni del modello di business, anche se di solito si attribuisce un'importanza uguale o superiore al ritorno sull'investimento (ROI, vedi oltre). Nell'innovazione finalizzata all'upgrading dei processi, come abbiamo visto, si usa generalmente l'analisi costo/beneficio.

Il conto economico analitico è uno strumento molto elementare che il lettore conoscerà certamente. In termini di imputazione dei costi, il conto economico dell'innovazione attribuisce di solito un grosso peso al concept di ammortamento, poiché l'innovazione tende a comportare investimenti significativi che nei primi anni danno luogo a un ammortamento.

La stessa logica si applica ai costi di lancio e ai costi delle campagne di marketing. Ecco perché il conto economico di un'innovazione, nei suoi primi anni, non riflette i profitti futuri in una situazione di stabilità. L'ammortamento dell'investimento iniziale e gli investimenti di marketing sostenuti per il lancio rappresentano costi aggiuntivi da inserire in quello che diventerà, con il tempo, il conto economico operativo del nuovo prodotto o del nuovo servizio. In genere si crea un conto economico per i successivi tre-cinque anni, in modo da poter valutare correttamente il vero contributo apportato dall'innovazione.

Quanto all'imputazione delle spese generali o dei costi fissi, qualcuno preferisce addebitare una quota molto bassa di spese generali al nuovo prodotto nell'assunto che i costi fissi a carico dell'azienda rimangano sostanzialmente immutati con il nuovo lancio (il che dipende ovviamente dalla sua entità). La seconda opzione è stimare l'investimento aggiuntivo in strutture organizzative e imputare solo questo costo addizionale. La terza opzione, che è anche la più diffusa, è trattare il nuovo prodotto come tutti gli altri, imputando le spese generali in base ai volumi.

Il conto economico operativo va un po' più in là delle valutazioni legate al potenziale (come la stima della domanda, i test di prodotto o il metodo Delphi), perché incorpora i costi di produzione e di lancio. È pertanto lo strumento più cruciale del processo di innovazione. Si utilizza di solito nelle fasi successive del processo. Poiché comporta, oltre al calcolo dei necessari investimenti e dei costi variabili, anche il calcolo dei costi derivanti dal piano di marketing, il conto economico viene generalmente rivisto diverse volte, a mano a mano che arrivano informazioni sui costi e sui profitti dell'innovazione. C'è anche il conto economico previsionale in cui, per stabilire se procedere o meno a un'innovazione, i costi variabili, le spese generali, l'ammortamento e le spese pubblicitarie si calcolano in base alle tariffe di fatturazione diretta che vigono per altri prodotti della stessa azienda.

ROI

Il ROI (*Return On Investment*) è un indicatore della performance di un investimento e viene usato perciò per stabilire quanto è efficace la nostra spesa, attuale o pianificata. Misura l'efficacia del denaro investito, anziché la dimensione dell'investimento, e viene espresso in termini di rendimento percentuale del capitale investito, in questo caso, in innovazione. Il ROI si può applicare a quasi tutti i tipi di innovazione, dall'upgrading del processo alla progettazione o al lancio di un nuovo prodotto o di un nuovo servizio, nonché ai costi di quel miglioramento.

Il ROI presenta diversi vantaggi rispetto ad altri metodi. Il primo è che funge da benchmark per misurare i livelli di rischio. Il ROI viene normalmente comparato con un tasso di interesse o con un costo alternativo, denominato costo opportunità: se l'azienda investisse quella somma in un altro progetto, quale sarebbe il ROI? E se la investisse in un conto vincolato o in un prodotto finanziario, quanto guadagnerebbe?
Ecco perché il ROI è probabilmente il metodo più apprezzato dagli azionisti e dagli investitori: quantifica il valore del progetto in termini con cui hanno piena familiarità, restringendo la loro decisione a due soli fattori: profittabilità e rischio. In linea generale, quando finanziano un determinato progetto, gli azionisti vogliono

sapere quanto sarà il valore del loro investimento. È quello che il ROI consente di fare. Inoltre, trattandosi di uno strumento puramente quantitativo, questo metodo serve anche a mettere in ordine di priorità le diverse alternative che emergono durante il processo di innovazione[10].

Da questo punto di vista, per fissare i criteri di approvazione o respingimento degli investimenti in base al ROI si usano comunemente le seguenti opzioni[11]:

- **fissare il ROI allo stesso livello di altri investimenti**: con le informazioni fornite dalla finanza e dalla contabilità riguardo al rendimento medio di altri investimenti, ci diamo l'obiettivo di eguagliare o superare quei livelli di rendimento;
- **fissare il ROI al punto di equilibrio**: significa fissare il ROI allo 0%, che vuol dire riavere indietro i nostri soldi. Per esempio, se investiamo 100.000 euro nel miglioramento di un prodotto e ricaviamo 100.000 euro, non otteniamo alcun profitto ma recuperiamo l'investimento. Un approccio di questo genere è tipico degli enti non profit;
- **fissare il ROI in linea con le attese dei finanziatori**: in questo caso i finanziatori o gli azionisti stabiliscono preventivamente il ritorno minimo sull'investimento per l'approvazione di nuovi progetti. I progetti che rispettano gli standard fissati dagli azionisti o dagli investitori vengono approvati (è un approccio pressoché generale nelle innovazioni finanziate da fondi di venture capital o da cosiddetti *business angels*).

Un caso molto interessante di ritorno sull'investimento è quello del film *Avatar*, che ha ottenuto un ROI incredibile:

> *Avatar* aveva un budget ufficiale di 237 milioni di dollari. Altre stime ne valutano il costo tra 280 e 310 milioni di dollari per la produzione e 150 milioni di dollari per la promozione.
> Il film ha incassato 27 milioni di dollari nel primo giorno di programmazione e 77 milioni di dollari nel primo weekend. Diciassette giorni dopo la sua uscita è arrivato a 1 miliardo di dollari di incassi (record storico in termini di tempo), e dopo tre settimane si è classificato al secondo posto per incassi nella storia del cinema, superato solo da *Titanic* (1997), diretto anch'esso da James Cameron. *Avatar* ha superato quel tetto storico in meno di sei settimane, imponendosi come il più grande successo di pubblico nella storia del cinema, oltre che il primo film a superare la barriera dei 2 miliardi di dollari di incassi[12].

Il ROI viene usato anche per progetti di innovazione complessi e di vasta portata. EuroDisney o EuroTunnel, per esempio, sono tipici esempi di innovazioni o iniziative imprenditoriali valutate con questo strumento. In entrambi i casi, stante la difficoltà di stimare la domanda futura e di controllare i costi di investimento, il ROI effettivo era molto diverso da quello previsto.
Vi ricordiamo pertanto che il calcolo del ROI può essere molto soggettivo e persino manipolabile, e che i finanziatori di un progetto possono modificare tutto ciò che è necessario per soddisfare i propri bisogni. Di conseguenza, nel calcolo del ROI, non meno importanti del livello di rischio e del rendimento atteso sono i dettagli delle ipotesi di partenza su cui si fondano i calcoli[13].
Il ROI si basa di solito su due noti indicatori finanziari: l'NPV e l'IRR. L'NPV (*Net Present Value* o valore attualizzato netto) è il valore attuale di una serie di cash flow futuri (sia positivi sia negativi). Quando l'NPV è positivo, significa che l'investimento totale sarà più che compensato dal reddito futuro atteso. L'IRR (*Internal Rate of Return* o tasso di rendimento interno) è la percentuale che viene attualizzata da tutti i cash flow futuri per eguagliare l'investimento totale, e costituisce perciò l'indicatore della profittabilità di un progetto.

Costruzione degli scenari e intervalli

Abbiamo visto nel *Capitolo 6* che la costruzione degli scenari si può utilizzare come tecnica creativa. Si può utilizzare anche come mezzo per valutare una determinata innovazione e decidere se portarla avanti.

In questi casi, la costruzione degli scenari assume due forme diverse.
La prima è valutare il progetto, non solo in termini di rendimento atteso, ma anche di cambiamenti attesi nell'ambiente e nella concorrenza. Può darsi che un'innovazione presenti un ROI più elevato di un'altra, ma sia più esposta a cambiamenti ambientali, e che alla luce delle possibili azioni della concorrenza non rappresenti l'opzione migliore. Qui, la costruzione degli scenari agisce da filtro che condiziona le stime quantitative del management, abituato a definire il budget dando per scontata la stabilità di tutte le altre condizioni di mercato. Non di rado gli azionisti, il con-

siglio di amministrazione o i CEO di grandi aziende hanno informazioni interne di cui il management non è a conoscenza quando formula le proprie stime. Questo strumento viene usato per affinare le stime del management.
La seconda forma di costruzione degli scenari è la determinazione di intervalli: pessimistico, realistico, ottimistico. In questo caso non facciamo riferimento all'evoluzione dell'ambiente legislativo o competitivo, ma cerchiamo di definire uno spettro, un ampio intervallo entro cui sviluppare stime quantitative e business plan. L'obiettivo è analizzare ciò che accadrebbe all'innovazione se le cose non andassero secondo le attese (scenario più negativo) o se tutto andasse alla perfezione (scenario più positivo). È un altro modo di valutare i rischi dell'innovazione.
Alcune aziende, come IBM, attribuiscono diverse probabilità a ogni scenario e le utilizzano per pesarne la profittabilità attesa. Il risultato ponderato finale si considera un rating individuale da confrontare con altri investimenti alternativi.

Test di mercato

Abbiamo esaminato il test di mercato nel *Capitolo 7*, come forma di pre-lancio. Il test di mercato è probabilmente il mezzo più sicuro per valutare l'adeguatezza di un'innovazione. Si lancia il prodotto o il servizio su scala ridotta in un'area geografica limitata o all'interno di un set predeterminato di canali di vendita.

Fra tutti i mezzi per quantificare il potenziale di un'innovazione, il test di mercato è quello che fornirà il quadro più realistico. Tanto per cominciare, il test di mercato presuppone che l'investimento in innovazione (linee di produzione e sviluppo del prodotto, per esempio) sia relativamente basso perché, altrimenti, un lancio su scala ridotta costerebbe poco meno di un lancio su vasta scala. Questa tecnica viene impiegata quando l'investimento industriale è più basso dell'investimento commerciale. In altre parole, i rischi si associano in larga misura alle risorse da investire in comunicazione, pubblicità, test di prodotto, distribuzione e creazione del canale di vendita e della rete commerciale ecc. In questo caso, il test di mercato è del tutto logico perché, restringendo l'ambito del lancio, l'investimento di marketing è basso e possiamo stimare, in

base ai risultati, se ha o non ha senso procedere a un lancio su scala nazionale o internazionale.
Il problema successivo è che riveliamo l'innovazione in una fase ancora iniziale, per cui diamo alla concorrenza il tempo di reagire. Dunque, i test di mercato si dovrebbero effettuare solo dopo aver protetto un'innovazione con brevetti o quando siamo disposti ad autorizzare il lancio su vasta scala prima che la concorrenza possa copiarci.
Infine, dovremmo essere molto cauti nella scelta dell'area geografica (o, in alternativa, del canale o della tipologia di cliente) su cui effettuare il test di mercato. La scelta di un'area poco rappresentativa, o di clienti particolarmente inclini ad acquistare l'innovazione, può togliere significato ai risultati. Una ragione per lanciare il prodotto o il servizio sul mercato più rappresentativo sta in questa regola inderogabile: "Se fallisci in quel mercato, abbandona il progetto".

COMBINAZIONE TRA CRITERI E LIVELLI DI APPROVAZIONE O DI RESPINGIMENTO

Gli strumenti e i sistemi che abbiamo presentato non sono reciprocamente esclusivi, ma complementari. Vi suggeriamo di non affidarvi a un solo strumento o a un solo sistema nell'adozione di un'innovazione, ma di combinarli per ottenere una prospettiva la più ampia e variegata possibile, con opinioni alternative, e di usare tutte quelle informazioni per prendere la miglior decisione possibile. Un approccio di questo tipo va contro la tendenza naturale degli esseri umani alla semplicità: tendiamo a preferire una sola cifra, un singolo risultato su cui basare una decisione, anziché dover fronteggiare dati in contrasto tra loro. Nella vita reale, tuttavia, questa è una forma di autoinganno, perché non c'è nessun metodo che possa assicurare la giusta decisione sulla base di un singolo numero. Tantomeno nel mondo dell'innovazione.

Dobbiamo ricordarci che il lavoro dell'imprenditore, del manager o dell'uomo d'affari implica un certo livello di rischio. Se ci fosse uno strumento in grado di prevedere l'esito del lancio di un'innovazione, il successo nel business sarebbe pressoché garantito. Ma non c'è.

Gli strumenti che abbiamo passato in rassegna si dovrebbero considerare un complemento a due caratteristiche intrinseche dei manager di successo: l'intuito e l'orientamento al rischio.

La storia dell'innovazione è piena di prodotti e di servizi rispetto ai quali la valutazione iniziale non rifletteva ciò che è poi accaduto. Alcuni hanno fatto peggio delle attese, altri hanno fatto meglio. Ci sono tante innovazioni che nonostante la negatività di tutti gli indicatori hanno avuto un successo straordinario e ce ne sono tante altre che nonostante le rosee aspettative sono finite in disastro.

Ciò non significa negare l'utilità di questi strumenti o la necessità di valutare accuratamente un'innovazione prima di investirci dei soldi. Il processo decisionale deve combinare intuito e orientamento al rischio con metodi scientifici ed empirici. La vera capacità di previsione si trova nei leader che combinano entrambe le qualità, e richiede la capacità di gestire sistemi di valutazione dell'innovazione in cui la disparità dei risultati arricchisce l'analisi.

Vediamo un esempio di come combinare questi strumenti.

Un'azienda deciderà di approvare un'innovazione se:

- il concept ottiene un'intenzione d'acquisto (*top box*) del 30% nel mercato obiettivo;
- il personale interno attribuisce al concept un punteggio medio superiore a 8 su una scala da 0 a 10;
- il test di prodotto indica un'intenzione d'acquisto del 60% (*top two boxes*);
- la domanda stimata equivale a un fatturato superiore a 3 milioni di dollari;
- la quota di mercato stimata supera il 2%;
- il conto economico è positivo prima del terzo anno;
- il ROI supera il 7%.

Se l'innovazione soddisfa tutte queste condizioni, procediamo al lancio. Altrimenti, il processo viene bloccato. Ogni criterio deve avere la sua giustificazione. In questo esempio, si richiedono dei livelli minimi da conseguire nel test di prodotto per assicurare un livello elevato di accettazione da parte del mercato. Il fatturato minimo di 3 milioni di dollari è richiesto perché occorre un volume minimo per giustificare il progetto. Una quota di mercato minima del 2% è richiesta perché altrimenti i distributori non metteranno in assortimento il prodotto; il raggiungimento del profitto entro il terzo anno è richiesto perché questo orizzonte temporale è lo standard del settore; un ROI del 7% è richiesto perché è il costo opportunità del denaro in corrispondenza di un tasso di rischio medio, al di sotto del quale gli azionisti opterebbero per investimenti finanziari.

L'utilizzo combinato degli strumenti non dovrebbe produrre tuttavia un eccesso di valutazione che rischia di paralizzare la decisione:

> Bisognerebbe fare in modo di non valutare eccessivamente le idee. Per molte organizzazioni, la valutazione mira a evitare il rischio, ma le idee più innovative che offrono i ritorni potenziali più elevati sull'investimento sono inevitabilmente anche le più rischiose. Se un'idea altamente innovativa deve superare una lunga serie di valutazioni e di esami critici da parte di svariati comitati, è quasi certo che verrà scartata per via del rischio percepito o che verrà talmente modificata nel tentativo di limitare il rischio da perdere tutta la sua innovatività[14].

GLI STRUMENTI DA UTILIZZARE PER FISSARE GLI OBIETTIVI DEL LANCIO

Questi strumenti si possono utilizzare anche per fissare gli obiettivi di un'innovazione, una volta arrivati alla fase di lancio. In questo caso, dobbiamo:

- scegliere uno o più obiettivi;
- stabilire i tempi di verifica;
- poi fissare limiti o valori minimi.

Facciamo un esempio di come usare gli strumenti illustrati in precedenza per fissare degli obiettivi[15]. Un'azienda decide che le innovazioni devono costituire almeno il 5% del suo fatturato totale (con margini simili a quelli registrati attualmente) a tre anni dal lancio, e il 15% a otto anni dal lancio (con margini uguali o simili). L'innovazione che soddisfa questi requisiti verrà considerata di successo.

TIPO DI INNOVAZIONE VS STRUMENTI DEI FACILITATORI

C'è una certa relazione fra le tipologie di strumenti utilizzati e la persona che assume il ruolo di facilitatore. Per esempio, gli azionisti usano regolarmente il ROI come mezzo per approvare e allocare le risorse destinate a un progetto, ma ben difficilmente sono disposti a investire il tempo necessario per una tecnica di gruppo nominale che, per contro, verrebbe utilizzata dai membri del gruppo responsabile del processo di innovazione.

FIGURA 8.2 **STRUMENTI A DISPOSIZIONE DEI FACILITATORI PER LIVELLI GERARCHICI DELL'AZIENDA**

	Valutazione soggettiva	Valutazione complessiva	Livelli di test	Metodo Delphi	Tecnica del gruppo nominale	Sei cappelli	Phillips 66	Six Sigma	Analisi costo/beneficio	Stima della domanda	Conto economico	ROI	Costruzione scenari	Test di mercat
Investitori									X	X	X	X	X	X
Azionisti									X	X	X	X	X	X
CDA				X					X	X	X	X	X	X
CEO	X		X	X				X	X	X	X	X	X	X
Direttore generale	X	X	X	X	X	X	X	X	X	X	X	X	X	X
Chief Innovation Officer	X	X	X	X	X	X	X	X	X	X	X	X	X	X
CFO		X									X	X		
Capi funzione	X	X	X	X	X	X	X				X			
Stakeholder	X	X												
Esperti	X			X										
Manager intermedi	X	X	X		X	X	X							
Team d'innovazione	X	X	X	X	X	X	X	X		X	X	X	X	X
Dipendenti	X	X												

La *Figura 8.2* mostra la relazione tra profilo dei facilitatori e tecniche più comuni.

C'è una relazione anche fra i tipi d'innovazione e gli strumenti che abbiamo presentato (*Figura 8.3*).

FIGURA 8.3 **RELAZIONE TRA LIVELLO DI INNOVAZIONE E STRUMENTI**

	Valutazione soggettiva	Valutazione complessiva	Livelli di test	Metodo Delphi	Tecnica del gruppo nominale	Sei cappelli	Phillips 66	Six Sigma	Analisi costo/beneficio	Stima della domanda	Conto economico	ROI	Costruzione scenari	Test di mercato
Estensione di linea	X			X										
Nuovo prodotto/servizio per nuovo mercato	X	X	X		X	X	X							
Nuovo processo	X	X	X	X	X	X	X	X		X	X	X	X	X
Nuovo modello di business	X	X												

FIGURA 8.4 **STRUMENTI A DISPOSIZIONE DEI FACILITATORI, RIPARTITI PER GRADO DI UTILIZZO E DI IMPEGNO RICHIESTO**

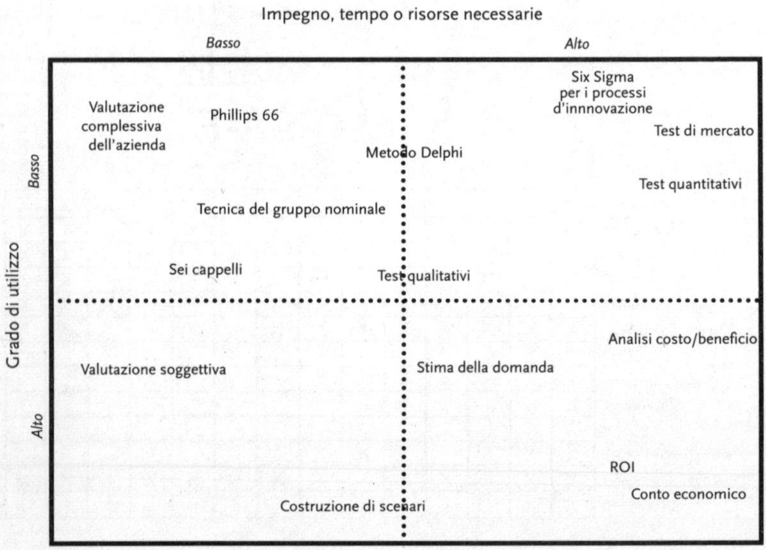

C'è infine una matrice che permette di valutare ciascuna tecnica in termini di utilizzo da parte delle imprese e di impegno richiesto (*Figura 8.4*).

Capitolo 9

I vantaggi di progettare i processi di innovazione con il modello A-F

I VANTAGGI DEL MODELLO A-F

Qualcuno potrebbe pensare che il modello A-F coincida con le fasi tradizionali del processo di innovazione, secondo uno schema tanto noto quanto logoro:

Fasi o stadi tradizionali del processo di innovazione
Obiettivi → Ricerca → Idee → Valutazione → Sviluppo → Lancio

È vero che il modello A-F ricalca in qualche modo la direzione A, B, C, D, E, come vediamo nella *Figura 9.1*.

FIGURA 9.1 **SEQUENZA NATURALE DEL MODELLO A-F**

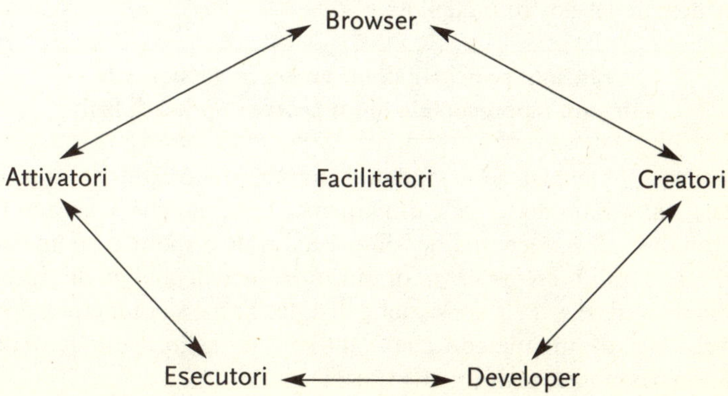

La definizione degli obiettivi si associa all'attivazione, la ricerca si associa alla raccolta di informazioni, la generazione di idee si associa alla creatività, la valutazione si associa al finanziamento, e lo sviluppo e il lancio sono l'equivalente di ciò che farebbero nel nostro modello i developer e gli esecutori. Allora dove stanno le differenze e qual è il valore aggiunto del nostro modello?

Vediamo.

Mutamento di paradigma, nel senso che si parla di ruoli anziché di fasi

Ogni fase è legata a un determinato ruolo, per cui ogni ruolo opera all'interno di una bolla, isolato da coloro che gestiscono le fasi precedenti e successive. È dimostrato che questo tipo di allocazione delle fasi genera un atteggiamento particolaristico e protezionistico. La conseguenza è che il ruolo principale di ciascuna fase si fa carico solo di una parte del processo. Perciò, se l'innovazione dovesse fallire, coloro che generano le idee affermano che esse erano ottime ma che i responsabili della concretizzazione non erano in grado di applicarle o che gli esecutori hanno frainteso la loro strategia.

Per contro, operando in termini di ruoli, passiamo dall'atteggiamento particolaristico tradizionale all'idea che tutte le fasi sono condivise, per cui ognuno di essi può conferire valore aggiunto. In questo modo si coinvolgono tutti nel processo di innovazione. Naturalmente, questo risultato si può ottenere con la semplice designazione di team dedicati. Ma se anche il team dedicato è strutturato in ruoli da A-F, ciò farà sì che le funzioni principali di un processo sequenziale vengano rappresentate in un processo privo di fasi.

Vogliamo insistere su questo aspetto, che costituisce uno dei punti principali del nostro modello:

Le funzioni principali di un processo sequenziale vengono rappresentate in un processo privo di fasi

I processi sequenziali sono tendenzialmente molto rigidi. Il fatto che le fasi siano il prodotto delle dinamiche di gruppo che si creano tra sei tipi di ruoli induce una flessibilità naturale e spontanea, liberando i responsabili del processo di innovazione dall'obbligo di seguire un copione fisso e dalla sensazione di agire in maniera inefficiente o di scostarsi da un metodo che è difficile da seguire rigidamente, quando passano di continuo da una fase all'altra.

Dicendo addio alla rigidità delle fasi e lasciando che il processo fluisca per effetto delle dinamiche di gruppo, questa sequenza non si determina in maniera lineare, ma procede in entrambi i sensi con la frequenza necessaria, come abbiamo osservato nel *Capitolo 2*, dove accenniamo alla flessibilità del modello e affermiamo che la sequenza naturale:

A-B-C-D-E (F)

si potrebbe modificare nella sequenza:

A-B-C-A-F-D-B-D-F-E-C-E,

o in un flusso semplice e sintetico come:

A-D-E

Promozione di nuove formule collaborative

In secondo luogo, è risaputo che quando il processo di innovazione è costituito da una serie di fasi, il ritorno a quella precedente si considera una battuta d'arresto o un insuccesso. Le persone esitano a tornare a dialogare con i reparti che hanno già fatto la loro parte del processo, per paura di perdere potere decisionale o influenza sul processo. Ecco alcuni scenari molto comuni:

- se la fase di ricerca produce informazioni che non soddisfano i creatori, questi ultimi si sentono giustificati nel ritenere che le informazioni sul mercato e le ricerche di mercato riflettano solo il passato, e che la creatività sia l'unico ambito legittimato a immaginare il futuro. Difficilmente chiederanno nuove informazioni, e continueranno a generare idee facendo affidamento solo sulle proprie risorse;
- i reparti preposti alla progettazione e allo sviluppo dei nuovi prodotti lamentano l'impossibilità di migliorare le idee che si ritrovano nella "cassetta della posta in arrivo". Sapendo che questo è il limite comune dei creatori, non chiedono loro di ripensare le idee originarie o di svilupparne di nuove; si limitano ad adattare il concept a quello che ritengono essere il suo vero potenziale e il suo vero ambito di applicazione. Come accade spesso, i creatori diranno che la loro idea è stata fatta a pezzi dai tecnici;
- coloro che devono lanciare nuovi prodotti e nuovi servizi tendono a essere le vittime finali di questi dissensi o di questi conflitti. In genere, pensano che l'innovazione non abbia abbastanza potenziale,

per cui si traduce in un prodotto o in un servizio che non considera il cliente e i suoi bisogni o la realtà commerciale del mercato. Molte innovazioni rappresentano una minaccia per il marketing e per le vendite, il cui coinvolgimento e il cui impegno organizzativo saranno minimi, perché c'è il timore che l'innovazione possa pregiudicare la relazione con i canali di vendita e/o con i clienti. Il marketing e le vendite preferirebbero "sabotare" l'innovazione sul piano commerciale, piuttosto che sollecitarne il miglioramento.

Ma questi reparti hanno bisogno l'uno dell'altro:

- nella definizione degli obiettivi, gli attivatori hanno bisogno di esperti tecnici per capire quali possibilità può offrire la tecnologia, e hanno bisogno delle ricerche di mercato, del marketing e delle vendite per restringere l'ambito di identificazione delle opportunità;
- l'ufficio ricerche di mercato ha bisogno della conoscenza del cliente di cui dispone il marketing, della conoscenza del canale di cui dispongono le vendite, e della conoscenza della tecnologia di cui dispone l'R&D;
- l'R&D e la progettazione, come abbiamo visto nel *Capitolo 6*, hanno bisogno della capacità di cui dispone il marketing;
- il marketing ha bisogno dell'esperienza dell'engineering sulle possibilità offerte dalla tecnologia.

Abbiamo visto nei capitoli precedenti come ciascun ruolo possa fornire, per la propria natura, un contributo aggiuntivo agli altri: un contributo che, per il carattere chiuso delle fasi, non si materializza quasi mai nei processi di innovazione. Nel nostro modello, a mano a mano che ci spostiamo in avanti e indietro tramite interazioni multiple, emergono nuove fasi collaborative che definiamo "input trasversali".

L'"input trasversale" è un compito secondario che a volte un ruolo può svolgere insieme a un altro. Non è l'output principale atteso da un ruolo, ma l'esperienza di quest'ultimo permette lo sviluppo di nuove competenze che possono contribuire a far avanzare il processo di innovazione.

Ogni ruolo ha una funzione primaria, che è visualizzata sulla diagonale della *Figura 9.2**.

* I facilitatori non sono inclusi in queste relazioni collaborative, perché l'essenza del loro ruolo consiste nel finanziamento e nella facilitazione dei processi.

FIGURA 9.2 **MODELLO A-F: MATRICE DELL'INTERAZIONE TRA I RUOLI**

A...

Da...	Attivatori	Browser	Creatori	Developer	Esecutori
Attivatori	INIZIARE Schema di riferimento dell'innovazione				
Browser		INFORMARE Informazioni rilevanti			
Creatori			IDEARE Concept		
Developer				INVENTARE Soluzione tangibile e piano di marketing	
Esecutori					IMPLEMENTARE Lancio

FIGURA 9.3 **INPUT TRASVERSALI E ATTIVITÀ COLLABORATIVE TRA I RUOLI**

A...

Da...	Attivatori	Browser	Creatori	Developer	Esecutori
Attivatori	INIZIARE Schema di riferimento dell'innovazione	Definizione dello schema di ricerca in base agli obiettivi, ai livelli e alle linee guida del processo	Focalizzazione da usare nelle sessioni creative Obiettivi e schema di riferimento del processo che hanno avviato	Assicurare l'allineamento con la strategia di business complessiva	Assicurare agli esecutori che l'implementazione definitiva dell'innovazione rimarrà all'interno delle linee guida specificate
Browser	Catalogazione delle lezioni apprese dagli errori o dai problemi di innovazione Rilevazione delle opportunità che possono portare a nuove attivazioni	INFORMARE Informazioni rilevanti	Stimoli e materiale per le sessioni creative, derivati dalle loro ricerche	Analisi dei prodotti di altri settori che impiegano la stessa tecnologia per aiutare i developer a definirel'utilizzabilità e il design Eventuale ricerca di fornitori	Documentare e propagandare le tattiche e le strategie di riferimento al mercato e apprendere dagli errori nell'implementazione di innovazioni analoghe Monitoraggio dei KPI durante il lancio
Creatori	Idee scartate che non vengono portate avanti, ma potrebbero avviare un altro processo di innovazione	Trovare nuovi mod[illegible] per catturare le informazioni o combinare i metodi in essere, appropriati e tagliati su misura per il processo	IDEARE Concept	Strumenti creativi di problem solving per affrontare la serie di ostacoli, difficoltà o colli di bottiglia che emergono durante lo sviluppo	Sessioni creative per lo sviluppo di idee nuove e originali per il piano di lancio del nuovo prodotto o del nuovo servizio
Developer	Nuove possibilità o nuove applicazioni della stessa tecnologia in innovazioni diverse da quelle del processo	Completare le informazioni sui trend tecnologici per l'analisi dei trend sociali e di mercato	Contribuire a definire i concept che emergono dalle sessioni creative Vincoli tecnici dei concept definiti	INVENTARE Soluzione tangibile e piano di marketing	Adeguare il prodotto a mano a mano che viene testato e utilizzato come prescrive il *morphing*
Esecutori	Idee di innovazioni marginali da attuare dopo l'esecuzione di un'innovazione radicale	Conoscenza del mercato e dei canali di vendita	Soluzioni per catturare valore a mano a mano che i creatori generano idee	Prevedere even[illegible] problemi di marketing prima che emergano dall'innovazione nella sua forma fisica definitiva	IMPLEMENTARE Lancio

Gli input trasversali stanno fuori dalla diagonale della figura e indicano l'apporto collaborativo che possono offrire agli altri ruoli. La figura va letta in maniera incrociata. Per esempio, ciò che i creatori (C) possono offrire agli attivatori (A) corrisponde alla terza casella della prima colonna: "Idee scartate" (*Figura 9.3*).

Queste attività trasversali o collaborative non sono affatto rare nelle imprese, ma tendono a emergere spontaneamente e non fanno sempre parte di un processo formale. Utilizzando il modello A-F, molte di queste pratiche si possono organizzare nel contesto di un processo, e implementare deliberatamente. Nell'*Appendice 1* di questo capitolo esaminiamo più dettagliatamente queste attività collaborative.

Ruoli anziché reparti

Abbiamo visto che l'interazione si determina tra persone che hanno diverse esperienze specifiche, ognuna delle quali assume un ruolo. Ma si può avere anche una composizione multidisciplinare di ciascun ruolo. Ovviamente, i developer saranno in gran parte ingegneri e progettisti, e la maggior parte dei browser sarà costituita da ricercatori. Ma in base alle dimensioni dell'azienda e all'entità del progetto, si potrebbe includere tra i soggetti che vengono assegnati a un determinato ruolo un certo numero di persone provenienti da altri reparti, un'operazione che è molto più difficile quando lavoriamo per fasi affidate a reparti specifici.

PROGETTARE I PROCESSI DI INNOVAZIONE CON IL MODELLO A-F

Un grandissimo vantaggio del modello è che ci mette in condizione di progettare processi di innovazione totalmente diversi, che rispondono a obiettivi specifici e a strategie di innovazione specifiche. Costruiamo il processo di innovazione definendo queste quattro dimensioni: (1) responsabile principale di ciascun ruolo, (2) tecniche impiegate in ciascun ruolo, (3) tempo totale e tempo allocato a ciascun ruolo, (4) risorse allocate a ciascun ruolo.

Illustriamo ora queste quattro dimensioni.

Dimensione 1: responsabile principale di ciascun ruolo

La *Tabella 9.1* include tutte le possibili opzioni in merito a chi può ricoprire ciascun ruolo, in base a quanto abbiamo detto nei capitoli precedenti. Sono le diverse opzioni tra cui scegliere (potete sceglierne una o più).

TABELLA 9.1

A Attivatori	B Browser	C Creatori	D Developer	E Esecutori	F Facilitatori
Top management (DG o CIO)	Ricerche di mercato	Agenzia pubblicitaria	R&D	Marketing attuale (team condiviso)	Top management (GM o CIO)
Dipendenti	Fornitori di ricerche di mercato	Agenzia creativa	Sviluppo prodotti	Vendite attuali (team condiviso)	CFO
Fornitori	Sociologi	Marketing	Operations	Team di marketing dedicato	Comitato nuovi progetti
Distributori	Marketing	Soggetti creativi	Produzione	Nuova divisione	CIO
Clienti	Vendite	R&D	Fornitori esterni	Nuova azienda	Consiglio di amministrazione
Investitori	Opinion leader	Clienti	Marketing	Alleanze esterne	Azionisti
Università	Panel di osservatori	Fornitori	Vendite		Dipendenti
Comunità scientifica	R&D	Dipendenti creativi	Ingegneri dedicati		Team d'innovazione
Inventori	Altri reparti interni	Altri fornitori o soggetti terzi			Management intermedio
Società di engineering	Altri fornitori o terzisti				Esterni: esperti, stakeholder o investitori

Come possiamo vedere ci sono tante possibilità, che spaziano dalle risorse interne alle risorse esterne. Come scegliamo l'opzione migliore? La risposta dipende dalla combinazione dei seguenti fattori:

- tipo di innovazione (scardinante, marginale, upgrading, estensione di portafoglio ecc.);
- tipo di settore o di industria (beni di largo consumo, B2B, servizi, beni industriali ecc.);
- tipo di prodotto (in termini di capacità e di complessità);
- capacità innovativa e cultura innovativa dell'azienda (le imprese meno innovative tendono a subappaltare e a esternalizzare alcuni di questi ruoli).

Dimensione 2: tecniche impiegate in ciascun ruolo

Dopo aver deciso il chi, possiamo passare al come. Ovviamente, ognuno dei ruoli avrà molto da dire sulle tecniche che vuole impiegare in ciascun progetto.

Converrebbe impegnarsi a seguire un certo metodo prima di iniziare il processo di innovazione. In ogni caso, basandosi sull'esperienza accumulata, le imprese che innovano costantemente creano di solito un elenco di tecniche, indipendentemente dal fatto che ciascun ruolo proponga di modificare o di incorporare le tecniche più adeguate al progetto (*Tabella 9.2*).

Tuttavia, l'analisi della performance delle tecniche e dei metodi è sempre interessante. Si costruisce gradualmente una tipologia di progetti basata sui loro risultati, sulla loro efficienza e sui loro costi per

TABELLA 9.2

A **Attivatori**	B **Browser**	C **Creatori**	D **Developer**	E **Esecutori**	F **Facilitatori**
Ambito di innovazione	Esame critico dell'innovazione	Sinettica	Contributo alla definizione del concept	Piano di marketing e piano di lancio	Valutazione soggettiva
Livelli di innovazione	Analisi delle categorie adiacenti	Strategia oceano blu	Test di concept per migliorare il design	*Morphing*	Intenzione di acquisto in linea con i livelli di test
Focalizzazione dell'innovazione	Consulenza interna	Analisi morfologica	Immagini	Evoluzione dei KPI	Metodo Delphi
Linee guida di innovazione	Trend sociali/ classi sociali	Marketing laterale	Analisi congiunta per la definizione delle caratteristiche	Prossima evoluzione marginale	Tecnica del gruppo nominale
Checklist di innovazione	Trend di mercato	Elencazione delle caratteristiche	Disegni	Area test	Valutazione complessiva dell'azienda
	Processo d'acquisto	Analisi degli scenari	Modello dimostrativo	Market test	Phillips 66
	Percorsi di innovazione	Visite	Prototipo	Test di prodotto	Six Sigma
	Soluzioni tecnologiche	Cocreazione	Test di prodotto	Intensità degli ATR	Analisi costo/beneficio
	Referenti di progettazione	Ridefinizione del valore per il cliente	Test di utilizzo domestico	Sperimentazione	Stima della domanda
	Strategie e tattiche di successo/ Apprendimento dagli errori	Brainstorming	Brevetti		Conto economico
	Monitoraggio del network	Definizione del concept			ROI
	Studi etnografici				Costruzione di scenari
	Geolocalizzazione				Test di mercato

riuscire a inserire stabilmente nel processo di innovazione, con il tempo, le tecniche che si vogliono applicare.

Dimensione 3: tempo totale e tempo allocato a ciascun ruolo (a priori)

La progettazione di un processo di innovazione deve includere anche una tempistica predefinita o raccomandata. Abbiamo detto chiaramente che il modello A-F non comporta fasi specifiche; le fasi, casomai, dovrebbero essere una conseguenza dell'interazione fra i ruoli. Tuttavia, in base all'obiettivo e alla natura di un processo di innovazione, la quantità di tempo che richiederà a ciascun ruolo si può prevedere con la massima accuratezza. Per esempio, un'azienda che vuole estendere la gamma delle profumazioni di un prodotto che ha in portafoglio chiede poco tempo ai developer, rispetto a un'azienda che sta per lanciare un'innovazione scardinante. In larga misura, sarà il settore o l'industria a determinare il tempo totale richiesto. Per esempio, il tempo necessario per sviluppare un nuovo mobile non è paragonabile a quello necessario per sviluppare una nuova autovettura.

La stessa cosa vale per il livello di innovazione, espresso nei termini indicati nel *Capitolo 3*. L'innovazione dei modelli di business richiede più tempo rispetto all'innovazione dei processi, che richiede più o meno lo stesso tempo dell'innovazione in nuovi mercati, che richiede di solito meno tempo rispetto all'innovazione di prodotto.

Dimensione 4: risorse allocate a ciascun ruolo (a priori)

Lo stesso principio si applica alla stima del budget per il processo. Evidentemente, i facilitatori sono già presenti per supervisionare l'allocazione e l'approvazione di nuove voci di spesa, ma il fatto di sapere qual è l'entità delle risorse previste per il proprio ruolo aiuta ognuno dei partecipanti al processo di innovazione a dimensionare correttamente le aspettative. Ovviamente la quantità di tempo e l'entità delle risorse finanziarie non sono necessariamente correlate (*Tabella 9.3*).

TABELLA 9.3

	A Attivatori	B Browser	C Creatori	D Developer	E Esecutori	F Facilitatori
Tempo totale stimato X mesi	% X delle ore lavorative	% X delle ore lavorative	% X delle ore lavorative	% X delle ore lavorative	% X delle ore lavorative	% X delle ore lavorative
Risorse stimate € XXX	% Y del budget	% Y del budget	% Y del budget	% Y del budget	% Y del budget	% Y del budget

Vediamo un esempio di progettazione completa. Immaginiamo il processo di innovazione per lo sviluppo di una nuova linea di profumi destinata ai teenager da parte di un'azienda che opera già nel settore dei profumi, ma solo con fragranze destinate agli adulti.

L'attivatore del processo di innovazione è il direttore generale. Poiché l'azienda non ha un'unità di ricerca interna, il ruolo del browser viene esternalizzato alla società di ricerche di mercato; il ruolo dei creatori verrà esercitato dal marketing e da altri dipendenti interni, scelti per il loro spirito creativo; il ruolo dei facilitatori sarà ricoperto dal direttore generale con il supporto del direttore finanziario; l'esecuzione verrà attuata da una nuova divisione "profumi per teenager" che verrà costituita *ad hoc*. L'obiettivo del processo di innovazione è creare due nuove fragranze per adolescenti con cui lanciare la nuova divisione (*Figura 9.4*).

Quanto alla dimensione 2 (tecnica da usare), gli attivatori useranno lo schema di riferimento dell'innovazione, il livello dell'innovazione (innovazione nei mercati) e le linee guida del processo. Da par-

FIGURA 9.4 **PROGETTAZIONE DI UN PROCESSO DI INNOVAZIONE PER UNA NUOVA FRAGRANZA DESTINATA AI TEENAGER**

A Attivatori	B Browser	C Creatori	D Developer	E Esecutori	F Facilitatori
Top management (DG o CIO)	Ricerche di mercato	Agenzia pubblicitaria	R&D	Marketing attuale (team condiviso)	Top management (GM o CIO)
Dipendenti	Fornitori di ricerche di mercato	Agenzia creativa	Sviluppo prodotti	Vendite attuali (team condiviso)	CFO
Fornitori	Sociologi	Marketing	Operations	Team di marketing dedicato	Comitato nuovi progetti
Distributori	Marketing	Soggetti creativi	Produzione	Nuova divisione	CIO
Clienti	Vendite	R&D	Fornitori esterni	Nuova azienda	Consiglio di amministrazione
Investitori	Opinion leader	Clienti	Marketing	Alleanze esterne	Azionisti
Università	Panel di osservatori	Fornitori	Vendite		Dipendenti
Comunità scientifica	R&D	Dipendenti creativi	Ingegneri dedicati		Team d'innovazione
Inventori	Altri reparti interni	Altri fornitori o soggetti terzi			Management intermedio
Società di engineering	Altri fornitori o terzisti				Esterni: esperti, stakeholder o investitori

FIGURA 9.5 **PROGETTAZIONE DI UN PROCESSO DI INNOVAZIONE PER UNA NUOVA FRAGRANZA DESTINATA AI TEENAGER**

A Attivatori	B Browser	C Creatori	D Developer	E Esecutori	F Facilitatori
Ambito di innovazione	Esame critico dell'innovazione	Sinettica	Contributo alla definizione del concept	Piano di marketing e piano di lancio	Valutazione soggettiva
Livelli di innovazione	Analisi delle categorie adiacenti	Strategia oceano blu	Test di concept per migliorare il design	*Morphing*	Intenzione di acquisto in linea con i livelli di test
Focalizzazione dell'innovazione	Consulenza interna	Analisi morfologica	Immagini	Evoluzione dei KPI	Metodo Delphi
Linee guida di innovazione	Trend sociali/ classi sociali	Marketing laterale	Analisi congiunta per la definizione delle caratteristiche	Prossima evoluzione marginale	Tecnica del gruppo nominale
Checklist di innovazione	Trend di mercato	Elencazione delle caratteristiche	Disegni	Area test	Valutazione complessiva dell'azienda
	Processo d'acquisto	Analisi degli scenari	Modello dimostrativo	Market test	Phillips 66
	Percorsi di innovazione	Visite	Prototipo	Test di prodotto	Six Sigma
	Soluzioni tecnologiche	Cocreazione	Test di prodotto	Intensità degli ATR	Analisi costo/beneficio
	Referenti di progettazione	Ridefinizione del valore per il cliente	Test di utilizzo domestico	Sperimentazione	Stima della domanda
	Strategie e tattiche di successo/ Apprendimento dagli errori	Brainstorming	Brevetti		Conto economico
	Monitoraggio del network	Definizione del concept			ROI
	Studi etnografici				Costruzione di scenari
	Geolocalizzazione				Test di mercato

TABELLA 9.4 **PROGETTAZIONE DI UN PROCESSO DI INNOVAZIONE PER UNA NUOVA FRAGRANZA DESTINATA AI TEENAGER**

	A Attivatori	B Browser	C Creatori	D Developer	E Esecutori	F Facilitatori
Tempo totale stimato 4 mesi	5% delle ore lavorative	30% delle ore lavorative	20% delle ore lavorative	30% delle ore lavorative	10% delle ore lavorative	5% delle ore lavorative
Risorse stimate € 600.000	5% del budget	20% del budget	10% del budget	30% del budget	30% del budget	5% del budget

te loro, in questo processo di innovazione i browser useranno strumenti come l'analisi delle categorie adiacenti, studiando i nuovi sviluppi in atto nei prodotti per i teenager e i trend sociali che coinvolgono i giovani. Questo perché l'azienda vuole che la nuova linea di profumi sia estremamente innovativa nell'approccio, scostandosi nettamente dalle fragranze più diffuse nel mercato. I creatori dovrebbero utilizzare l'elenco delle caratteristiche e le visite come mezzi per sviluppare concept nuovi e differenziati; in collaborazione con i developer dovranno concretizzare la proposta con una definizione del concept. Dopodiché realizzeranno un prototipo ed effettueranno un test di prodotto sui consumatori. Gli esecutori creeranno una nuova divisione e abbozzeranno il piano di marketing (che verrà monitorato attraverso una serie di indicatori critici di performance, KPI: principalmente consapevolezza spontanea, penetrazione e quota di mercato); infine, i facilitatori valuteranno la fattibilità del progetto con l'analisi del ROI e con l'analisi costo/beneficio (*Figura 9.5*).

Sulle dimensioni 3 e 4, tempo e risorse, l'azienda assegna a se stessa quattro mesi e un budget di 600.000 euro, e stima la quota di tempo totale e di budget per ciascun ruolo come indicato nella *Tabella 9.4*.

Possiamo vedere come il modello A-F ci abbia messo in condizione di progettare pienamente un processo di innovazione (*Tabella 9.5*).

TABELLA 9.5 **PROGETTAZIONE DI UN PROCESSO DI INNOVAZIONE PER UNA NUOVA FRAGRANZA DESTINATA AI TEENAGER**

	A **Attivatori**	**B** **Browser**	**C** **Creatori**	**D** **Developer**	**E** **Esecutori**	**F** **Facilitatori**
Assegnato a...	Direttore generale	Agenzie di ricerche di mercato	Marketing e quattro dipendenti creativi	R&D e produzione	Nuova divisione	Direttore generale e direttore finanziario
Riferimenti (strumenti e tecniche da usare)	Ambito di innovazione Livelli di innovazione Linee guida di innovazione	Analisi delle categorie adiacenti Analisi dei trend sociali Analisi delle classi sociali	Elencazione delle caratteristiche Visite a Parigi, Milano e New York	Definizione del concept Sviluppo del prototipo Test di prodotto Sviluppo di linee guida di marketing	Lancio e monitoraggio tramite KPI (consapevolezza, penetrazione, tasso di sperimentazione e quota di mercato nel primo anno)	Analisi del ROI Analisi costo/rischio
Carico di ore (24 settimane)	5% delle ore di lavoro	30% delle ore di lavoro	20% delle ore di lavoro	30% delle ore di lavoro	10% delle ore di lavoro	5% delle ore di lavoro
Risorse	€ 30.000	€ 120.000	€ 60.000	€ 180.000	€ 180.000	€ 30.000

COORDINAMENTO DEL PROCESSO

Infine, benché siano le dinamiche dei ruoli a determinare il processo, noi raccomandiamo di affidare a una persona bene identificata, una sorta di project manager, la supervisione di tutti i ruoli, da A a F. La sua funzione, probabilmente diversa da quella che avrebbe in altri processi più controllati, dovrebbe essere intervenire nei momenti critici, quando le dinamiche di gruppo, anziché creare valore aggiunto, ostacolano il processo.

In tutti i progetti ci sono momenti particolari in cui qualcuno deve mettere fine a una discussione che si trascina all'infinito o, visto che non si raggiunge il consenso, deve prendere una decisione per tutto il gruppo. Nello stesso tempo è bene avere una persona che faccia da intermediario, in rappresentanza degli altri reparti, degli altri membri dell'azienda e anche dei suoi collaboratori.

Il project manager, però, non è una figura autoritaria o un plenipotenziario, ma colui che nelle situazioni critiche assicura l'avanzamento del processo di innovazione. Potrebbe essere l'attivatore del processo, se si tratta di un componente dell'organizzazione.

VERSATILITÀ E COMPLETEZZA DEL MODELLO

Per illustrare la versatilità del modello A-F e la sua applicabilità a qualunque azienda, indipendentemente dalla sua dimensione o dal business in cui opera, nell'*Appendice 1* presentiamo alcuni esempi del suo utilizzo. Due sono stati scelti tra quelli illustrati in questo libro – Game Changer Panel di Shell ed Emerging Business Opportunities di IBM – e tre esempi teorici riguardano diversi tipi di settore e di innovazione: un nuovo prodotto industriale, un upgrading dei processi nella grande distribuzione al dettaglio e un nuovo modello di business nei servizi.

DAI PROCESSI AGLI SCHEMI

Il modello A-F consente di progettare non solo processi, ma anche schemi di innovazione, come quelli che sono apparsi più recentemente sulla scena: innovazione inversa, cocreazione o innovazione aperta. Come vedrete, includendo nella dimensione 1 (ruoli) alcuni agenti

FIGURA 9.6 **PROGETTAZIONE DI UN PROCESSO DI INNOVAZIONE PER UN NUOVO BUSINESS MODEL IN SETTORI SICURI**

A Attivatori	B Browser	C Creatori	D Developer	E Esecutori	F Facilitatori
Top management (DG o CIO)	Ricerche di mercato	Agenzia pubblicitaria	R&D	Marketing attuale (team condiviso)	Top management (GM o CIO)
Dipendenti	Fornitori di ricerche di mercato	Agenzia creativa	Sviluppo prodotti	Vendite attuali (team condiviso)	CFO
Fornitori	Sociologi	Marketing	Operations	Team di marketing dedicato	Comitato nuovi progetti
Distributori	Marketing	Soggetti creativi	Produzione	Nuova divisione	CIO
Clienti	Vendite	R&D	Fornitori esterni	Nuova azienda	Consiglio di amministrazione
Investitori	Opinion leader	Clienti	Marketing	Alleanze esterne	Azionisti
Università	Panel di osservatori	Fornitori	Vendite		Dipendenti
Comunità scientifica	R&D	Dipendenti creativi	Ingegneri dedicati		Team d'innovazione
Inventori	Altri reparti interni	Altri fornitori o soggetti terzi			Management intermedio
Società di engineering	Altri fornitori o terzisti				Esterni: esperti, stakeholder o investitori

esterni (clienti, fornitori, collaboratori o canali) in ciascuno dei ruoli – dagli attivatori agli esecutori – gli approcci e gli schemi più recenti di innovazione si possono rappresentare perfettamente con il modello.

Osservate, per esempio, come i ruoli dello schema di innovazione aperta adottato da Apple per le applicazioni dell'iPhone si possano rappresentare con il modello A-F (*Figura 9.6*)

CONCLUSIONE

Come abbiamo visto, questo modello è perfettamente adattabile a qualunque situazione e a qualunque settore. Crediamo inoltre che il modello A-F, grazie alla sua completezza rispetto alle funzioni richieste nel processo di innovazione, sia in grado di incorporare nuove tecniche, nuovi strumenti e nuove formule sviluppate da altri autori, ricercatori o innovatori. Analogamente, altre aziende che entrano nel campo dell'innovazione svilupperanno progressivamente metodi e strumenti specifici.

Così come a suo tempo le 4 P del marketing hanno costituito un sistema efficace per organizzare, individuare e armonizzare le attività di marketing di un'azienda, noi siamo convinti che il modello A-F sia uno schema altrettanto valido nel campo dell'innovazione, in quanto permette di inquadrare e applicare coerentemente la vasta e articolata letteratura che appare ogni giorno sul tema dell'innovazione.

APPENDICE 1
Esempi di modelli di innovazione

Riprendiamo due modelli di innovazione citati ripetutamente in questo libro e descritti sinteticamente nel *Capitolo 3*: Game Changer Panel di Shell ed Emerging Business Opportunities di IBM.

Ecco il paragrafo dove viene descritto il caso Shell:

> Shell, per esempio, ha costituito a metà degli anni Novanta il Game Changer Panel, un piccolo gruppo di dirigenti di livello intermedio particolarmente orientati alla creatività e capaci di attirare altre risorse tecniche all'interno dell'azienda. Il comitato è stato incaricato di sviluppare nuove idee, e ha avuto un budget di 20 milioni di dollari per implementare idee in grado di superare le regole preesistenti e la logica convenzionale. Il Game Changer Panel ha creato a sua volta altri team dedicati, a cui sono state assegnate alcune funzioni di base del processo di innovazione: un laboratorio di innovazione, che doveva affinare e migliorare le idee del comitato; un *action lab*, incaricato di esplorare le idee in un ambiente controllato, e un team di imprenditori interni incaricato di valutare e finanziare i progetti più validi. L'esperimento Game Changer è nato in una divisione, la divisione esplorazione e produzione, poi si è esteso a tutta l'azienda, e oggi ogni divisione ha un suo processo Game Changer. C'è persino un apposito team dedicato allo sviluppo di progetti radicali che esorbitano dai business attuali di Shell.

Come possiamo vedere, l'iniziativa spetta al management (attivatori), che si limita a compilare una checklist delle risorse per l'innovazione, lasciando aperti il campo, l'area di focalizzazione e l'ambito dell'innovazione. In base alle informazioni di cui disponiamo, si direbbe che l'azienda utilizzi i reparti di ricerca (browser) per studiare i trend tecnologici e le possibilità offerte dalla tecnologia; anche i creatori, in questo caso il laboratorio di innovazione, provengono dall'interno (non vengono indicate tecniche specifiche di creatività o di sviluppo). Anche i developer vengono da Shell (R&D e sviluppo nuovi prodotti) e l'esecuzione viene gestita da un apposito team (che Shell chiama *action lab*) o, se si tratta di un'innovazione scardinante, da una nuova divisione creata *ad hoc* (lo Special Game Changer Panel). Abbiamo scoperto che le iniziative nascono dalla valutazione soggettiva dei nuovi prodotti effettuata da un gruppo denominato *venture board* (*Figura 9.7*).

Abbiamo scoperto anche che i nomi che indicano le varie figure a cui sono assegnati i ruoli possono variare, ma che esse essenzialmente restano comprese nelle differenti alternative offerte dalla cornice di riferimento del nostro modello (*Figura 9.8*).

Ecco come abbiamo descritto nel *Capitolo 3* il sistema di innovazione di IBM, che si basa sulle EBO (*Emerging Business Opportunities*):

Anche IBM applica l'attivazione in-out per identificare aree di business

FIGURA 9.7 **PROCESSO DI INNOVAZIONE IN SHELL RAPPRESENTATO CON IL MODELLO A-F**

A **Attivatori**	B **Browser**	C **Creatori**	D **Developer**	E **Esecutori**	F **Facilitatori**
Top management (DG o CIO)	Ricerche di mercato	Agenzia pubblicitaria	R&D	Marketing attuale (team condiviso)	Top management (GM o CIO)
Dipendenti	Fornitori di ricerche di mercato	Agenzia creativa	Sviluppo prodotti	Vendite attuali (team condiviso)	CFO
Fornitori	Sociologi	Marketing	Operations	Team di marketing dedicato	Comitato nuovi progetti
Distributori	Marketing	Soggetti creativi	Produzione	Nuova divisione	CIO
Clienti	Vendite	R&D	Fornitori esterni	Nuova azienda	Consiglio di amministrazione
Investitori	Opinion leader	Clienti	Marketing	Alleanze esterne	Azionisti
Università	Panel di osservatori	Fornitori	Vendite		Dipendenti
Comunità scientifica	R&D	Dipendenti creativi	Ingegneri dedicati		Team d'innovazione
Inventori	Altri reparti interni	Altri fornitori o soggetti terzi			Management intermedio
Società di engineering	Altri fornitori o terzisti				Esterni: esperti, stakeholder o investitori

FIGURA 9.8 **PROCESSO DI INNOVAZIONE IN SHELL RAPPRESENTATO CON IL MODELLO A-F**

A Attivatori	B Browser	C Creatori	D Developer	E Esecutori	F Facilitatori
Ambito di innovazione	Esame critico dell'innovazione	Sinettica	Contributo alla definizione del concept	Piano di marketing e piano di lancio	Valutazione soggettiva
Livelli di innovazione	Analisi delle categorie adiacenti	Strategia oceano blu	Test di concept per migliorare il design	*Morphing*	Intenzione di acquisto in linea con i livelli di test
Focalizzazione dell'innovazione	Consulenza interna	Analisi morfologica	Immagini	Evoluzione dei KPI	Metodo Delphi
Linee guida di innovazione	Trend sociali/ classi sociali	Marketing laterale	Analisi congiunta per la definizione delle caratteristiche	Prossima evoluzione marginale	Tecnica del gruppo nominale
Checklist di innovazione	Trend di mercato	Elencazione delle caratteristiche	Disegni	Area test	Valutazione complessiva dell'azienda
	Processo d'acquisto	Analisi degli scenari	Modello dimostrativo	Market test	Phillips 66
	Percorsi di innovazione	Visite	Prototipo	Test di prodotto	Six Sigma
	Soluzioni tecnologiche	Cocreazione	Test di prodotto	Intensità degli ATR	Analisi costo/beneficio
	Referenti di progettazione	Ridefinizione del valore per il cliente	Test di utilizzo domestico	Sperimentazione	Stima della domanda
	Strategie e tattiche di successo/ Apprendimento dagli errori	Brainstorming	Brevetti		Conto economico
	Monitoraggio del network	Definizione del concept			ROI
	Studi etnografici				Costruzione di scenari
	Geolocalizzazione				Test di mercato

che potrebbero offrire delle opportunità. L'azienda contatta clienti, osservatori e venture capitalist affinché le suggeriscano aree di attività in cui non è ancora presente e che sembrano avere un buon potenziale per il futuro (vengono chiamate EBO, acronimo di *Emerging Business Opportunities*). IBM non chiede questi suggerimenti al proprio R&D perché quest'ultimo è focalizzato sulle aree di business in essere e quindi manca della prospettiva esterna che occorre per valutare nuove opportunità commerciali. Lo strategy manager di IBM seleziona le proposte più promettenti e poi identifica alcuni dirigenti di lungo corso, a capo di divisioni importanti, con un gran numero di subordinati ma con pochi spazi di manovra per l'investimento in nuovi progetti ad alto rischio. A questi dirigenti viene poi affidato il delicato compito di costruire il futuro. Giunti al top della carriera, si sentono chiedere di mettere la loro esperienza al servizio di una start-up interna. Dal lancio di questo sistema, nel 2000, IBM ha generato 25 EBO, di cui solo tre sono fallite. Quattro di esse – Digital Media, Life Sciences, Linux e Persuasive Computing – hanno realizzato utili superiori a un miliardo di dollari nel 2003 e nel 2004.

Possiamo vedere che qui gli attivatori sono investitori e clienti, e avanzano proposte a un certo livello di innovazione (nuovi business, nuovi mercati). La ricerca delle informazioni viene effettuata perciò da questi attori, che in un certo senso fungono da opinion leader, segnalando i trend di mercato più importanti. In linea di principio non c'è una fase eminentemente creativa, perché l'area di business di interesse viene indicata direttamente. Sviluppo e creatività vanno di pa-

FIGURA 9.9 **PROCESSO DI INNOVAZIONE DI IBM (EBO) RAPPRESENTATO CON IL MODELLO A-F**

A Attivatori	B Browser	C Creatori	D Developer	E Esecutori	F Facilitatori
Top management (DG o CIO)	Ricerche di mercato	Agenzia pubblicitaria	R&D	Marketing attuale (team condiviso)	Top management (GM o CIO)
Dipendenti	Fornitori di ricerche di mercato	Agenzia creativa	Sviluppo prodotti	Vendite attuali (team condiviso)	CFO
Fornitori	Sociologi	Marketing	Operations	Team di marketing dedicato	Comitato nuovi progetti
Distributori	Marketing	Soggetti creativi	Produzione	Nuova divisione	CIO
Clienti	Vendite	R&D	Fornitori esterni	Nuova azienda	Consiglio di amministrazione
Investitori	Opinion leader	Clienti	Marketing	Alleanze esterne	Azionisti
Università	Panel di osservatori	Fornitori	Vendite		Dipendenti
Comunità scientifica	R&D	Dipendenti creativi	Ingegneri dedicati		Team d'innovazione
Inventori	Altri reparti interni	Altri fornitori o soggetti terzi			Management intermedio
Società di engineering	Altri fornitori o terzisti				Esterni: esperti, stakeholder o investitori

FIGURA 9.10 **PROCESSO DI INNOVAZIONE DI IBM (EBO) RAPPRESENTATO CON IL MODELLO A-F**

A Attivatori	B Browser	C Creatori	D Developer	E Esecutori	F Facilitatori
Ambito di innovazione	Esame critico dell'innovazione	Sinettica	Contributo alla definizione del concept	Piano di marketing e piano di lancio	Valutazione soggettiva
Livelli di innovazione	Analisi delle categorie adiacenti	Strategia oceano blu	Test di concept per migliorare il design	*Morphing*	Intenzione di acquisto in linea con i livelli di test
Focalizzazione dell'innovazione	Consulenza interna	Analisi morfologica	Immagini	Evoluzione dei KPI	Metodo Delphi
Linee guida di innovazione	Trend sociali/ classi sociali	Marketing laterale	Analisi congiunta per la definizione delle caratteristiche	Prossima evoluzione marginale	Tecnica del gruppo nominale
Checklist di innovazione	Trend di mercato	Elencazione delle caratteristiche	Disegni	Area test	Valutazione complessiva dell'azienda
	Processo d'acquisto	Analisi degli scenari	Modello dimostrativo	Market test	Phillips 66
	Percorsi di innovazione	Visite	Prototipo	Test di prodotto	Six Sigma
	Soluzioni tecnologiche	Cocreazione	Test di prodotto	Intensità degli ATR	Analisi costo/beneficio
	Referenti di progettazione	Ridefinizione del valore per il cliente	Test di utilizzo domestico	Sperimentazione	Stima della domanda
	Strategie e tattiche di successo/ Apprendimento dagli errori	Brainstorming	Brevetti		Conto economico
	Monitoraggio del network	Definizione del concept			ROI
	Studi etnografici				Costruzione di scenari
	Geolocalizzazione				Test di mercato

ri passo e non vengono assegnati all'R&D, ma a singoli manager che vengono distolti dal loro lavoro e si dedicano a tempo pieno allo sviluppo delle nuove business unit (EBO). Dovranno presentare un conto economico separato, che verrà monitorato in base ad alcuni fattori critici di performance. Tutti gli investimenti devono essere approvati dallo strategy director di IBM, che valuta ciascuna iniziativa sia in termini qualitativi (valutazione soggettiva) sia quantitativi utilizzando l'analisi del ROI (*Figure 9.9* e *9.10*).

Con il modello A-F, qualunque azienda, di qualunque dimensione e di qualunque settore, può progettare i suoi processi di innovazione. Esaminiamo quindi ora tre esempi teorici: un nuovo prodotto nei beni industriali, un upgrading dei processi nella distribuzione al dettaglio e un nuovo modello di business nei servizi.

a) Modello di innovazione per una media azienda di beni industriali

Immaginate una media azienda che produce piccoli componenti per grandi macchine tessili. L'azienda ha una trentina di dipendenti, ma non ha un marketing o un reparto dedicato all'innovazione. Ha un CEO, un direttore vendite a cui riportano quattro venditori, un ufficio tecnico che combina le funzioni produzione e sviluppo nuovi prodotti e a cui fanno capo cinque ingegneri e dieci operai. Gli altri dipendenti sono impiegati. L'azienda decide di lanciare un processo di innovazione per migliorare la qualità e il costo dei componenti che produce: si tratta di lunghe lame per il taglio del tessuti sui telai digitali. L'azienda non ha grandi risorse da investire, perciò non prende in considerazione un'innovazione radicale: mira unicamente a migliorare i suoi componenti quanto basta per accrescere la soddisfazione e la fedeltà dei clienti.

In base al modello A-F, lo schema del suo processo di innovazione potrebbe essere quello illustrato nella *Figura 9.11*.

Il processo parte su iniziativa del CEO, che chiede ai clienti principali una serie di indicazioni sui miglioramenti che vorrebbero ottenere nei componenti forniti dall'azienda. Il responsabile delle vendite chiede input all'ufficio tecnico per focalizzare gli obiettivi del processo (vedi figura). La ricerca di informazioni sulle innovazioni del passato e sulle nuove possibilità è affidata al direttore vendite, che è assistito in questo lavoro dai developer (vedi figura). La generazione di idee (da parte dei creatori) verrà effettuata da alcuni membri dell'ufficio tecnico e da un importante fornitore dell'acciaio con cui l'azienda fabbrica i suoi componenti. I developer vengono incaricati di valutare la fattibilità tecnica delle idee suggerite dai creatori. L'ufficio tecnico dell'azienda è responsabile dello sviluppo, il direttore vendite è responsabile dell'esecuzione del piano, mentre il CEO deve approvare gli investimenti.

Scopriamo così che al processo partecipano solo il management, la direzione vendite e l'ufficio tecnico, e che gli input provengono dai clienti e i suggerimenti dai fornitori.

La *Figura 9.12* visualizza le attività collaborative. Anche se nel cor-

FIGURA 9.11 **SCHEMA DEL PROCESSO DI INNOVAZIONE PER UNA MEDIA AZIENDA DEI BENI INDUSTRIALI**

A Attivatori	B Browser	C Creatori	D Developer	E Esecutori	F Facilitatori
Top management (DG o CIO)	Ricerche di mercato	Agenzia pubblicitaria	R&D	Marketing attuale (team condiviso)	Top management (GM o CIO)
Dipendenti	Fornitori di ricerche di mercato	Agenzia creativa	Sviluppo prodotti	Vendite attuali (team condiviso)	CFO
Fornitori	Sociologi	Marketing	Operations	Team di marketing dedicato	Comitato nuovi progetti
Distributori	Marketing	Soggetti creativi	Produzione	Nuova divisione	CIO
Clienti	Vendite	R&D	Fornitori esterni	Nuova azienda	Consiglio di amministrazione
Investitori	Opinion leader	Clienti	Marketing	Alleanze esterne	Azionisti
Università	Panel di osservatori	Fornitori	Vendite		Dipendenti
Comunità scientifica	R&D	Dipendenti creativi	Ingegneri dedicati		Team d'innovazione
Inventori	Altri reparti interni	Altri fornitori o soggetti terzi			Management intermedio
Società di engineering	Altri fornitori o terzisti				Esterni: esperti, stakeholder o investitori

so del processo ognuna di queste attività si può avviare secondo necessità, si prevede che – di base – i developer debbano fornire supporto agli altri ruoli.

Gli strumenti e gli output che dovrebbe generare il progetto sono visualizzati nella *Figura 9.13*. Come possiamo vedere, è un processo molto semplice ed elementare, finalizzato a produrre miglioramenti, che consuma poche risorse. Il management definisce molto chiaramente il punto focale dell'innovazione e manda in giro una checklist delle cose da fare. I browser (in questo caso la direzione vendite) compilano un rapporto sui trend del settore (componenti da taglio per l'industria tessile) e segnalano soluzioni tecnologiche promettenti che sono state identificate in altre aziende. Tutte queste informazioni vengono passate ai tecnici, a cui consigliamo di utilizzare, nel loro ruolo di creatori, una tecnica di analisi morfologica per scoprire nuove combinazioni che

FIGURA 9.12 **SCHEMA DELLE ATTIVITÀ COLLABORATIVE PER IL PROCESSO DI INNOVAZIONE DI UNA MEDIA AZIENDA DEI BENI INDUSTRIALI**

A...

Da...	A	B	C	D	E
A	INIZIARE	Schema di riferimento per le ricerche	Focalizzazione sulla creatività Validazione del concept	Allineamento strategico	Linee guida Risorse aggiuntive
B	Lezioni apprese Scoperte	INFORMARE	Stimoli per le sessioni di creatività	Analogie tecnologiche Ricerche effettuate dai fornitori o da soggetti terzi	Rilevazione dei KPI Strategie e tattiche di successo
C	Idee scartate	Innovazione in nuove tecniche di ricerca	IDEARE	Tecniche di problem solving	Idee per il piano di marketing e di vendita
D	Nuovi input tecnologici	Trend tecnologici	Validazione tecnica del concept	INVENTARE	*Morphing*
E	Possibilità di innovazione marginale	Conoscenza del mercato	Acquisizione di valore	Limitazioni alle vendite e al marketing	IMPLEMENTARE

contribuiscano a migliorare i componenti. Le sessioni creative vengono gestite con tecniche di cocreazione, in partnership con i fornitori. Le idee adottate vengono trasferite ai developer, a cui si chiede solo di produrre dei disegni tecnici e poi di costruire dei prototipi. Il lancio è pianificato per una data che precede il miglioramento definitivo del componente. Un cliente sperimenterà il nuovo prodotto ancora provvisorio e i miglioramenti verranno completati in base ai risultati del test. Gli investimenti verranno valutati dalla direzione tecnica e dalla direzione vendite, dai clienti che partecipano allo sviluppo del componente, e con l'analisi del ROI, sotto la responsabilità del CEO (*Figura 9.13*).

I costi stimati di questo processo non sono molto alti, e vanno per la maggior parte in sviluppo (*Tabella 9.6*).

b) Modello di innovazione per un'azienda della grande distribuzione

Immaginate un'azienda della grande distribuzione che non sta pensando di reinventarsi, ma vuole migliorare i suoi processi per accrescere la soddisfazione dei clienti: mettere a disposizione più accessi

FIGURA 9.13 **SCHEMA DEL PROCESSO DI INNOVAZIONE (DI PRODOTTO) PER UNA MEDIA AZIENDA DI BENI INDUSTRIALI**

A Attivatori	B Browser	C Creatori	D Developer	E Esecutori	F Facilitatori
Ambito di innovazione	Esame critico dell'innovazione	Sinettica	Contributo alla definizione del concept	Piano di marketing e piano di lancio	Valutazione soggettiva
Livelli di innovazione	Analisi delle categorie adiacenti	Strategia oceano blu	Test di concept per migliorare il design	*Morphing*	Intenzione di acquisto in linea con i livelli di test
Focalizzazione dell'innovazione	Consulenza interna	Analisi morfologica	Immagini	Evoluzione dei KPI	Metodo Delphi
Linee guida di innovazione	Trend sociali/ classi sociali	Marketing laterale	Analisi congiunta per la definizione delle caratteristiche	Prossima evoluzione marginale	Tecnica del gruppo nominale
Checklist di innovazione	Trend di mercato	Elencazione delle caratteristiche	Disegni	Area test	Valutazione complessiva dell'azienda
	Processo d'acquisto	Analisi degli scenari	Modello dimostrativo	Market test	Phillips 66
	Percorsi di innovazione	Visite	Prototipo	Test di prodotto	Six Sigma
	Soluzioni tecnologiche	Cocreazione	Test di prodotto	Intensità degli ATR	Analisi costo/beneficio
	Referenti di progettazione	Ridefinizione del valore per il cliente	Test di utilizzo domestico	Sperimentazione	Stima della domanda
	Strategie e tattiche di successo/ Apprendimento dagli errori	Brainstorming	Brevetti		Conto economico
	Monitoraggio del network	Definizione del concept			ROI
	Studi etnografici				Costruzione di scenari
	Geolocalizzazione				Test di mercato

TABELLA 9.6 **SCHEMA DEL PROCESSO DI INNOVAZIONE (DI PRODOTTO) PER UNA MEDIA AZIENDA DI BENI INDUSTRIALI**

	A Attivatori	B Browser	C Creatori	D Developer	E Esecutori	F Facilitatori
Tempo totale stimato 3 mesi	5% delle ore di lavoro	10% delle ore di lavoro	20% delle ore di lavoro	40% delle ore di lavoro	10% delle ore di lavoro	5% delle ore di lavoro
Risorse stimate € 100.000	5% del budget	10% del budget	10% del budget	50% del budget	20% del budget	5% del budget

e parcheggi, facilitare l'individuazione dei prodotti, velocizzare il passaggio dalle casse e ampliare la gamma dei metodi di pagamento.

Il processo viene attivato dal management, che definisce solo il punto focale dell'innovazione (migliorare i processi per accrescere la soddisfazione del cliente); la ricerca di informazioni viene eseguita dall'ufficio ricerche di mercato dell'azienda, che è incaricato di verificare i livelli di customer satisfaction/dissatisfaction attraverso i sondaggi e una serie di interviste con commessi e venditori per averne le opinioni sui possibili miglioramenti da apportare ai processi che in base alla loro esperienza ritengono valga la pena di prendere in considerazione; inoltre, l'analisi dei trend sociali più recenti in relazione alla soddisfazione degli utenti per i diversi prodotti e servizi verrà affidata a un sociologo. La generazione di idee verrà da sessioni creative con i commessi e i venditori, in cui si utilizzeranno due tecniche di creatività: brainstorming e ridefinizione del valore per il cliente. Il reparto operations svilupperà le idee più valide, e avrà la possibilità di finanziare uno studio che im-

FIGURA 9.14 **SCHEMA DEL PROCESSO DI INNOVAZIONE (DI PROCESSO) PER UN'AZIENDA DELLA GRANDE DISTRIBUZIONE**

A Attivatori	B Browser	C Creatori	D Developer	E Esecutori	F Facilitatori
Top management (DG o CIO)	Ricerche di mercato	Agenzia pubblicitaria	R&D	Marketing attuale (team condiviso)	Top management (GM o CIO)
Dipendenti	Fornitori di ricerche di mercato	Agenzia creativa	Sviluppo prodotti	Vendite attuali (team condiviso)	CFO
Fornitori	Sociologi	Marketing	Operations	Team di marketing dedicato	Comitato nuovi progetti
Distributori	Marketing	Soggetti creativi	Produzione	Nuova divisione	CIO
Clienti	Vendite	R&D	Fornitori esterni	Nuova azienda	Consiglio di amministrazione
Investitori	Opinion leader	Clienti	Marketing	Alleanze esterne	Azionisti
Università	Panel di osservatori	Fornitori	Vendite		Dipendenti
Comunità scientifica	R&D	Dipendenti creativi	Ingegneri dedicati		Team d'innovazione
Inventori	Altri reparti interni	Altri fornitori o soggetti terzi			Management intermedio
Società di engineering	Altri fornitori o terzisti				Esterni: esperti, stakeholder o investitori

piega l'analisi congiunta per mettere in ordine di priorità i possibili miglioramenti. L'esecuzione spetterà alle vendite, a cui si chiederà di implementare il nuovo processo in cinque supermercati della catena, confrontando la soddisfazione dei clienti con quella degli altri punti vendita in cui, per ora, non verranno introdotti i miglioramenti. In entrambi i casi si analizzeranno gli indicatori critici di performance e, se si scoprirà un miglioramento sostanziale, il direttore finanziario – con l'analisi costo/beneficio – approverà l'investimento necessario. Vediamo come si configura il processo (*Figure 9.14 e 9.15*).

FIGURA 9.15 **SCHEMA DEL PROCESSO DI INNOVAZIONE (DI PROCESSO) PER UN'AZIENDA DELLA GRANDE DISTRIBUZIONE**

A Attivatori	B Browser	C Creatori	D Developer	E Esecutori	F Facilitatori
Ambito di innovazione	Esame critico dell'innovazione	Sinettica	Contributo alla definizione del concept	Piano di marketing e piano di lancio	Valutazione soggettiva
Livelli di innovazione	Analisi delle categorie adiacenti	Strategia oceano blu	Test di concept per migliorare il design	*Morphing*	Intenzione di acquisto in linea con i livelli di test
Focalizzazione dell'innovazione	Consulenza interna	Analisi morfologica	Immagini	Evoluzione dei KPI	Metodo Delphi
Linee guida di innovazione	Trend sociali/classi sociali	Marketing laterale	Analisi congiunta per la definizione delle caratteristiche	Prossima evoluzione marginale	Tecnica del gruppo nominale
Checklist di innovazione	Trend di mercato	Elencazione delle caratteristiche	Disegni	Area test	Valutazione complessiva dell'azienda
	Processo d'acquisto	Analisi degli scenari	Modello dimostrativo	Market test	Phillips 66
	Percorsi di innovazione	Visite	Prototipo	Test di prodotto	Six Sigma
	Soluzioni tecnologiche	Cocreazione	Test di prodotto	Intensità degli ATR	Analisi costo/beneficio
	Referenti di progettazione	Ridefinizione del valore per il cliente	Test di utilizzo domestico	Sperimentazione	Stima della domanda
	Strategie e tattiche di successo/Apprendimento dagli errori	Brainstorming	Brevetti		Conto economico
	Monitoraggio del network	Definizione del concept			ROI
	Studi etnografici				Costruzione di scenari
	Geolocalizzazione				Test di mercato

c) Sviluppo di un nuovo modello di business per il settore dei servizi

Prendiamo un caso un po' più complesso. Una compagnia di assicurazioni che vende polizze online decide di sviluppare un nuovo modello di business. La compagnia vende polizze auto, ma vuole passare dalle vendite online a un nuovo canale: le autoscuole e le concessionarie automobilistiche. Ciò comporta un cambiamento radicale nella struttura complessiva del margine, perché la compagnia deve stipulare dei contratti di vendita in cui si condividono i profitti generati da ogni polizza venduta. Il nuovo modello di business è completamente diverso da quello in essere, e le riserve sinistri andranno riviste al rialzo perché adesso i clienti saranno neopatentati o acquirenti di auto nuove.

Vediamo come usare il modello A-F per progettare un processo di innovazione nel settore dei servizi e per definire un nuovo modello di business.

L'attivazione del nostro processo di innovazione è un'iniziativa comune tra concessionarie automobilistiche, scuole guida, compagnie di riassicurazione e general management della nostra compagnia. L'ambito e il livello di innovazione sono chiaramente definiti (un nuovo modello di business), le linee guida di innovazione specificheranno il massimo investimento disponibile e i livelli minimi di fatturato e di profitto da raggiungere nei primi tre anni di esistenza del nuovo business. Trattandosi di un processo di lunga durata, ci sarà anche una checklist che include una serie di domande sulle risorse e sulle persone necessarie per il processo.

Il ruolo dei browser viene assegnato al marketing, che deve studiare a fondo il processo di acquisto seguito dagli assuntori per i neopatentati e gli acquirenti di nuove automobili. Il reparto ricerche di mercato viene incaricato di analizzare le categorie adiacenti, come le assicurazioni contro i guasti delle automobili e le garanzie post vendita o i pacchetti prepagati di assistenza tecnica. Ci sarà anche un esame critico dell'innovazione che descrive tutti i cambiamenti intervenuti nelle assicurazioni automobilistiche per garantire che stiamo offrendo qualcosa di veramente nuovo. Chiederemo informazioni anche a cinque opinion leader (un professionista del settore finanziario, i responsabili di due scuole guida, il direttore di una concessionaria e il direttore di un club automobilistico), che valuteranno l'iniziativa attraverso interviste approfondite condotte da una società esterna di ricerche di mercato. Infine, verrà costituito un panel di osservatori con il compito di informarci, nell'arco di un mese, di ciò che accade attualmente nel settore delle assicurazioni auto.

La generazione di idee verrà affidata a un'agenzia creativa esterna che dovrà costituire un team di cui facciano parte anche due persone del nostro marketing, due persone degli enti finanziari presso cui ci riassicuriamo e due venditori della nostra azienda particolarmente orientati alla creatività. Le tecniche creative utilizzate sono: strategia oceano blu (ideale per l'identificazione di nuovi business), visite a vari agenti e broker di assicurazioni, e sessioni di cocreazione con clienti che soddisfino le seguenti condizioni: si siano assicurati l'anno prima; siano patentati da meno di un anno e/o possiedano un'automobile che ha meno di nove mesi.

Il team creativo lavorerà alla definizione di un nuovo modello di business i cui dettagli verranno specificati in sessioni di lavoro con il personale delle operations. Il nuovo servizio verrà testato attraverso una ricerca di mercato e una sintesi dei piani di marketing sviluppati prima della creazione del nuovo business, la cui responsabilità

FIGURA 9.16 **SCHEMA DEL PROCESSO DI INNOVAZIONE (NUOVO MODELLO DI BUSINESS) PER UNA COMPAGNIA DI ASSICURAZIONI**

A Attivatori	B Browser	C Creatori	D Developer	E Esecutori	F Facilitatori
Top management (DG o CIO)	Ricerche di mercato	Agenzia pubblicitaria	R&D	Marketing attuale (team condiviso)	Top management (GM o CIO)
Dipendenti	Fornitori di ricerche di mercato	Agenzia creativa	Sviluppo prodotti	Vendite attuali (team condiviso)	CFO
Fornitori	Sociologi	Marketing	Operations	Team di marketing dedicato	Comitato nuovi progetti
Distributori	Marketing	Soggetti creativi	Produzione	Nuova divisione	CIO
Clienti	Vendite	R&D	Fornitori esterni	Nuova azienda	Consiglio di amministrazione
Investitori	Opinion leader	Clienti	Marketing	Alleanze esterne	Azionisti
Università	Panel di osservatori	Fornitori	Vendite		Dipendenti
Comunità scientifica	R&D	Dipendenti creativi	Ingegneri dedicati		Team d'innovazione
Inventori	Altri reparti interni	Altri fornitori o soggetti terzi			Management intermedio
Società di engineering	Altri fornitori o terzisti				Esterni: esperti, stakeholder o investitori

FIGURA 9.17 **SCHEMA DEL PROCESSO DI INNOVAZIONE (NUOVO MODELLO DI BUSINESS) PER UNA COMPAGNIA DI ASSICURAZIONI**

A Attivatori	B Browser	C Creatori	D Developer	E Esecutori	F Facilitatori
Ambito di innovazione	Esame critico dell'innovazione	Sinettica	Contributo alla definizione del concept	Piano di marketing e piano di lancio	Valutazione soggettiva
Livelli di innovazione	Analisi delle categorie adiacenti	Strategia oceano blu	Test di concept per migliorare il design	*Morphing*	Intenzione di acquisto in linea con i livelli di test
Focalizzazione dell'innovazione	Consulenza interna	Analisi morfologica	Immagini	Evoluzione dei KPI	Metodo Delphi
Linee guida di innovazione	Trend sociali/classi sociali	Marketing laterale	Analisi congiunta per la definizione delle caratteristiche	Prossima evoluzione marginale	Tecnica del gruppo nominale
Checklist di innovazione	Trend di mercato	Elencazione delle caratteristiche	Disegni	Area test	Valutazione complessiva dell'azienda
	Processo d'acquisto	Analisi degli scenari	Modello dimostrativo	Market test	Phillips 66
	Percorsi di innovazione	Visite	Prototipo	Test di prodotto	Six Sigma
	Soluzioni tecnologiche	Cocreazione	Test di prodotto	Intensità degli ATR	Analisi costo/beneficio
	Referenti di progettazione	Ridefinizione del valore per il cliente	Test di utilizzo domestico	Sperimentazione	Stima della domanda
	Strategie e tattiche di successo/Apprendimento dagli errori	Brainstorming	Brevetti		Conto economico
	Monitoraggio del network	Definizione del concept			ROI
	Studi etnografici				Costruzione di scenari
	Geolocalizzazione				Test di mercato

verrà affidata a un team di marketing dedicato e a una nuova azienda o a una partnership costituita *ad hoc*. Gli esecutori dovrebbero anche predisporsi ad adattare lo schema della copertura assicurativa, i prezzi e la strategia di vendita in base a ciò che accadrà nei primi mesi (*morphing*). Inoltre, nel caso di risultati positivi, dovrebbero avere già pronta una strategia di sviluppo del portafoglio assicurativo che includa almeno cinque prodotti aggiuntivi.

In base alla stima della domanda ricavata dal test del servizio, dall'analisi del ROI e dalle valutazioni dei consiglieri di amministrazione, l'iniziativa verrà sottoposta all'approvazione degli azionisti (*Figure 9.16 e 9.17*).

APPENDICE 2
Descrizioni dettagliate dei compiti collaborativi

Input dei browser agli attivatori: lezioni apprese e scoperte. Poiché devono monitorare il lancio del nuovo prodotto, i browser sono in condizione di arricchire le conoscenze in tema di innovazione attraverso la corretta catalogazione delle lezioni apprese dagli errori o dagli insuccessi che si determinano sia nel processo sia nello sviluppo e nell'implementazione dell'innovazione. Oppure, partendo dalla prospettiva opposta, è fuori dubbio che un processo esaustivo di ricerca delle informazioni attraverso l'esame critico dell'innovazione o i metodi illustrati nel *Capitolo 4* si traduca nell'individuazione di opportunità di mercato, nicchie e percezioni che possono condurre all'attivazione di nuovi processi per diversi team. È un feedback essenziale che può essere trasferito agli attivatori o al CIO (*Chief Innovation Officer*), una figura descritta nel *Capitolo 3* che ha una supervisione a 360 gradi su tutti i progetti pianificati, allo studio o attuati in passato (*Figura 9.18*).

Per esempio, in Tesco molte innovazioni sono il risultato dell'analisi continuativa dei dati raccolti attraverso le tessere fedeltà, i cui cambiamenti vengono utilizzati per decidere i nuovi assortimenti. In questo caso, i browser di Tesco agiscono da identificatori di nuovi possibili processi di innovazione per gli attivatori (tenete presente che i possessori di tessere Tesco, 11 milioni di clienti, effettuano l'80% degli acquisti).

Input dei creatori agli attivatori: idee scartate. Noi crediamo fermamente nella necessità di sfruttare tutto quanto emerge da un processo di innovazione. L'esperienza dimostra che le sessioni creative producono un gran numero di idee che devono essere scartate perché si discostano eccessivamente dall'obiettivo del progetto. Parliamo di tutto ciò che va da semplici miglioramenti marginali a idee scardinanti da sottoporre al management. I creatori possono avviare nuovi processi di innovazione che vanno direttamente dalla A alla D. Immagi-

FIGURA 9.18 **COMPITI PRINCIPALI DEL RUOLI DA A A F E ATTIVITÀ INCROCIATE**

A...

Da...	Attivatori	Browser	Creatori	Developer	Esecutori
Attivatori	INIZIARE Schema di riferimento dell'innovazione				
Browser	Lezioni apprese Scoperte	INFORMARE Informazioni rilevanti			
Creatori	Idee scartate		IDEARE Concept		
Developer	Nuovi input tecnologici			INVENTARE Soluzione tangibile e piano di marketing	
Esecutori	Possibilità di innovazione marginale				IMPLEMENTARE Lancio

niamo un'idea che è stata scartata, ma sembra avere del potenziale. Questa idea, una volta valutata, potrebbe essere il punto di partenza per un nuovo processo di innovazione che non richiede un grosso input da parte dei browser e dei creatori, perché va direttamente allo sviluppo, al finanziamento e all'esecuzione e limita il ruolo dei browser e dei creatori a compiti di supporto o collaborativi come quelli descritti qui. Di regola, un'idea porta all'altra, e così via; perciò, se si tiene una puntuale registrazione delle idee scartate nelle sessioni di creatività, è probabile che un processo di innovazione ne faccia nascere un altro e così via, perché la relazione collaborativa da C ad A è un generatore formidabile di progetti e di contributi alla cultura innovativa dell'azienda.

Per esempio, l'azienda Puig Beauty & Fashion, che commercializza anche il brand Carolina Herrera, ha preso un'idea che aveva scartato in quanto estranea all'ambito del processo di innovazione – uno shampoo all'avena – e ne ha fatto un nuovo progetto di innovazione. Da un'idea riciclata l'azienda ha tirato fuori un prodotto di grandissimo successo.

FIGURA 9.19 **COMPITI PRINCIPALI DEI RUOLI DA A A F E ATTIVITÀ INCROCIATE**

A...

Da...

	Attivatori	Browser	Creatori	Developer	Esecutori
Attivatori	INIZIARE Schema di riferimento dell'innovazione	Schema di riferimento della ricerca			
Browser		INFORMARE Informazioni rilevanti			
Creatori		Innovazione in nuove tecniche di ricerca	IDEARE Concept		
Developer		Trend tecnologici		INVENTARE Soluzione tangibile e piano di marketing	
Esecutori		Conoscenza del mercato			IMPLEMENTARE Lancio

Input dei developer agli attivatori: input tecnologici. Nello sviluppo delle possibilità tecnologiche di un'innovazione, è probabile che emergano nuove possibilità o nuove applicazioni della stessa tecnologia in innovazioni diverse da quelle contemplate nel processo, o anche solo per il miglioramento di altri prodotti in portafoglio.

Input degli esecutori agli attivatori: innovazioni marginali. Un'innovazione scardinante andrebbe esaminata approfonditamente per identificare le eventuali innovazioni marginali che vi si associano. Gli esecutori sono probabilmente i soggetti più idonei a proporre agli attivatori l'avvio di un nuovo processo di innovazione, in questo caso marginale, per sviluppare il portafoglio di un prodotto o di un servizio scardinante.

Per esempio, la divisione snack di PepsiCo lancia ogni anno nuovi sapori per dei brand preesistenti. Le proposte relative a queste innovazioni marginali vengono dal marketing e dalle vendite sulla base di ciò che osservano nel mercato (*Figura 9.19*).

Input degli attivatori ai browser: schema di riferimento per la ricerca di informazioni. Definendo gli obiettivi, il livello desiderato dell'innovazione, le linee guida e il tipo di processo, gli attivatori mettono uno schema di riferimento ideale a disposizione di coloro che dovranno raccogliere le informazioni nelle prime fasi del processo. In realtà, questo non si dovrebbe considerare un compito collaborativo, ma una componente della loro funzione principale (va da A a B).

Input dei creatori ai browser: innovazione nella ricerca delle informazioni. Grazie alle loro tecniche creative, i creatori possono aiutare i browser a trovare nuove modalità di raccolta delle informazioni o a combinare quelle preesistenti, fornendo così metodi pienamente focalizzati, appropriati e tagliati su misura per il processo da attuare.

Input dei developer ai browser: trend tecnologici. I tecnici e gli ingegneri possono fornire ai browser informazioni esaustive sui trend tecnologici, da incorporare nella loro analisi dei trend sociali e di mercato. Sono informazioni utili per promuovere, fin dall'inizio del processo di innovazione, l'arte del possibile, ossia tutto ciò che è offerto dalle possibilità tecniche.

Per esempio, i designer di Sacha London, un'azienda anglo-spagnola di calzature femminili, studiano le diverse possibilità tecnologiche a disposizione, poi chiedono ad alcuni ricercatori sociali quale sia la loro rilevanza per il mondo della moda. Questa partnership ha dato frutti nell'utilizzo innovativo della tecnologia laser per prendere esattamente le misure dei piedi delle clienti. Dal modello specifico di ogni piede si ricava una forma che permette alla cliente di disegnare la propria scarpa. In questo caso le possibilità tecnologiche dell'imaging tridimensionale al laser sono state validate perché si connettevano con un trend sociale e di mercato: la personalizzazione di prodotti e servizi.

Input degli esecutori ai browser: conoscenza del mercato. Gli esecutori delle innovazioni, che sono in prevalenza persone legate al marketing e alle vendite, offrono ai browser una conoscenza approfondita del mercato e dei canali di vendita. I browser hanno spesso una prospettiva focalizzata sul cliente finale, che va benissimo; ma quella prospettiva non è completa finché non si inquadra nel contesto del mercato in cui competiamo.

Un'applicazione pratica di questa attività collaborativa viene dai forum e dai blog di Internet. Le divisioni marketing hanno convertito

FIGURA 9.20 **COMPITI PRINCIPALI DEI RUOLI DA A A F E ATTIVITÀ INCROCIATE**

A...

Da...

	Attivatori	Browser	Creatori	Developer	Esecutori
Attivatori	INIZIARE Schema di riferimento dell'innovazione		Focalizzazione sulla creatività Validazione del concept		
Browser		INFORMARE Informazioni rilevanti	Contributo alla preparazione delle sessioni creative (stimoli)		
Creatori			IDEARE Concept		
Developer			Validazione tecnica del concept	INVENTARE Soluzione tangibile e piano di marketing	
Esecutori			Acquisizione di valore		IMPLEMENTARE Lancio

le opinioni espresse sulla Rete in strumenti effettivi d'informazione, al punto che oggi la gestione e il monitoraggio di questi strumenti sono stati generalmente trasferiti alle unità di ricerche di mercato, dando origine a una nuova tecnica di ricerca, emersa dai meccanismi fissati dagli esecutori per comunicare con i propri clienti (*Figura 9.20*).

Input degli attivatori ai creatori: punti di focalizzazione e verifica dei concept. Gli attivatori forniscono ai creatori una formulazione adeguata delle cosiddette focalizzazioni creative che abbiamo visto nel *Capitolo 5*, e la rassicurazione che le sessioni creative non si concentrino sulla generazione di idee al di fuori dei limiti fissati all'inizio del processo.

Per esempio, in General Electric il responsabile di ogni area funzionale, sulla base del proprio portafoglio, deve proporre al consiglio di amministrazione un minimo di cinque innovazioni che apportino in tre anni una crescita di almeno 100 milioni di dollari. Li chiamano "progetti radicali immaginativi"[1]. In questo modo, gli attivatori possono fissare degli obiettivi per i creatori.

Un'altra area di collaborazione può emergere nella fase di definizione del concept; gli attivatori possono confermare che i concept sviluppati, che verranno sottoposti a una valutazione soggettiva, rientrino negli obiettivi e nello schema di riferimento del processo di innovazione che hanno avviato.

Input del browser ai creatori: stimoli. I browser hanno il compito di effettuare ricerche rilevanti, i cui risultati dovrebbero costituire almeno in parte degli stimoli, o contenere stimoli per le sessioni creative. I browser possono collaborare con i creatori nella preparazione del materiale per queste sessioni. Questo, tuttavia, si potrebbe considerare un compito "istituzionale" del ruolo, anziché un compito collaborativo (va da B a C).

Per esempio, in Nestlé, durante un processo di innovazione per la categoria del cioccolato, l'ufficio ricerche di mercato ha esaminato le innovazioni più recenti in cinque paesi, utilizzandole come stimoli diretti per le sessioni creative.

Input dei developer ai creatori: concept e vincoli. I tecnici e gli ingegneri possono (o, per meglio dire, devono) collaborare alla definizione dei concept che emergono dalle idee generate nelle sessioni creative, per fare in modo, nei limiti del possibile, che si traducano in concept tecnicamente realizzabili. Quanto ai vincoli, si potrebbero applicare a ciò che possiamo e non possiamo stabilire esattamente in termini di caratteristiche, specifiche e benefici dell'innovazione. Senza diventare un censore inflessibile, il personale tecnico può apportare quelle sane dosi di realismo di cui hanno bisogno le buone idee quando entrano nelle fasi di definizione.

Input degli esecutori ai creatori: acquisizione di valore nella generazione di idee. Gli esecutori offrono ai creatori soluzioni per acquisire valore attraverso la generazione di idee. Per esempio, la direzione vendite di Ikea si è resa conto che c'erano numerosi prodotti considerati pressoché inutili, che venivano acquistati d'impulso, pur essendo destinati alla casa. I clienti li acquistavano per accrescere il valore percepito dello "sforzo" compiuto per recarsi in Ikea e visitarne i vasti spazi espositivi. Li chiamano "prodotti hot dog". È improbabile che i creatori siano riusciti a sviluppare un concept di questo tipo senza un'analisi di come acquisire valore sul cliente, un'analisi che proveniva dagli esecutori.

Quanto alle sessioni creative descritte nel *Capitolo 5*, è consigliabi-

FIGURA 9.21 **COMPITI PRINCIPALI DEI RUOLI DA A A F E ATTIVITÀ INCROCIATE**

A...

Da...	Attivatori	Browser	Creatori	Developer	Esecutori
Attivatori	INIZIARE Schema di riferimento dell'innovazione			Allineamento strategico	
Browser		INFORMARE Informazioni rilevanti		Analogie tecnologiche Ricerche effettuate da fornitori o da terzi	
Creatori			IDEARE Concept	Tecniche di problem solving	
Developer				INVENTARE Soluzione tangibile e piano di marketing	
Esecutori				Vincoli di vendite e di marketing	IMPLEMENTARE Lancio

le farvi partecipare rappresentanti di tutti i ruoli. Il potenziale creativo delle persone può essere molto alto quando si trovano di fronte a esercizi studiati per facilitare lo spiazzamento e la provocazione. Analogamente, i creatori dovrebbero invitare tutti i ruoli a cercare di fare delle connessioni, a livello individuale o di team. Mettendo al lavoro un campione rappresentativo di tutti i ruoli, ognuno dei quali opera in base alla propria prospettiva, per l'intero processo di innovazione, si ottengono connessioni e soluzioni altamente eterogenee per la stessa provocazione. Con questo mix i creatori possono progettare soluzioni vincenti a cui non avevano pensato. Vediamo nella *Figura 9.21* qual è la relazione che intercorre con i developer.

Input degli attivatori ai developer: allineamento strategico. A mano a mano che l'idea si sviluppa sotto forma di piani, modelli e prototipi, e a mano a mano che si definiscono le strategie di business, gli attivatori, qualora provengano dal management, danno ai developer la sicurezza e la tranquillità di sapere che operano in linea con la strategia di business complessiva.

Input dei browser ai developer: analogie tecnologiche. I browser possono contribuire a superare le difficoltà tecniche relative al design e all'utilizzabilità dell'applicazione di una nuova tecnologia, individuando e analizzando prodotti e servizi che all'interno o all'esterno del nostro settore o della nostra categoria incorporano la stessa tecnologia. Possono anche contribuire alla ricerca di fornitori industriali, nel caso di vincoli tecnologici, o di partner, nel caso di vincoli di marketing.

Per esempio, Google, considerata una delle aziende più innovative del mondo, lascia ai dipendenti il tempo necessario per setacciare il web alla ricerca di opportunità sotto forma di piccole imprese che hanno sviluppato tecnologie interessanti adottabili da Google. Nel 2004, in applicazione di questa strategia, Google ha acquisito Keyhole, ideatrice e proprietaria della tecnologia che le consente di offrire mappe sofisticate con immagini satellitari.

Input dei creatori ai developer: soluzioni. I creatori forniscono una serie di strumenti creativi di problem solving per affrontare gli ostacoli, le difficoltà o i colli di bottiglia – nella produzione, nella logistica, negli acquisti o nel marketing – che tendono inevitabilmente a crearsi nella fase difficile e spesso prolungata di sviluppo, specie quando si tratta di un prodotto complesso come un'automobile o un motore.

Per esempio, nella fabbrica Motorola di Penang (in Malaysia) c'è una sala alle cui pareti sono affissi più di duemila foglietti adesivi. Ognuno di essi contiene una proposta che inizia con la frase: "Io suggerisco...", e nel loro insieme rappresentano un'autentica miniera di suggerimenti per la soluzione dei problemi tecnici che si manifestano nello sviluppo di nuovi progetti.

Input degli esecutori ai developer: fattori di marketing. Gli esecutori possono contribuire a prevedere problemi che potrebbero insorgere successivamente, quando sarebbe costoso, o semplicemente troppo tardi, risolverli. I problemi di cui stiamo parlando includono quelli relativi alla logistica del canale di vendita, all'utilizzabilità per i clienti o all'accettabilità per i distributori. In altre parole, gli esecutori possono prevedere l'intera gamma dei problemi di marketing prima che vengano a ostacolare l'innovazione nella sua forma fisica definitiva.

Per esempio, in Starbucks è prassi consolidata usare i punti vendita per validare le innovazioni su cui stanno lavorando i developer. In questo modo, gli esecutori (che dovranno implementare ogni nuova iniziativa) possono indicare ai developer i fattori di marketing che dovrebbe prendere in considerazione.

Figura 9.22 **COMPITI PRINCIPALI DA A A F E ATTIVITÀ INCROCIATE**

A...

Da...	Attivatori	Browser	Creatori	Developer	Esecutori
Attivatori	INIZIARE Schema di riferimento dell'innovazione				Linee guida Risorse extra
Browser		INFORMARE Informazioni rilevanti			Rilevazione dei KPI Strategie e tattiche di successo
Creatori			IDEARE Concept		Idee per il piano di marketing e di vendite
Developer				INVENTARE Soluzione tangibile e piano di marketing	*Morphing*
Esecutori					IMPLEMENTARE Lancio

Finalmente possiamo vedere come gli esecutori possono essere aiutati nei loro compiti (*Figura 9.22*).

Input degli attivatori agli esecutori: linee guida e risorse. Avendo specificato una serie di linee guida, gli attivatori dovrebbero assicurare agli esecutori che l'implementazione finale dell'innovazione rimanga all'interno di queste. Poiché gli attivatori sono spesso mobilitatori di risorse, capita frequentemente, nella fase di esecuzione, che occorra la collaborazione o l'assistenza di altre aree o altre divisioni dell'azienda.

Input dei browser agli esecutori: strategie, KPI. I browser sono in grado di documentare ed esemplificare le tattiche e le strategie da prendere a riferimento sul mercato e di imparare dagli errori commessi nell'implementazione di innovazioni analoghe.

Per esempio, in Google, quando si lancia un nuovo prodotto, i browser analizzano gli errori commessi dagli utenti nel suo utilizzo e a volte ne chiedono il feedback. Questi errori vengono comunicati agli esecutori, che poi chiedono miglioramenti ai programmatori.

Allo stesso modo, all'epoca del lancio, i browser possono effettuare il monitoraggio di KPI come la presenza sul mercato (distribuzione numerica e ponderata) e i livelli di consapevolezza, di sperimentazione e di ripetizione dell'acquisto. I KPI potrebbero includere i cambiamenti da apportare al prodotto o al servizio in base alle opinioni dei primi utilizzatori, in modo che si possano introdurre rapidamente (se possibile). Questa attività sarebbe fondamentale nel caso di una strategia di *morphing*, come spieghiamo nel *Capitolo 7*.

Per esempio, i reparti di analisi delle informazioni della catena distributiva Tesco analizzano continuamente le strategie dei piccoli outlet locali e cercano di adattare l'offerta dei supermercati della zona mettendo in assortimento i prodotti che riscuotono maggior successo a livello locale.

Input dei creatori agli esecutori: idee di marketing. I creatori possono condurre brevi e concise sessioni creative per sviluppare idee nuove e originali da utilizzare nel piano di lancio del nuovo prodotto o servizio. È una sorta di progetto creativo in miniatura, in cui il punto focale dello spiazzamento è il piano di marketing e vendite per l'innovazione emersa dal processo.

Input dei developer agli esecutori: morphing. La strategia che consiste nel lanciare un'innovazione sul mercato e nell'adattare il prodotto a mano a mano che viene testato e utilizzato (il cosiddetto *morphing*) richiede una cooperazione molto stretta, rigorosa e flessibile tra i developer e gli esecutori, perché i primi devono ridefinire, anche più di una volta, il design dell'innovazione in base ai suggerimenti dei secondi.

Per esempio, 3M ha tre centri di innovazione in cui i clienti possono sperimentare le sue tecnologie e l'azienda può capire quanto sono efficaci nelle situazioni reali. In questo modo, l'azienda ottiene le percezioni del cliente di cui ha bisogno per apportare gradualmente miglioramenti ai propri prodotti. Grazie a questa politica, 3M ha migliorato prodotti leader come Scotch Tape e Scotchlite.

In poche parole, possiamo renderci conto che lavorare sui ruoli anziché sulle fasi produce interazioni originali che sfruttano appieno il potenziale di tutte le persone coinvolte nel processo di innovazione. L'interazione tra i diversi profili professionali che partecipano a un processo di innovazione si considera ormai un fattore critico per il successo dei processi di innovazione.

Parte seconda

Capitolo 10

Pianificare l'innovazione

La relazione tra la pianificazione e i risultati dell'innovazione è ormai ampiamente dimostrata. Le aziende che utilizzano gli strumenti descritti in questo capitolo fanno meglio delle altre[1]. A un certo punto, Procter & Gamble non aveva nessuna strategia di innovazione. Gli sforzi di innovazione erano sprecati, perché si lanciavano progetti in categorie e segmenti non prioritari. Quando P&G ha istituito la pianificazione dell'innovazione, i suoi processi di innovazione hanno cominciato ad allinearsi con gli obiettivi, i target, le strategie e i parametri di misurazione dell'azienda. I risultati sono migliorati e sono nate innovazioni scardinanti[2].

La pianificazione, tuttavia, non è facile. Gli studiosi che hanno analizzato i fattori da cui dipende il successo nell'area dell'innovazione hanno sottolineato l'esigenza di un'elevata "disciplina" nel processo di pianificazione[3].

GLI ELEMENTI CHE COMPONGONO LA PIANIFICAZIONE DELL'INNOVAZIONE

La pianificazione è il primo fattore del Sistema di innovazione totale: consente di allineare gli sforzi alla strategia aziendale, di allocare le risorse in maniera efficiente e di alimentare ordinatamente il processo di innovazione.

La pianificazione dell'innovazione dovrebbe essere una responsabilità condivisa tra il CIO e il CEO. In assenza di un responsabile diretto dell'innovazione, il senior management dovrebbe gestirne direttamente la pianificazione, perché si tratta di un'area strategica, fondamentale per la sopravvivenza di qualunque organizzazione.

L'innovazione si pianifica su un arco di tre/cinque anni, con il riesame annuale della strategia e dell'allocazione delle risorse. Ecco le ragioni per cui dovremmo rivedere annualmente i nostri piani:

- cambiamenti che intervengono nel mercato (a livello di clienti, di canali e di fornitori);
- cambiamenti tecnologici;
- cambiamenti normativi;
- variazioni nella concorrenza;
- risultati ottenuti dall'innovazione.

Gli strumenti da utilizzare per la pianificazione dell'innovazione includono: diagnostica del business, missione, obiettivi e strategia dell'azienda e obiettivi e strategia di innovazione.

DIAGNOSTICA DEL BUSINESS AZIENDALE

La diagnostica del business aziendale è un'analisi generale delle varie forze che concorrono a determinare la situazione attuale dell'azienda e che ne condizioneranno il futuro (dinamiche di settore, panorama competitivo e ambiente economico e normativo). La diagnostica mira a identificare ciò che ha determinato finora il successo dell'azienda e ciò che va cambiato o modificato per sostenere quel successo in futuro. L'impegno del management e le opportunità di crescita dipenderanno dalla diagnostica.

La diagnostica viene usata per formulare gli obiettivi e la strategia dell'azienda, da cui emergeranno, a loro volta, gli obiettivi e le strategie delle aree funzionali e delle business unit, nonché i criteri e i processi da utilizzare nelle decisioni[4].

Esiste una serie di strumenti manageriali per l'attuazione della diagnostica. La descrizione di questi strumenti (come la mappa del valore[5], l'evoluzione del settore[6], le cinque forze di Porter[7], le 7 S di McKinsey[8], o l'audit di marketing[9]) esula dai fini del nostro libro, ma si tratta di strumenti molto utili nell'area dell'innovazione, perciò consigliamo caldamente al management di condividerli con i responsabili dell'innovazione.

ALLINEAMENTO CON LA MISSIONE, GLI OBIETTIVI E LA STRATEGIA COMPLESSIVA DELL'AZIENDA

Come abbiamo detto a proposito degli attivatori, la gestione dell'innovazione non opera autonomamente, in maniera separata dal resto del management. L'innovazione dev'essere in piena armonia con la strategia aziendale e derivare da essa.

Alcuni esperti affermano che una dipendenza di questo tipo può ostacolare lo sviluppo di innovazioni scardinanti o restringere il numero delle opportunità. Questa tesi nasce dalla constatazione che molte innovazioni scardinanti non derivavano da un obiettivo prefissato, ma da una scoperta o da un'idea (spesso accidentale); è quella scoperta o quell'idea che costringe l'azienda a rivedere o a ridefinire la propria missione, i propri obiettivi e le proprie strategie. Di conseguenza, la scoperta potrebbe venire prima della strategia.

C'è del vero in questo. Tuttavia, dobbiamo anche pianificare l'innovazione. Come possiamo pianificare senza limitare nel contempo la ricerca di nuove opportunità? La risposta è sviluppare campagne di promozione delle idee o progetti che siano "liberi" da restrizioni.

Dovremmo distinguere tra innovazione prevedibile e innovazione esplorativa. L'innovazione esplorativa implica che l'azienda possa allocare tempo e risorse alla libera ricerca di opportunità, al di fuori dei vincoli imposti dalla strategia aziendale e senza la pressione che deriva dall'esigenza di implementare le scoperte. Ciò comporta un investimento di tempo per far emergere nuove possibilità che, pur non rientrando nella missione dell'azienda, meritano comunque considerazione e valutazione. Il 42% delle imprese mette in atto processi esplorativi di innovazione[10]. E buona parte di queste aziende pianifica l'innovazione. Ciò dimostra che l'espressione "pianificare l'innovazione" non è un ossimoro[11]. Innovazione e pianificazione non sono incompatibili.

La relazione tra innovazione, obiettivi e strategie dell'azienda

Anzitutto, nel pianificare l'innovazione non dovremmo includere obiettivi, strategie o politiche incoerenti con quelli della nostra azienda. Le imprese che non pianificano l'innovazione rischiano proprio l'incoerenza.

In secondo luogo, gli obiettivi aziendali andrebbero "condivisi" da tutti i reparti e le funzioni: risorse umane, marketing, vendite ecc. Anche l'innovazione è un'area funzionale, e in quanto tale dovrebbe partecipare per la sua parte al perseguimento degli obiettivi generali. La strategia complessiva dell'azienda determina inoltre il peso e il ruolo di ciascuna area funzionale, inclusa l'innovazione.

Immaginate che uno degli obiettivi dell'azienda X sia aumentare del 20% la profittabilità nel giro di cinque anni e che la strategia adottata a questo fine sia migliorare i processi e gli approvvigionamenti. Gli approvvigionamenti riguardano l'area acquisti e il miglioramento dei processi riguarda l'area innovazione. La strategia rivela il peso relativo dei due reparti nel perseguimento dell'obiettivo aziendale. Il passo successivo sarebbe definire gli obiettivi specifici di entrambi i reparti.

È un esempio molto semplice di come la strategia e gli obiettivi dell'azienda possano diventare gli obiettivi di un'area funzionale.

La missione: uno schema di riferimento generale

Nel caso della missione, l'approccio è diverso. La missione è una formulazione generica di intenzioni che copre un gran numero di possibilità strategiche. Quando un'innovazione contrasta con la missione dell'azienda, non ci sono grossi spazi di manovra. In un processo di innovazione, un'impresa specializzata nell'utilizzo del silicone per la fabbricazione di cucine e prodotti per la casa voleva individuare opportunità d'innovazione a tutti i livelli. Il silicone è un materiale versatile che ha innumerevoli applicazioni. Le prime

FIGURA 10.1 **MISSIONE, OBIETTIVI E STRATEGIA DI UN'AZIENDA DI AUTONOLEGGIO**

Missione aziendale
Fornire soluzioni per il trasporto privato – terrestre, aereo e marittimo – tra le maggiori città del paese, tramite il noleggio di veicoli.

Obiettivi dell'azienda
- Essere il brand di elezione per chiunque debba noleggiare un veicolo a uso privato nel paese.
- Ottenere una quota di mercato del 40% nel paese entro cinque anni.
- Passare da un fatturato di 35 milioni di euro a un fatturato di 50 milioni di euro entro cinque anni, con un ritorno medio del 10%.
- Essere presente in tutte le città, in tutti i porti e in tutti gli aeroporti con un minimo di due agenzie per ogni città che ha più di 75.000 abitanti.

Strategia aziendale
Sviluppo di un sistema di franchising con imprenditori privati e creazione di flotte in partnership con i produttori dei veicoli.

idee (componenti in silicone per prodotti elettronici, capi di abbigliamento ecc.) erano estranee alla missione dell'azienda. Il management non voleva entrare in quelle aree, che esulavano dal suo business. Il team d'innovazione ha dovuto perciò adattare rapidamente le sessioni di creatività per focalizzarsi su idee che rientravano nei confini della missione.

La missione si è trasferita all'area dell'innovazione attraverso il disegno dei limiti di quest'ultima (si veda il paragrafo *Schema di innovazione* nel *Capitolo 3*), che definiscono i mercati e le regioni in cui l'impresa desidera comparire e quelli che tralascia.

Nella *Figura 10.1* vediamo un esempio teorico, che concerne un'azienda di autonoleggio.

OBIETTIVI DI INNOVAZIONE

Gli obiettivi di innovazione includono le cose che l'azienda intende realizzare con il lancio di nuovi prodotti, il miglioramento dei processi, lo sviluppo di un nuovo modello di business o l'ingresso in nuovi mercati; vale a dire, con tutto ciò che comporta un mutamento radicale dello *status quo*.

Dobbiamo distinguere tra risoluzioni e obiettivi. Vediamo un esempio al di fuori del business. Quando, il 1° gennaio, una persona dice: "Quest'anno voglio dimagrire", non fissa un obiettivo, ma formula una risoluzione. Se la stessa persona dice: "Nei prossimi sei mesi devo perdere otto chili", quello è un obiettivo. In linea generale, le risoluzioni sono mere dichiarazioni d'intento. Alcuni senior manager esprimono risoluzioni nella convinzione di fissare degli obiettivi, e sbagliano. Nel campo dell'innovazione, questo problema viene amplificato dall'utilizzo relativamente scarso di parametri specifici (vedi *Capitolo 11*). Ecco alcuni esempi di risoluzioni concernenti l'innovazione:

- vogliamo migliorare l'efficienza dei servizi a disposizione dei clienti;
- vogliamo aumentare i margini;
- vogliamo essere più aggressivi nella politica di sviluppo dei nuovi prodotti.

Vediamo come riformularli in forma di obiettivi:

- vogliamo innovare per ridurre del 10% i tempi di assistenza al cliente entro l'anno prossimo;

- vogliamo che l'innovazione dei processi industriali produca un incremento di cinque punti percentuali nei margini entro i prossimi due anni;
- vogliamo che il fatturato dei nuovi prodotti raggiunga il 5% del fatturato totale entro due anni.

La determinazione degli obiettivi è stata oggetto di studi approfonditi ed è stato dimostrato empiricamente che più specifici sono gli obiettivi, più è probabile che vengano raggiunti[12]. Per esempio, alla luce di questa regola, in Tesco, un team di dieci persone stabilisce all'inizio di ogni anno quanti nuovi prodotti verranno messi in assortimento e fissa gli obiettivi specifici per ognuno di essi[13].

I parametri di innovazione sono molto concreti e specifici; di qui la loro stretta relazione con la definizione degli obiettivi. I parametri di innovazione sono l'insieme delle variabili utilizzate per misurare i risultati dell'innovazione, che vi permette a sua volta di gestire l'innovazione nel tempo e di capire se le vostre politiche danno frutti. Esamineremo dettagliatamente i parametri di innovazione nel prossimo capitolo.

Ecco alcuni esempi di obiettivi di innovazione definiti in termini di parametri (vedi al *Capitolo 11*):

- Il fatturato generato dai nuovi lanci deve passare dal 10 al 30% del totale.
- La percentuale di successo dei nuovi lanci deve passare dal 30 al 50%.
- I profitti generati dai nuovi lanci devono passare dal 5 al 15% dei profitti totali.
- La percentuale dei dipendenti che suggeriscono idee deve passare al 5% al 30%.

Come abbiamo visto nel *Capitolo 3*, il mezzo più efficace per fare in modo che le idee e le proposte di progetto siano coerenti con gli obiettivi di innovazione è usare le linee guida di innovazione. Tenete presente che le linee guida mettono a disposizione uno schema di riferimento per tutte le innovazioni che verranno prese in considerazione. Per esempio, una grande azienda potrebbe decidere di voler investire solo in innovazioni che siano in grado di generare più di 1 milione di euro di profitti entro due anni. Le linee guida di innovazione non coincidono affatto con gli obiettivi; definiscono i requisiti minimi per l'approvazione di un progetto e per l'attivazione di un processo.

Collegare gli obiettivi ai parametri non implica necessariamente che tutti gli obiettivi di innovazione debbano essere quantitativi. Sono pienamente validi anche quelli qualitativi. La procedura seguita più comunemente è prima qualificare e poi quantificare.

Immaginate un'azienda che voglia fissare un obiettivo qualitativo di innovazione: il livello di rischio nel lancio di nuovi prodotti. La qualificazione viene effettuata con criteri soggettivi: un gruppo di dirigenti valuta il livello di rischio dei nuovi prodotti, e ognuno dei partecipanti lo classifica su una scala da 1 a 5 in base a criteri personali. I giudizi danno una media di 2,64. Il punteggio minimo che vuole raggiungere l'azienda è, mettiamo, 3,00 su 5. Possiamo già fissare un target per l'anno prossimo (per esempio arrivare quantomeno a 3,00).

Soggetti che devono garantire il raggiungimento degli obiettivi di innovazione

La responsabilità di raggiungere gli obiettivi di innovazione compete in definitiva al CIO (vedi al *Capitolo 12*, sulla cultura d'innovazione), ma poiché l'innovazione avviene per progetti e per processi, gli obiettivi vengono ripartiti fra i reparti (marketing, R&D, logistica, produzione ecc.) o fra i team che gestiscono i processi.

È una delle difficoltà che si incontrano nel tentativo di raggiungere gli obiettivi di innovazione. Il CIO delega una parte degli obiettivi a membri dell'organizzazione su cui non ha alcuna autorità diretta. Di conseguenza, il CIO o il responsabile dell'innovazione dovrebbe occupare una posizione di un certo livello all'interno della gerarchia.

Orizzonti temporali, numero di obiettivi e allocazione delle risorse

Gli obiettivi di innovazione vengono specificati di solito su due orizzonti temporali: uno di breve termine (obiettivi dell'anno prossimo) e uno di medio-lungo termine (da tre a cinque anni). Tranne in alcuni settori molto particolari dove gli sviluppi tecnologici richiedono parecchi anni (industria aeronautica, industria aerospaziale, settore energetico ecc.), in genere non si fissano obiettivi a più di cinque anni. Alcuni obiettivi di innovazione (sbarcare sulla luna, costruire un'automobile in grado di volare ecc.) si potrebbero porre come obiettivi di lungo termine, ma di solito si fissano degli obiettivi intermedi "di avvicinamento", a tre/cinque anni. La ragione sta nella velocità del cambiamento tecnologico e ambientale. È anche per questo che gli obiettivi a tre/cinque anni vengono definiti per mezzo della strategia di innovazione e dell'allocazione delle risorse.

FIGURA 10.2 **OBIETTIVI DI INNOVAZIONE PER UN'AZIENDA DI AUTONOLEGGIO**

Obiettivi di innovazione

- Lancio di servizi accessori al noleggio di veicoli in misura pari al 5% del fatturato totale.
- Cambiamento dei processi che faccia migliorare di tre punti percentuali la struttura dei costi.
- Innovazioni di mercato in grado di conquistare 20.000 nuovi clienti.
- Sviluppo di una nuova business unit in grado di fatturare almeno 1 milione di euro all'anno nel giro di tre anni.

Il budget massimo di innovazione sarà 1 milione di euro.

Quanti obiettivi di innovazione dovreste fissare? La risposta dipende dalle risorse disponibili per l'innovazione, dalle dimensioni dell'azienda e dal ritmo di cambiamento che caratterizza il vostro settore. In linea generale, il management fissa un numero relativamente basso di obiettivi (da uno a tre), come: "La percentuale del fatturato che deve derivare da nuovi prodotti", "Il numero di innovazioni da implementare" o "L'incremento di fatturato generato dall'innovazione". Questi obiettivi vengono definiti per l'intera azienda e si suddividono di solito tra le business unit. Possiamo vedere un esempio di obiettivi di innovazione nella *Figura 10.2*.

Quando avete più di un obiettivo di innovazione, dovreste classificarli in ordine di importanza per riflettere le priorità del management.

La definizione delle priorità degli obiettivi si utilizza anche per l'allocazione delle risorse. Conviene assegnare una prima cifra totale, anche se orientativa, riguardante la quantità di denaro e di persone che il management intende destinare al raggiungimento degli obiettivi di innovazione stabiliti.

Abbiamo visto che i facilitatori assegnano le risorse un poco per volta, di modo che il denaro non vada sprecato. Quando si tratta di innovazione, le risorse si utilizzano a mano a mano che il processo avanza.

DEFINIRE LA STRATEGIA DI INNOVAZIONE

Una volta definiti gli obiettivi, possiamo passare alla strategia. La nostra strategia di innovazione si dovrebbe definire all'interno dello schema di riferimento dell'innovazione. La selezione di mercati e regioni da parte del management rientra nella strategia di innovazione e aiuta gli attivatori a restringere l'ambito delle loro proposte.

La strategia di innovazione include anche: la quantità d'innovazione che si desidera, il tipo di innovazione che vogliamo, come intendiamo competere, i livelli di innovazione richiesti, il ritmo di approvazione dei progetti che vanno ad alimentare il processo di innovazione e l'allocazione delle risorse.

Quantità e tipologia dell'innovazione

Ci sono tre tipi di innovazione: marginale o incrementale, radicale o scardinante e semiradicale.

La classificazione si basa su due variabili: il grado di trasformazione in atto nel modello di business e l'utilizzo di tecnologie nuove o preesistenti. Combinando queste due variabili otteniamo una matrice (*Figura 10.3*).

Com'è noto, l'innovazione marginale è quella che comporta il rischio più basso e generalmente anche l'investimento minore, mentre l'innovazione radicale comporta il rischio più alto e l'investimento maggiore, e l'innovazione semiradicale si posiziona a metà strada. Determinare il tipo di innovazione è un modo per limitare il livello di

FIGURA 10.3 **MATRICE DELLE TIPOLOGIE DI INNOVAZIONE**

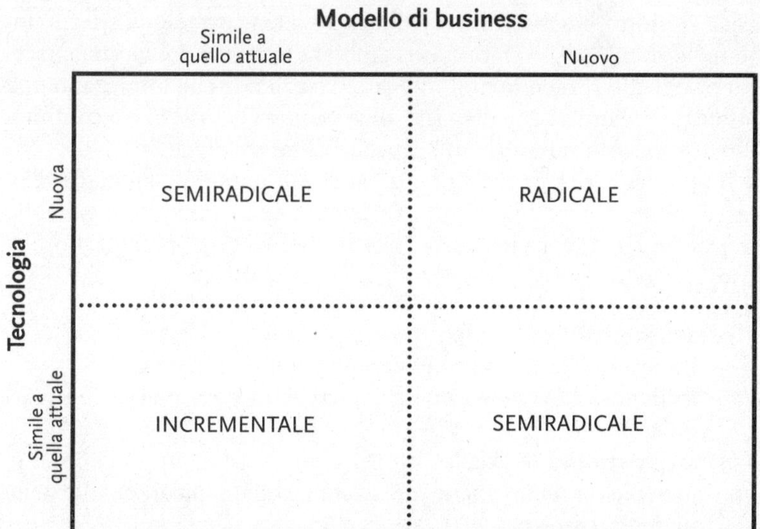

rischio e quindi indicare se si desidera modificare le tecnologie, il modello di business, entrambi o nessuno dei due.

Classificando tutti i possibili progetti in queste tre categorie, possiamo stabilire quanta innovazione possiamo mettere in moto, e di quale tipo. Se portiamo avanti tanti progetti rivoluzionari, la nostra strategia è aggressiva e rischiosa. Se portiamo avanti solo alcuni progetti marginali, la nostra strategia è conservatrice.

Come vogliamo competere

T. Davila e collaboratori[14] riconducono le strategie di attacco a due macro tipi: giocare per non perdere e giocare per vincere. Nel primo caso, la priorità è minimizzare le perdite; si tratta, in altre parole, di una strategia attuata con innovazioni marginali. Nel caso della strategia "giocare per vincere", stiamo parlando di assunzioni di rischi e di aggressività. Siamo disposti a subire perdite per ottenere forti profitti potenziali. Nella strategia del secondo tipo, l'azienda perseguirebbe innovazioni radicali o semiradicali. Queste due strategie di innovazione vengono definite anche, rispettivamente, "reattiva" e "proattiva".

Molte aziende si focalizzano eccessivamente sul breve termine e rischiano perciò di perdere terreno sul lungo termine. Le imprese reattive ritengono che sia l'ambiente a determinare le possibilità strategiche e che il proprio dovere sia sapersi adattare ai cambiamenti. Agiscono quando i cambiamenti sono già avvenuti.

Le imprese proattive, invece, cercano di influenzare il mercato in base ai propri interessi. Invece di essere il concorrente di riferimento nello *status quo,* preferiscono cambiare le regole del gioco: agiscono prima che si modifichi il mercato. Le aziende che impiegano una strategia proattiva sono disposte ad assumersi dei rischi e a commettere errori e hanno un'elevata capacità di innovazione.

L'approccio competitivo prende anche il nome di "strategia d'attacco" o "strategia d'ingresso"[15]. Di seguito definiamo più in dettaglio le possibilità strategiche, ossia "giocare per vincere" (strategia proattiva) e "giocare per non perdere" (strategia reattiva):

- **strategia proattiva** (Apple)
  - innovatore: tenta di modificare le regole del mercato,
  - differenziatore: tenta di introdurre nuove caratteristiche d'acquisto;
- **strategia reattiva** (Nokia)
  - *fast follower* (detto anche *fast second*): copia rapidamente le azioni degli innovatori,

- difensore: tenta di proteggere la quota di mercato e/o la base di clientela,
- nicchia: l'azienda si concentra su piccoli segmenti,
- low cost: l'azienda tenta di competere sui prezzi.

Livelli di innovazione richiesti

Abbiamo visto nel *Capitolo 3* che il management può specificare, a uso degli attivatori, i livelli a cui vuole innovare l'azienda. Adesso siamo pronti per dilungarci un po' di più sulle strategie che si possono seguire a ciascuno di questi livelli[16] (tra parentesi indichiamo anche alcuni esempi).

Livello 1 Innovazione del modello di business

- Canale (come connettere la vostra offerta con i vostri clienti, NikeTown)
- Modello di business (come l'azienda fa profitti, Dell)

Livello 2 Innovazione di processo

- Networking (struttura della catena del valore dell'impresa, Wal-Mart)
- Processi facilitanti (capacità di assemblaggio, Siebel)
- Processi critici (processi esclusivi che creano valore aggiunto, General Electric)

Livello 3 Innovazione di mercato

- Brand (come esprimere i benefici dell'offerta, Virgin)
- *Customer experience* (creare un'esperienza complessiva per i clienti, Lexus)
- Servire nuovi bisogni dei clienti in essere (l'uso di Nintendo Wii per tenersi in forma)
- Servire nuovi clienti con il portafoglio in essere (Nestlé Coffee for Seniors)
- Introdurre il prodotto o il servizio in nuove situazioni (in Francia, un'azienda metteva a disposizione selezionatori del personale che utilizzavano le caffetterie per interviste libere e gratuite senza il filtraggio preventivo dei CV)

Livello 4 Innovazione nei prodotti e nei servizi

- Performance di prodotto (caratteristiche, prestazioni e capacità, Intel Pentium)

FIGURA 10.4 **STRATEGIA DI INNOVAZIONE PER UN'AZIENDA DI AUTONOLEGGIO**

Strategia di innovazione

Sviluppare 10 progetti innovativi, di cui 8 marginali e 2 radicali.

Perseguire una strategia proattiva nei nuovi business e reattiva nei business correnti.

Sviluppare, per livelli, i seguenti progetti:

- Innovazione del modello di business: innovazione radicale per creare una nuova business unit. Due progetti a cui vengono allocati 300.000 euro ciascuno. Dei 2 progetti, verrà implementato quello che ottiene la valutazione più alta.
- Innovazione di processo: lancio di 4 progetti, a cui vengono allocati 30.000 euro ciascuno. I punti di focalizzazione dell'innovazione saranno:
  - risparmi nella manutenzione dei veicoli;
  - risparmi attraverso la riduzione e il tempo di consegna delle chiavi;
  - risparmi attraverso l'incremento numerico delle prenotazioni online;
  - risparmi attraverso l'upgrading del sistema di fatturazione.
- Innovazione di marketing attraverso l'acquisizione di nuovi clienti con il portafoglio in essere. Due progetti a cui vengono allocati 50.000 euro ciascuno.
- Innovazione nei prodotti e nei servizi, estensione di portafoglio. Due nuovi progetti a cui vengono allocati 30.000 euro ciascuno.

- Sistema di prodotto (sistema esteso che circonda un'offerta, Microsoft Office)
- Servizio (come servire i clienti, FedEx)

Programmazione e allocazione delle risorse

La strategia di innovazione dovrebbe anche definire, in base al budget totale di innovazione, la quota di risorse da allocare a ciascun tipo e a ciascun livello di innovazione. L'allocazione del budget verrà utilizzata come guida per l'approvazione del progetto al momento di implementare la strategia. Per incredibile che possa apparire, solo il 24% delle aziende stabilisce il proprio budget di innovazione[17].

Analogamente, la definizione della strategia include una programmazione generale del numero e delle tipologie di innovazione. Vediamo un esempio nella *Figura 10.4*.

IMPLEMENTARE LA STRATEGIA DI INNOVAZIONE

Adesso abbiamo definito la strategia. Come la implementeremo? Ossia, per riformulare la domanda: come intendiamo applicare la strategia ai nostri processi di innovazione? Oppure, in termini di modello A-F, come coordiniamo le molteplici iniziative degli attivatori con i nostri piani di innovazione, i nostri obiettivi e le nostre strategie?

Tutte le idee e tutte le proposte ricevute dagli attivatori (che potrebbero essere i dipendenti dell'azienda, l'ufficio pianificazione, il top management, ricercatori esterni, i clienti principali o gli stakeholder) vengono riesaminate e classificate da coloro che sono preposti alla pianificazione dell'innovazione.

Anzitutto, le idee e le proposte vanno riesaminate per accertarsi che siano in linea con la missione, gli obiettivi e la strategia dell'azienda, e che riflettano gli obiettivi di innovazione. Può darsi che il management abbia definito diversi elementi: il quadro di riferimento generale per l'innovazione; le sue priorità in termini di livelli e tipologie di innovazione; il punto di focalizzazione dell'innovazione o le linee guida (aspettative minime per un progetto). Tutti questi concetti vengono illustrati nel *Capitolo 3*. Quando arriva un'idea o una proposta, dobbiamo accertarci che risponda a questi requisiti.

Se una proposta non è in linea con gli obiettivi, la strategia o la missione dell'azienda, o se non soddisfa i requisiti specificati dal management, possiamo considerarla inappropriata. Tuttavia, possiamo suddividere ulteriormente le idee inappropriate in due tipologie. La prima è quella delle idee non solo inappropriate, ma anche prive di attrattività. In questo caso, consigliamo di abbandonarle, ma non definitivamente. È meglio lasciarle nel "cestino", dove si possono recuperare in futuro, o utilizzarle come fonti di ispirazione per nuove campagne di promozione delle idee. In Shell, per esempio, le idee che non superano questa verifica vengono messe da parte e inserite in un database, a cui possono accedere tutti i dipendenti per apportarvi dei miglioramenti.

Ma se siamo convinti che una determinata proposta, pur essendo inappropriata, abbia un forte potenziale di business, dovremmo sottoporla al top management, che può decidere se investire o meno nel suo sviluppo, sapendo che, se verrà implementata, comporterà una revisione delle politiche aziendali.

A seconda di chi sono i vostri attivatori, questa verifica dell'allineamento potrebbe avere senso o meno. Per esempio, se è il senior management ad attivare un progetto, assegnando un team dedicato a un compito specifico (attivazione top-bottom), possiamo essere quasi certi che sia pienamente in linea con le politiche aziendali. Ma quando l'attivazione viene dai dipendenti (attivazione bottom-up), non vorrete dare l'OK al progetto, mettere insieme il resto del team

A-F e cominciare a investire senza verificare preventivamente l'adeguatezza strategica dell'idea.

Supponiamo, però, che la proposta sia appropriata, ossia in linea con i nostri obiettivi e con le nostre strategie, complessive e di innovazione. Se è così, non ci resta che stabilire quando può iniziare il processo.

È probabile che l'azienda abbia altri progetti in via di sviluppo. Un progetto non si può gestire indipendentemente dagli altri, dalle priorità, dai vincoli di budget e dall'evoluzione delle condizioni di business[18]. Come possiamo gestire il flusso delle proposte e dei progetti che si ritengono validi o appropriati?

Dobbiamo programmare il flusso in base al nostro piano di innovazione, che stabilisce dove vanno le risorse e tiene sotto controllo l'implementazione della strategia. A questo scopo, usiamo tre strumenti principali: il portafoglio di progetti in via di sviluppo, la roadmap del progetto e i "canestri delle risorse".

Il portafoglio di progetti in via di sviluppo

Il portafoglio dei progetti è un elenco di proposte, classificate in ordine di difficoltà, di potenziale e di rischio.

Il portafoglio dei progetti di innovazione è l'interfaccia fra strategia e processi, e uno strumento per promuovere il feedback tra i responsabili dell'innovazione e i diversi attivatori. Nelle *Figure 10.5a e 10.5b* vediamo un esempio per la nostra azienda di autonoleggio.

La classificazione dei progetti è compito del management. Se necessario, si possono usare alcuni degli strumenti descritti nel *Capitolo 8* o cercare la cooperazione dei facilitatori di altri progetti. La classificazione dei progetti in portafoglio, però, è solo una direttiva generale; la sua funzione è applicare la strategia di innovazione (numero e tipo di innovazioni desiderate in un determinato momento). La valutazione finale del progetto arriverà con l'ulteriore avanzamento del processo di innovazione, come abbiamo visto nel *Capitolo 8*.

Il portafoglio dovrebbe riflettere la strategia e gli obiettivi di innovazione dell'azienda (conviene equilibrare i progetti sulle diverse variabili: breve/lungo termine, basso/alto rischio, innovazione radicale/marginale)[19]. Le aziende che usano questo strumento – è dimostrato – allocano molto efficacemente le proprie risorse d'innovazione.

Accade spesso che gli ostacoli principali all'innovazione – i nemici del cambiamento – si trovino all'interno dell'azienda. Quegli ostacoli sono la disponibilità o meno delle risorse, l'avversione al rischio del management e la riluttanza di alcuni dirigenti a portare avanti de-

FIGURA 10.5a **ELENCO DEI PROGETTI PER UN'AZIENDA DI AUTONOLEGGIO**

Elenco dei progetti (in maiuscolo, il nome in codice del progetto)

Modelli di business
Noleggio di un piccolo aereo con pilota (AIR).
Noleggio di un elicottero con pilota (HEL).
Noleggio di biciclette da usare all'interno della città (CYC).
Noleggio orario di veicoli parcheggiati in strada (HOUR).
Servizio di noleggio urgente: consegna della vettura a casa del cliente (HOME).
Noleggio di motociclette per spostarsi in città (MOT).

Prodotti e servizi
Servizio di prenotazione di alberghi e ristoranti (RES).
Servizio di rifornimento completo del veicolo (GAS).
Servizio di noleggio di un sistema di navigazione satellitare (NAV).
Possibilità di ritirare il veicolo ovunque (PICK).
Noleggio di CD da utilizzare a bordo dei veicoli (CD).
Noleggio di lettori e DVD per le famiglie con bambini (DVD).
Sconto assicurativo per i clienti già assicurati in proprio (INS).
Assicurazione contro i guasti del veicolo (BRE).

Attrazione di nuovi clienti
Sconto per nuovi nuclei familiari presentati da clienti acquisiti (MGM).
Lezioni di guida professionale per i nuovi clienti (DRI).
Primo noleggio gratuito per l'acquisto di un buono da quattro noleggi da parte dei nuovi clienti (DIS).
Primi 100 chilometri gratuiti per i nuovi clienti (KM).
Noleggio gratuito per i nuovi clienti che effettuano almeno tre noleggi in un anno (1FOR3).
Upgrading del veicolo nei primi due anni per i nuovi clienti (UPG).

Processi

Risparmi nella manutenzione dei veicoli:
Accordo con Michelin (MIC).
Partnership con dei concorrenti per gli acquisti in comune (PUR).
Sistema di allarme precoce per i difetti segnalati dai clienti (WARN).
Identità di modello e di colore per tutti i veicoli (ONE).
Sistema di rinnovo della flotta con un turnover più rapido rispetto a oggi (NEW).
Accordo con una catena nazionale di autoriparazioni (ALI).

Risparmi attraverso la riduzione dei tempi di consegna delle chiavi
Sistema di notificazione dell'arrivo del cliente tramite SMS (SMS).
Uscita rapida del veicolo con il nuovo sistema di parcheggio (PAR).
Sistema online per la precompilazione dei contratti di noleggio da parte del cliente al momento della prenotazione (PRE).
Sconto per i clienti che restituiscono il veicolo prima dell'ora o della data concordata (TIM).
Sistema per la compilazione del contratto alla consegna del veicolo (DEL).

Risparmi attraverso l'incremento delle prenotazioni online
Nuovo sistema di prenotazione tramite iPhone o BlackBerry (IPH).
Nuovo sistema di prenotazione via intranet per i clienti Premium Business (INT).
Sistema di risparmio del tempo per i clienti che prenotano online (ONL).
Link con i siti dei principali alberghi e delle maggiori agenzie di viaggio (HOT).
Accordo con Google e Yahoo! per il posizionamento preferenziale (GOO).

Risparmi attraverso l'upgrading del sistema di fatturazione
Scannerizzazione e comparazione automatica dei contratti precedenti (SCAN).

FIGURA 10.5b **PROGETTI IN PORTAFOGLIO PER UN'AZIENDA DI AUTONOLEGGIO**

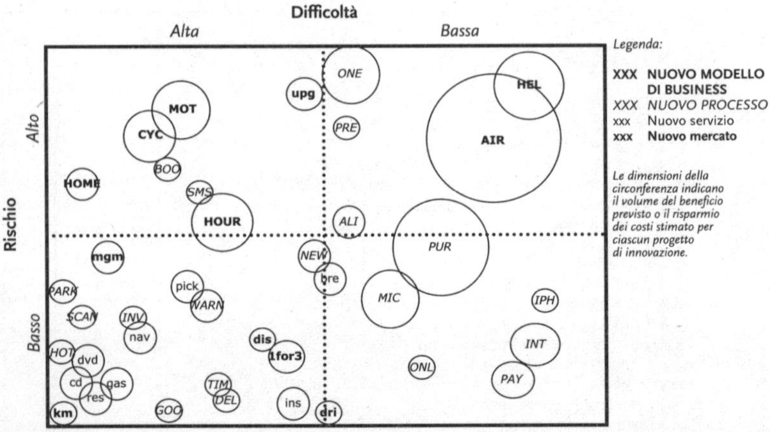

terminanti progetti. Il portafoglio è uno strumento eccellente per superare questi problemi.

Dal portafoglio, i progetti transitano nel sistema di innovazione. A mano a mano che le idee, i concept e i progetti avanzano all'interno del sistema, l'azienda prende decisioni sui nuovi concept e sui nuovi progetti da promuovere[20]. È qui che entra in gioco la roadmap dell'innovazione.

La roadmap dell'innovazione

La roadmap dell'innovazione (*Figura 10.6*) vi permette di visualizzare la tempistica dei diversi "processi": sia quelli in esecuzione sia quelli pianificati per gli anni successivi. Viene usata per pianificare l'allocazione delle risorse, il numero dei processi da portare avanti simultaneamente e il numero e la tipologia di innovazioni che si possono lanciare in un determinato momento. Utilizzando la roadmap, applichiamo la strategia di innovazione (numero e tipologie di innovazione) nel tempo. Per esempio, in Corning, quando il management programma i diversi processi di innovazione, cerca anche di mettere in equilibrio i miglioramenti a breve termine dei prodotti in essere e i progetti di lungo termine.

Di solito esiste una sola strategia di innovazione, ma – nel caso di società molto grandi con obiettivi di innovazione multipli e diverse business unit – possono essere elaborate diverse strategie, normalmente una per ogni business unit.

FIGURA 10.6 **ROADMAP DELL'INNOVAZIONE PER UN'AZIENDA DI AUTONOLEGGIO**

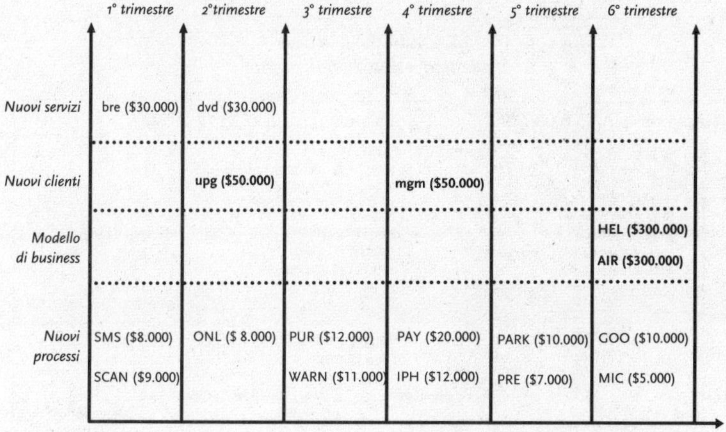

Canestri delle risorse

I "canestri delle risorse" sono un mezzo per assicurarsi che le risorse vengano allocate in linea con le priorità strategiche dell'azienda.

Si tratta di classificare i vari progetti con gli stessi criteri utilizzati per l'allocazione delle risorse. Per esempio, l'azienda X ha stabilito che il 50% delle risorse di innovazione debbano andare all'innovazione radicale su nuovi prodotti, il 25% alle innovazioni marginali (estensione di portafoglio) e il 25% al miglioramento dei processi.

I progetti in cantiere vengono classificati negli stessi tre gruppi, entro cui vengono ordinati in base al loro potenziale e alla loro adeguatezza strategica per l'azienda. Dopo aver calcolato il budget approssimativo da assegnare a ciascun progetto, si approvano i progetti meglio classificati di ciascun gruppo finché non vengono meno le risorse allocate a quel tipo di innovazione, senza sottrarre risorse ad altri gruppi.

Vediamo un esempio nella *Figura 10.7*.

IL PROCESSO AVANZA

Una volta approvati, i progetti seguono i processi di innovazione. A questo scopo, se non lo abbiamo già fatto, dobbiamo scegliere il resto del team A-F in base ai ruoli: browser, creatori, developer, esecutori e

FIGURA 10.7 **ALLOCAZIONE DELLE RISORSE PER UN'AZIENDA DI AUTONOLEGGIO**

Canestri delle risorse
secondo il tipo di innovazione

Nuovi servizi ($ 60.000)

dvd ($ 30.000)
bre ($ 30.000)
———
nav ($ 30.000)
pick ($ 35.000)
ins ($ 25.000)
gas ($ 12.000)
res ($ 14.000)
cd ($ 10.000)

Modelli di business ($ 600.000)

HEL ($ 100.000)
AIR ($ 200.000)
———
HOME ($ 30.000)
MOT ($ 70.000)
HOUR ($ 40.000)
CYC ($ 20.000)

Nuovi clienti ($ 100.000)

upg ($ 50.000)
mgm ($ 50.000)
———
dis ($ 45.000)
km ($ 60.000)
dri ($ 25.000)
1for3 ($ 11.000)

Nuovi processi ($ 120.000 ciascuno)

Consegna delle chiavi ($ 30.000)	Sistema di fatturazione ($ 30.000)	Incremento delle prenotazioni online ($ 30.000)	Manutenzione ($ 30.000)
SMS ($ 8.000)	SCAN ($ 9.000)	GOO ($ 10.000)	MIC ($ 5.000)
PARK ($ 10.000)	PAY ($ 20.000)	IPH ($ 12.000)	PUR ($ 12.000)
PRE ($ 7.000)	INV ($ 10.000)	ONL ($ 8.000)	WARN ($ 11.000)
TIM ($ 12.000)	BOO ($ 12.000)	HOT ($ 8.000)	ONE ($ 30.000)
DEL ($ 11.000)		INT ($ 9.000)	NEW ($ 20.000)
			ALI ($ 10.000)

Nota: I progetti vengono classificati all'interno di ciascuna categoria in base al rating dei facilitatori. Le risorse vengono allocate a ciascun gruppo finché il budget non viene interamente speso. Non c'è possibilità di ottenere risorse da altre categorie.

facilitatori. Poi, allochiamo a ciascun ruolo le risorse necessarie e stimiamo il numero di ore lavorative, e il processo è finalmente pronto per partire. In questo modo, il modello A-F si conforma alla pianificazione dell'innovazione.

Non resta che selezionare gli strumenti da fornire a ciascun ruolo (vedi *Capitoli 4-8*) e usare le formule collaborative giuste per le esigenze del processo (vedi *Capitolo 9*). Queste decisioni possono essere prese dal team o dal management (nella persona del CIO o del CEO).

Capitolo 11

Parametri

I parametri di innovazione includono una serie di strumenti e di sistemi per misurare la capacità innovativa di un'organizzazione.

I parametri di innovazione sono relativamente nuovi. Questo perché altri indicatori, come il tasso complessivo di crescita delle vendite o dei profitti, si consideravano sufficienti a determinare la performance di un'azienda.

Quando l'innovazione è diventata un mezzo fondamentale per la sopravvivenza, però, le imprese hanno scoperto di aver bisogno di strumenti specifici per capire se sono o non sono preparate a innovare e a misurare l'efficacia delle proprie strategie di innovazione.

Immaginate un'azienda che abbia i profitti o il fatturato in crescita, ma non innovi affatto. Forse la crescita è dovuta a una strategia appropriata, al venir meno di certi concorrenti o all'elevata performance della forza vendita. Ciò nonostante, l'azienda non innova. I parametri di innovazione permettono di capire chiaramente quale parte del successo di un'azienda deriva da un'innovazione.

La differenza rispetto agli indicatori che abbiamo illustrato nel *Capitolo 8* sta nel fatto che quelli di cui ci occupiamo adesso riguardano l'intera azienda: misurano il livello di innovatività dell'intera organizzazione, anziché il potenziale di un determinato progetto o di un determinato processo di innovazione.

Se confrontiamo l'elenco delle aziende più innovative di oggi con quello delle aziende di qualche tempo fa, scopriamo che c'è stato un grandissimo ricambio nei nomi. Ciò implica che il problema non è solo lo scarso orientamento all'innovazione, ma anche l'incapacità di sostenerla nel tempo. Alcune imprese hanno avuto la grande idea, hanno sviluppato un modello di business rivoluzionario e/o una strategia vincente, ma non sono state in grado di mantenere quello slancio che all'epoca ne aveva fatto grandissimi innovatori. Oltre che un sistema di valutazione, i parametri di innovazione costituiscono anche uno strumento diagnostico per prevedere la futura capacità di innovazione e, nel caso di un declino potenziale, per capire come invertire il trend prima che sia troppo tardi[1].

COME USARLI

I parametri di innovazione hanno diverse altre funzioni. Essendo unità di misura obiettive e quantificabili, sono utili per tre tipi di confronto. Permettono di:

1. confrontarci con altre aziende del nostro settore e stabilire come ci posizioniamo rispetto ai concorrenti. Non è una pratica comune: secondo McKinsey, solo il 42% delle imprese usa parametri per confrontarsi con i concorrenti in termini di capacità innovativa[2];
2. confrontare due o più business unit della stessa azienda. L'indagine di McKinsey ha rivelato che poche aziende usavano i parametri di innovazione a questo scopo, il che è abbastanza sorprendente perché il confronto tra divisioni o reparti è piuttosto comune nel mondo delle imprese;
3. misurare la crescita della capacità innovativa di un'azienda o di una business unit nel tempo. Questa comparazione è fondamentale per capire se le risorse finanziarie, la formazione e il tempo che abbiamo investito nell'innovazione danno frutti da un anno all'altro. Consente anche all'azienda di modificare nel tempo le proprie strategie di innovazione.

Al di là di queste funzioni specifiche, i parametri di innovazione hanno utilizzi strategici di più ampio respiro: comunicazione (per definire e disseminare la strategia), controllo (per monitorare l'implementazione degli sforzi di innovazione, come l'investimento in formazione, R&D ecc.) e apprendimento (per identificare nuove opportunità attraverso l'esame critico dei cambiamenti intervenuti nei parametri)[3].

Infine, come vedremo nel *Capitolo 13*, i parametri assicurano anche misurazioni obiettive nella progettazione di un sistema di incentivi per l'innovazione.

QUANTE AZIENDE USANO I PARAMETRI DI INNOVAZIONE?

Il fatto è che, nonostante la loro importanza, i parametri di innovazione sono ancora poco diffusi nel mondo delle imprese. In uno studio effettuato da McKinsey su 722 aziende[4], solo il 22% ha detto di utilizzare indicatori per misurare la performance delle proprie politiche di innovazione.

Ecco un altro dato significativo: il 45% delle aziende non misura neppure la relazione tra spesa per l'innovazione e valore dell'impresa[5]. In effetti, è sorprendente che le imprese non misurino la propria capacità di innovare. In primo luogo, perché il management può prendere decisioni di qualità solo avendo a disposizione dati adeguati. E in secondo luogo perché la misurazione dell'innovazione ci permette di allineare obiettivi e azioni[6].

Se le imprese fossero consapevoli della relazione tra i parametri e i risultati dell'innovazione, probabilmente li terrebbero più in considerazione. Robert G. Cooper ha condotto uno studio comparativo sulle aziende in base alla loro performance d'innovazione: scadente, media ed eccellente[7]. L'uso dei parametri si è dimostrato una delle variabili più esplicative della performance (*Figura 11.1*).

Come dice Robert Cooper:

> Per esempio, in ITT Industries, i risultati dei nuovi prodotti costituiscono ormai un indicatore critico di performance per i direttori generali delle business unit, oltre al raggiungimento dei profitti e dei target. Notate che,

FIGURA 11.1 **CORRELAZIONE TRA PERFORMANCE DEI NUOVI PRODOTTI E UTILIZZO DEI PARAMETRI DI INNOVAZIONE**

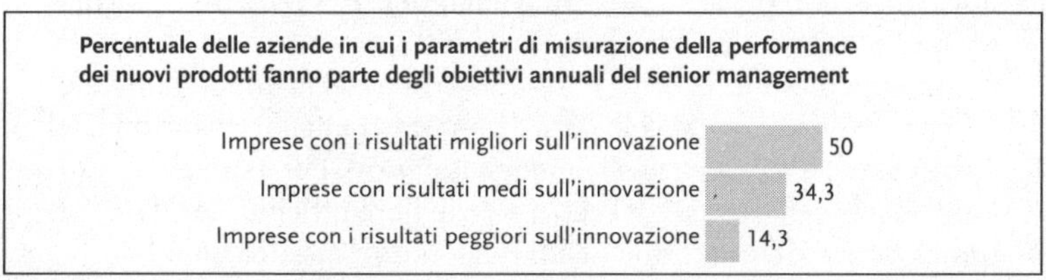

Fonte: Robert G. Cooper, *Winning at new products: Pathway to profitable innovation*, www.stage-gate.com

pur non essendo ancora largamente diffusa, questa pratica si osserva nelle aziende *best performer* almeno quattro volte più frequentemente che nelle aziende dalla performance insufficiente[8].

L'utilizzo dei parametri dovrebbe far parte di qualunque politica di innovazione. Come osservano T. Davila e collaboratori[9], ciò che non si può misurare non si può gestire. I parametri e gli incentivi sono uno dei quattro fattori necessari per l'innovazione.

TIPOLOGIE DI PARAMETRI

I parametri si possono raggruppare in quattro categorie: quelli che misurano i risultati dell'innovazione dal punto di vista economico; quelli che misurano l'intensità dell'innovazione all'interno di un reparto, business unit o organizzazione; quelli che misurano l'efficacia dell'attività di innovazione e delle invenzioni e, infine, quelli che misurano la diffusione della cultura creativa all'interno di un'organizzazione.

Nel box presentiamo un totale di 25 indicatori, raggruppati in base a queste categorie.

Parametri economici

I parametri economici misurano i risultati positivi o negativi dell'innovazione utilizzando variabili ricavate dal bilancio dell'azienda.

1. *Vendite derivanti dal lancio di nuovi prodotti.* È probabilmente uno degli indicatori più comunemente usati. Si misura in percentuale e si calcola di solito su due periodi: l'anno precedente e la media di un certo numero di anni, da tre a cinque. Questo indicatore si usa di solito per determinare gli obiettivi di medio e di lungo termine. Per esempio, alcuni anni fa Nestlé ha deciso che i nuovi prodotti dovevano pesare sul fatturato più del 10% rispetto al fatturato medio degli ultimi tre anni.
Un obiettivo compreso tra il 20 e il 30% è decisamente ambizioso, ma ci sono aziende che, data l'importanza dell'innovazione nel loro settore, arrivano a livelli ancora superiori. Per esempio in Corning, leader nei mercati del vetro e delle fibre ottiche, l'80% del fatturato deriva da prodotti lanciati negli ultimi quattro anni.

A volte, anziché misurare il peso dell'innovazione sul fatturato totale, se ne misura l'incidenza in termini di crescita: vale a dire quale parte della crescita del fatturato si può attribuire all'innovazione.

2. *Profitti derivanti dal lancio di nuovi prodotti.* In questo caso, anziché le vendite misuriamo i profitti. Questo indicatore si calcola di solito sulle vendite cumulate da uno a cinque anni, a seconda del prodotto. La ragione è che alcuni lanci richiedono un certo tempo prima di iniziare a generare profitti.

3. *Vendite derivanti da innovazioni diverse dai nuovi prodotti.* Questo indicatore differisce dal precedente nel senso che qui consideriamo alcune innovazioni svincolate dal lancio di un nuovo prodotto: miglioramenti nei processi, nelle relazioni con i clienti, nell'esperienza del cliente, nelle idee per l'acquisizione di nuovi clienti, nello sviluppo di nuovi canali ecc. Le aziende non dovrebbero farsi ossessionare dall'"obbligo" di lanciare nuovi prodotti. È vero che il ciclo dei prodotti si è accorciato, ma ciò non significa che dobbiamo avere ogni anno un nuovo portafoglio. Le innovazioni che non comportano il lancio di nuovi prodotti possono produrre grandi risultati e non richiedono quasi mai i forti investimenti di produzione e di marketing che si associano all'immissione di un nuovo prodotto sul mercato. Questo parametro intende misurare la crescita del fatturato generata da idee legate alla gestione del portafoglio *attuale* di prodotti e servizi.

4. *Profitti derivanti da innovazioni diverse dai nuovi prodotti.* Vedi al punto 3, con la sola differenza che qui si misurano i profitti finali o il margine di contribuzione dei miglioramenti realizzati.

5. *Risparmi derivanti dall'innovazione.* Poiché è difficile calcolare esattamente i profitti derivanti da un miglioramento, i risparmi di costo sono un'alternativa assai comune. Questo parametro è particolarmente utilizzato nell'innovazione di processo e si misura in unità monetarie (dollari, euro ecc.) o in percentuale del margine lordo o EBITDA (*Earnings Before Interest, Taxes, Depreciation and Amortization*: utili al lordo degli interessi, delle imposte e degli ammortamenti). Per esempio, un'azienda potrebbe darsi l'obiettivo di fare aumentare l'EBITDA del 7-9% tramite risparmi di costo derivanti dall'innovazione di processo.

6. *ROI totale dell'innovazione.* È lo stesso indicatore che abbiamo visto nel *Capitolo 8*, ma si applica all'intera azienda o a una business

unit. Calcola cioè il ritorno su tutti gli investimenti in innovazione effettuati nel corso degli anni. Nella valutazione dei progetti di cui abbiamo parlato nel *Capitolo 8*, i ricavi erano semplici stime per il futuro. In questo caso, i ricavi sono dati reali. Usato come parametro, il ROI richiede un periodo di osservazione relativamente lungo: da cinque a dieci anni, ma è un indicatore affidabile di lungo termine. Poiché siamo di fronte a una lunga serie temporale, questo parametro si evolve più gradualmente e quindi si correla bene con il valore totale di un'azienda (nei settori ad alta intensità di innovazione, ricerca e sviluppo). Per esempio, in Corning, si misurano i risultati di un'innovazione in termini di ricavi multipli rispetto all'investimento in R&D (il moltiplicatore è l'inverso del ROI).

Intensità

L'intensità fa riferimento alla quantità di innovazione, senza tener conto dei risultati che ne derivano.

7. *Numero dei brevetti.* È l'indicatore tipicamente usato nell'industria farmaceutica e nei settori ad alta intensità di tecnologia e R&D. Potrebbe sembrare assurdo misurare il numero dei brevetti senza andare a vedere se producono reddito, ma ci sono settori in cui occorre un gran numero di invenzioni prima che una di esse generi del valore. Le case farmaceutiche devono sviluppare migliaia di nuove molecole prima di scoprire un nuovo farmaco. E ognuna di queste molecole va brevettata.
Alcune aziende misurano semplicemente le domande di brevetto. È il caso di Hewlett-Packard, dove ogni richiesta di brevetti presentata dai tecnici dell'azienda viene premiata con 175 dollari.
L'industria farmaceutica rileva anche il numero dei brevetti in scadenza come indicatore negativo per un'azienda, anche in presenza di un numero crescente di nuovi brevetti.

8. *Numero di innovazioni in prodotti, servizi, esperienze del cliente, processi o modelli di business.* In questo caso misuriamo il numero di innovazioni che siamo in grado di implementare. Questo parametro separa di solito il numero dei lanci da quello delle innovazioni, così come abbiamo visto nei parametri finanziari. Il vantaggio di calcolare il numero è che si possono fissare obiettivi molto chiari da un anno all'altro. Per esempio, un'azienda potrebbe scoprire che in fabbrica sono stati implementati 12 miglioramenti in un anno e che l'anno successivo se ne dovranno implementare 15.

9. *Numero di brand.* È la versione marketing del numero di brevetti. È un parametro logico nei settori in cui i brand hanno vita breve, come i prodotti per bambini, o per distributori di prodotti i cui brand sono in licenza.

10. *Numero di idee generate per anno.* Questo indicatore non tiene conto del numero di idee che alla fine si trasformano in progetti. Si focalizza sulle idee, molte delle quali verranno scartate, perché esse, come abbiamo visto nel capitolo precedente, sono i semi dei progetti. Dunque il numero delle idee è un indicatore indiretto del numero dei progetti futuri e del coinvolgimento delle persone nell'innovazione.

11. *Numero dei progetti di innovazione in cantiere.* Questo parametro si usa per monitorare il tasso di sviluppo dei progetti da parte dell'azienda. Un declino nel numero di progetti in cantiere potrebbe prospettare un calo nel numero di innovazioni entro i prossimi tre anni (a meno che l'azienda non stia scommettendo su un grosso progetto, concentrando su di esso tutte le sue risorse finanziarie). È una variabile che si usa per gestire l'innovazione nel medio termine.

12. *Numero di progetti continuativi di innovazione.* Questo parametro si usa per prevedere l'intensità dell'innovazione nel breve termine, e il numero di processi che un'azienda è in grado di portare avanti simultaneamente.

13. *Investimenti in R&D.* Pur trattandosi di un parametro finanziario, è più legato all'intensità. L'investimento in R&D si misura di solito in unità monetarie o in percentuale del fatturato annuo. Per esempio, 3M investe quasi il 7% del fatturato annuo in ricerca, sviluppo e spese collegate (per un totale di oltre 5 miliardi di dollari negli ultimi cinque anni). L'investimento in R&D – in percentuale sul PIL – è un indicatore familiare a molti, anche al di fuori delle aziende, perché è usato frequentemente dai media per classificare regioni e paesi. I primi sei paesi del mondo in termini di investimenti in R&D in rapporto al PIL sono: Israele, Giappone, Svezia, Finlandia, Corea del Sud e Stati Uniti.

Efficacia

Questi indicatori servono a misurare i profitti in relazione all'utilizzo delle risorse, con l'obiettivo di massimizzare gli output dell'innovazione minimizzando gli input.

14. *Percentuale di successo dei nuovi prodotti.* Questo indicatore è largamente usato per misurare i risultati dell'innovazione, specie nei beni di largo consumo. Calcola la percentuale dei nuovi prodotti che si rivelano di successo. La domanda è: come si configura il successo? I criteri dipendono dall'azienda, ma si basano di solito su due variabili: profittabilità e capacità di rimanere sul mercato. Un altro criterio di misurazione del successo è il grado di raggiungimento degli obiettivi definiti all'inizio del progetto. Per esempio, un'azienda potrebbe stabilire che un'innovazione si considera di successo quando genera il 3% del fatturato entro tre anni dal lancio, a parità di margini rispetto agli altri prodotti.
Quali che siano, i criteri di misurazione del successo vengono rivisti di solito a cadenze periodiche. È una prassi abituale in Procter & Gamble, e consente all'azienda di monitorare i risultati dei nuovi prodotti e di valutare separatamente ogni business unit.

15. *Time to market.* Un altro indicatore di efficacia prende a riferimento il tempo, anziché le vendite. Questo parametro viene usato più frequentemente nei settori in cui il cambiamento tecnologico è rapido e la competitività è strettamente legata all'introduzione dell'innovazione in tempi molto brevi. Per esempio, Samsung usa come indicatore la rapidità con cui le innovazioni e gli upgrading arrivano sul mercato. Philips offre ai suoi team di sviluppo prodotti bonus per il rispetto di determinate scadenze[10].

16. *Investimento medio per progetto.* Questo parametro è molto utile per fare comparazioni a distanza di tempo all'interno di un'azienda. In questo caso, dividiamo l'investimento totale in R&D per il numero di innovazioni lanciate, indipendentemente dal fatto che abbiano o non abbiano avuto successo. Facendo comparazioni a distanza di tempo, possiamo capire se l'azienda è in grado di innovare con risorse sempre più scarse. Naturalmente, questo confronto dovrebbe distinguere fra un tipo d'innovazione e l'altro, perché le innovazioni radicali tendono ad assorbire più risorse di quelle marginali.

17. *Impatto medio dell'investimento per progetto di successo.* È una variante dell'indicatore precedente, ma in questo caso dividiamo l'investimento totale in innovazione (quale che sia stato il successo dei progetti) per il numero di progetti che hanno raggiunto il proprio obiettivo. Mettendo al numeratore l'investimento totale e al denominatore solo i progetti di successo, misuriamo indiretta-

mente l'efficacia complessiva dell'azienda nell'attuare innovazioni valide.

18. Spesa media per idee e progetti scartati. Ricordate l'importanza della gestione degli errori nell'innovazione. Questo parametro calcola il costo medio dell'abbandono di un'idea sommando i costi delle idee e delle proposte che sono state scartate e dividendo quella somma per il numero delle idee o dei progetti scartati. In questo modo possiamo misurare la capacità dell'azienda di bloccare le innovazioni prima che vengano a costare troppo.

19. Numero di anni al top del settore. Un punteggio elevato su questo aspetto non implica necessariamente che l'azienda sia innovativa, specie se opera in un settore oligopolistico o caratterizzato da un cambiamento lento. Applicato a settori dinamici, però, questo calcolo è un indicatore della capacità di innovare in maniera sostenibile.

Cultura
In questo caso, i parametri fanno riferimento ad aspetti che si collegano alla cultura creativa dell'azienda. Non siamo interessati all'efficacia, all'intensità o alla qualità dell'innovazione, ma vogliamo misurare il grado di diffusione dell'innovazione, e in particolare della creatività, all'interno dell'organizzazione.

20. Percentuale di dipendenti che producono idee. La misurazione di questo parametro è possibile solo quando il nostro sistema di generazione delle idee rivela l'identità delle persone che ci stanno dietro, oppure, nel caso di un sistema anonimo, quando possiamo calcolare il numero dei singoli contributori per mezzo di un codice di identificazione che ne salvaguarda l'anonimato. Il rapporto tra dipendenti che suggeriscono idee e il totale del personale indica quanto è diffusa la cultura creativa. Potremmo scoprire, per esempio, che un 14% della forza lavoro totale genera idee. In Toyota, il 70% dei dipendenti fornisce idee di miglioramento. Ciò potrebbe spiegare perché i suoi modelli sono arrivati così vicino alla perfezione.

21. Percentuale di dipendenti che valutano le idee. È lo stesso concetto di cui al punto 20, ma viene applicato a coloro che valutano le idee dei colleghi, e la correlazione con il parametro precedente tende a essere molto elevata. Di regola, coloro che propongono le idee le valutano anche, perché entrambe le azioni derivano dal coinvolgimento personale e dall'atteggiamento favorevole al cambiamento.

22. *Numero di idee generate dal singolo dipendente nell'anno.* Qui, anziché la percentuale dei dipendenti che forniscono idee, vogliamo misurare l'intensità della cultura creativa, che include non solo i dipendenti che generano idee o meno, ma anche il numero di idee proposte; per esempio, la nostra organizzazione (o il nostro reparto) ottiene 1,3 idee per dipendente all'anno. L'aspetto sorprendete di questo indicatore è che tende a produrre medie molto basse; il che, per contro, è un utile promemoria dell'inerzia, dell'autocompiacimento e dell'avversione al cambiamento che sono innati negli esseri umani. Ci sono aziende che registrano regolarmente numeri inferiori a 1 idea per dipendente all'anno (si arriva anche a 0,34). Una variante di questo parametro è calcolare solo i dipendenti che producono idee. In questo caso, invece del grado di diffusione della cultura creativa, vogliamo misurare l'intensità creativa dei collaboratori che sono orientati all'innovazione.

23. *Percentuale di tempo dedicata all'innovazione.* Questo indicatore calcola la percentuale di ore lavorative di un'organizzazione (a volte tiene conto soltanto di coloro che svolgono compiti legati direttamente all'innovazione) dedicata alla generazione di idee e al project management. Si tratta dunque di una misura della presenza di innovazione nella routine quotidiana. Alcune imprese, come abbiamo visto in tutto il libro, attribuiscono una grande importanza a questo parametro, al punto che per assicurarne la corretta gestione lasciano ai dipendenti un certo numero di ore libere (o di giorni!) alla settimana o al mese.

24. *Numero di reparti che innovano in continuazione.* Nelle grandi imprese, per misurare l'equa distribuzione delle innovazioni, in contrapposizione alla rituale concentrazione presso il marketing e l'R&D, si identifica il numero dei reparti che innovano continuamente o ripetutamente. Questo indicatore aiuta a sviluppare la cultura creativa promuovendo l'emulazione.

25. *Propensione al rischio.* Pur trattandosi di una variabile qualitativa, alcune aziende scelgono di misurare la propensione al rischio per la sua elevata correlazione con la capacità di innovare. Nella procedura abituale, il senior management, insieme alla funzione risorse umane, valuta le decisioni prese dai dirigenti in base al li-

vello di rischio. Il totale annuo delle decisioni prese dai manager consente di calcolare, pur con stime soggettive, la propensione al rischio di un'organizzazione.

GE ha iniziato a valutare i suoi 5.000 top manager su "tratti di crescita" che includono aspetti orientati all'innovazione come "focalizzazione esterna" e "immaginazione e coraggio". GE ha reso più flessibili i suoi parametri tradizionali che si fondavano unicamente sul controllo, mettendo una nuova enfasi sull'innovazione, che riguarda maggiormente la gestione del rischio[11].

Non esiste un parametro universale, e non ce n'è uno più importante dell'altro. Tuttavia, solo per completezza, presentiamo nella *Figura 11.2* una classifica dei parametri più utilizzati, elaborata da McKinsey[12].

Un'altra fonte offre la seguente classifica di parametri[13]:

- investimenti in R&D in percentuale sul fatturato;
- numero di brevetti conseguiti per anno;

FIGURA 11.2 **PARAMETRI PIÙ UTILIZZATI**

Percentuale di rispondenti che usano più di tre parametri di innovazione*, n. = 633
Parametro classificato al primo posto in termini di importanza nelle organizzazioni dei rispondenti**

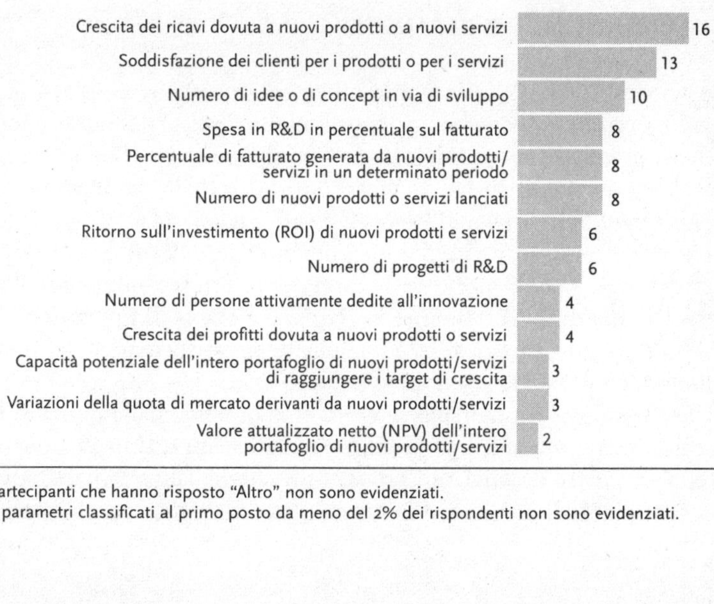

*I partecipanti che hanno risposto "Altro" non sono evidenziati.
** I parametri classificati al primo posto da meno del 2% dei rispondenti non sono evidenziati.

- percentuale delle vendite generate dai prodotti o dai servizi lanciati l'anno prima;
- numero di idee suggerite dai dipendenti.

Vi abbiamo presentato 25 indicatori importanti. Ma il lettore interessato ad approfondire ulteriormente l'argomento ha a disposizione una vasta letteratura, che include interi volumi dedicati unicamente ai parametri di misurazione dell'innovazione, dei processi, dei progetti e dell'azienda nel suo complesso. Per un solo aspetto dell'innovazione, la generazione di idee, troviamo un lungo elenco di possibilità: idee per dipendente; qualità delle idee; costi di creazione di un'idea; capacità delle idee di alimentare il nuovo portafoglio prodotti; fatturato totale diviso il numero di idee; percentuale di idee utilizzate contro idee scartate; percentuale di idee proposte dai dipendenti che sono in linea con gli obiettivi strategici dell'azienda contro percentuale di idee che non lo sono; distribuzione percentuale delle idee per tipo d'innovazione; percentuale di idee per reparto ecc.

Ci teniamo a sottolineare che i parametri di innovazione sono al tempo stesso scienza e arte. In effetti, è relativamente facile definire degli indicatori, ed è un esercizio che raccomandiamo perché mette a disposizione dei dirigenti il sistema di misurazione che più si addice alle loro priorità strategiche.

COMBINAZIONE DEI PARAMETRI

Le aziende tendono a usare più indicatori, anziché uno solo. Quanti ne dovremmo impiegare? I 25 che abbiamo descritto sono troppi per poterli prendere in considerazione tutti assieme. Sarebbe improduttivo e insensato cercare di applicarli tutti quanti alla valutazione e alla gestione delle attività di innovazione di un'azienda.

Tuttavia, non è una buona idea neppure prenderne in considerazione troppo pochi, specie se verranno utilizzati per progettare il nostro sistema di incentivazione. La ragione è che tutti i parametri, come quasi tutti i mezzi di misurazione della performance del management, sono un'arma a doppio taglio.

Per esempio, un manager il cui bonus dipende dalla quota di fatturato derivante dai nuovi prodotti lanciati negli ultimi 12 mesi potrebbe decidere di lanciare i prodotti uno dopo l'altro, senza domandarsi se siano di qualità sufficiente a generare vendite profittevoli.

"Due o tre indicatori non bastano a darvi la visibilità che occorre per risalire alle cause profonde", dice Andrew di Boston Consulting Group. Ci sono però aziende che ne rilevano decisamente troppi. Ce n'è una che rileva 85 parametri di innovazione in una delle sue divisioni. "Significa che non ne gestisce neanche uno", spiega. "Ne utilizza di fatto solo un paio, ma spreca una quantità di tempo e di energie a raccoglierne 85". Secondo Andrew, il numero giusto va da 8 a 12 indicatori. Ed è il numero utilizzato da Samsung Electronics, come afferma Chu Woosik, un senior vice president dell'azienda sudcoreana[14].

La giusta combinazione di parametri risolve questo problema. Nell'elenco visto prima, ci sono degli indicatori che si integrano bene tra di loro, coprendo le rispettive manchevolezze. Per esempio, il primo indicatore del nostro elenco (fatturato annuo generato dai nuovi prodotti) si integra bene con il secondo (profitti generati dai nuovi prodotti). Nella costruzione di uno schema incentivante, la combinazione dei due permetterebbe di evitare i problemi insiti nella mera incentivazione delle vendite.

Il secondo criterio che potete usare per selezionare i parametri con cui misurare la performance di innovazione si incentra sui vostri obiettivi e sulla vostra strategia. Nel *Capitolo 10* abbiamo passato in rassegna i diversi approcci alla formulazione di una strategia di innovazione. I parametri dovrebbero riflettere gli obiettivi e la strategia di innovazione. Per esempio, un'azienda che attua una strategia di innovazione difensiva con risorse limitate attraverso il lancio di innovazioni marginali per proteggere la sua posizione di mercato dovrebbe scegliere indicatori come quelli contrassegnati dai numeri 1, 2, 14, 17 e 25:

- vendite generate dal lancio di nuovi prodotti o servizi;
- profitti derivanti dai nuovi lanci;
- tasso di successo dei nuovi prodotti;
- investimento medio (da ridurre in prospettiva) per lancio;
- bassa propensione al rischio.

Il terzo criterio per la scelta dei parametri fa riferimento ai fattori critici di successo in un determinato settore. Abbiamo visto per esempio che nell'industria farmaceutica il numero dei brevetti è un fattore critico; nel commercio elettronico, dove i costi di implementazione sono spesso molto più bassi, risultano più appropriati parametri riferiti al numero di idee proposte; nei beni di largo consumo, il numero dei lanci e i risultati ottenuti; nei beni industriali, indicatori legati al numero delle innovazioni che non siano i lanci e i risparmi di costo generati dall'innovazione. E così via: ogni settore ha i suoi parametri più appropriati.

In realtà, gli studiosi dell'innovazione non sono ancora riusciti a individuare parametri comuni a tutti i settori[15]. In definitiva, la scelta degli indicatori si può esprimere come funzione:

Parametri = f(complementarità, strategia di innovazione, settore)

È provato che le aziende che fanno bene nell'innovazione usano, in media, da uno a due indicatori più delle altre. Inoltre, quelli che utilizzano coprono ognuna delle fasi del processo di innovazione, come: percentuale di dipendenti coinvolti nell'innovazione; numero di idee o percentuale delle innovazioni che rispettano le scadenze[16]. La conclusione è che dovreste usare degli indicatori, e dovreste sceglierli in base a criteri specifici; i vostri indicatori dovrebbero misurare vari aspetti dell'innovazione (non solo uno) e si dovrebbero integrare tra loro.

Nella scelta e/o nella progettazione dei vostri parametri, tenete presenti i seguenti criteri:

- dovrebbero essere comprensibili;
- non dovrebbero essere eccessivamente complicati da calcolare;
- dovrebbero sfruttare il più possibile gli indicatori che l'azienda usa regolarmente;
- dovrebbero essere legati al cliente.

COMBINAZIONI SOFISTICATE DI INDICATORI

Dopo aver acquisito una certa esperienza nell'utilizzo dei parametri, e aver imparato a combinarli in maniera efficiente, l'azienda può entrare in una seconda fase, più sofisticata ma a più alto valore aggiunto: la costruzione di schemi di riferimento per la diagnostica della capacità innovativa di un'azienda e della sua evoluzione nel tempo[17]. È un livello molto avanzato, che interessa soprattutto agli specialisti d'innovazione. Poiché questo libro vuole essere una guida e un compendio per i senior manager, non ci dilungheremo su questo punto, ma ci limiteremo a dire in che cosa consiste e quale potrebbe essere l'utilità di questo approccio all'utilizzo dei parametri.

Se esaminiamo i 25 indicatori illustrati in questo capitolo, vedremo che alcuni di essi si riferiscono agli input dell'innovazione. Per esempio, la percentuale del tempo dedicata all'innovazione è un input che mira a ottenere risultati in futuro. Altri indicatori fanno riferimento agli output. Per esempio, la percentuale di fatturato dell'anno scorso che deriva da nuovi prodotti è un output della politica di innovazione. Altri ancora – come il time to market, per esempio – si riferiscono ai processi.

Per valutare la relazione tra input e output in termini di innovazione, possiamo costruire uno schema o un quadro di riferimento che suddivide gli indicatori nelle stesse tre categorie. Possiamo capire così se le nostre politiche di innovazione e i nostri investimenti in innovazione rendono, e se c'è una relazione tra input e output.

Per esempio, un'azienda potrebbe misurare come input l'investimento in formazione alla creatività dei dipendenti e la percentuale di ore lavorative dedicata alla generazione di nuove idee. In base ai predetti indicatori potrebbe stabilire se le variazioni intervenute nelle ore di formazione si traducono in qualche output, per esempio un maggior numero di brevetti.

Un'azienda che investe sempre di più in formazione all'innovazione e non vede alcun miglioramento nell'output potrebbe decidere che questa formazione non è più una priorità e che le risorse andrebbero destinate ad altri usi: per esempio, anziché ore di formazione, tempo libero per la generazione di idee.

Più input non danno sempre e necessariamente più output. Quando non c'è equivalenza tra input e output, ciò potrebbe dipendere dai processi, un dubbio che gli indicatori di processo possono aiutarci a chiarire. Per esempio, potrebbe accadere che, pur avendo investito maggiormente in formazione, il numero di brevetti non sia aumentato perché il periodo di sviluppo dei brevetti (è un parametro di processo) mostra un incremento sostanziale nel tempo dedicato alle domande di registrazione.

Tutto ciò potrebbe apparire complicato, ma in realtà non lo è. Il vantaggio è che gli indicatori vengono usati non solo per ottenere informazioni obiettive sul nostro business, ma anche per stabilire se investiamo efficientemente in innovazione.

Per mettere definitivamente a punto questo strumento, vi raccomandiamo di raggruppare gli indicatori di input, di processo e di output intorno a un determinato aspetto. Per esempio, per l'area di management "comunicazione della strategia di innovazione" potreste avere questo gruppo di parametri:

- **Input**
  - numero di rapporti sugli obiettivi di innovazione,
  - numero di presentazioni tenute dal management ad altri reparti sulle priorità strategiche dell'innovazione;
- **Processi**
  - percentuale di rapporti sull'innovazione nella posta elettronica,
  - numero di pagine degli executives summary destinate a informare altri reparti sulle priorità strategiche dell'innovazione;
- **Output**
  - percentuale di idee suggerite all'interno dell'organizzazione che non sono in linea con gli obiettivi di innovazione.

Altri raggruppamenti potrebbero essere: capacità della forza lavoro, cultura creativa, risorse, leadership nell'innovazione, comprensione della strategia ecc.

I PARAMETRI E GLI OBIETTIVI

Idealmente, i parametri si dovrebbero usare per fissare obiettivi di innovazione nel tempo, come abbiamo detto nel capitolo precedente.

Per esempio, un'azienda potrebbe fissare i seguenti obiettivi a cinque anni:

- il fatturato generato dai nuovi lanci deve passare dal 10 al 30% del totale;
- i profitti derivanti dai nuovi lanci devono passare dal 5 al 15% del totale;
- il tasso di successo dei nuovi prodotti deve passare dal 30 al 50%;
- la percentuale di dipendenti che forniscono idee deve passare dal 5 al 30%.

Quali che siano i parametri da voi utilizzati, l'importante è applicarne i risultati. Non ha senso misurare qualcosa e poi non utilizzarlo per qualche fine.

Capitolo 12

Come promuovere una cultura creativa

CHE COS' È LA "CULTURA CREATIVA"?

In azienda, la cultura creativa non è qualcosa di tangibile come un processo; è, in un certo senso, invisibile ma perfettamente riconoscibile. L'azienda caratterizzata da una cultura creativa trasuda interesse per l'innovazione e proattività nel perseguirla; quella cultura aleggia nell'aria; le idee nascono dappertutto, in tutte le componenti dell'organizzazione e a tutti i livelli di responsabilità, indipendentemente dal fatto che le mansioni di una persona abbiano una relazione diretta con i nuovi prodotti. Dovunque si riuniscano i collaboratori, sono presenti creatività e innovazione:

> Nel vostro ruolo di leader, non volete ghettizzare la creatività; volete che tutti i membri della vostra organizzazione, inclusi gli addetti al reparto finanziario, producano idee originali e utili. Negli ultimi due decenni, sono intervenute nella contabilità finanziaria innovazioni oltremodo profonde e assolutamente etiche, come l'activity-based costing[1].

> Se il top management di qualunque azienda dovesse piazzare delle "cimici" in mensa o nel locale preferito dai dipendenti, scoprirebbe ben presto che:
> - tutto il personale dell'azienda ha idee su tutti gli aspetti dell'organizzazione;
> - molte di quelle idee sono sensate;
> - i portatori di idee vengono da tutte le divisioni e da tutti i livelli della gerarchia;
> - molte di quelle idee possono rendere parecchi soldi all'azienda[2].

In un'azienda che ha una cultura creativa ben sviluppata, nessuno ne parla perché l'innovazione fa parte del DNA dell'organizzazione, è codificata nel suo comportamento, va avanti all'infinito e procede in tutte le direzioni.

Un'altra caratteristica delle imprese che possiedono una cultura creativa è che i dipendenti mostrano un sincero interesse all'apporto di idee. Stiamo parlando di un interesse profondo che non è stimolato solo da un sistema di incentivi, ma fa parte strutturalmente dell'approccio al proprio lavoro, alla propria area di attività e ai compiti da svolgere. L'atteggiamento creativo assomiglia molto alla gioia o alla tristezza, nel senso che è contagioso. In un'azienda innovativa, le persone che in altre organizzazioni non apporterebbero idee si ritrovano a inventare, a proporre, a valutare, e sono sempre alla ricerca di soluzioni che possano aiutare l'azienda a fare meglio. La creatività viene incoraggiata dall'alto, a partire dal top management, ma è talmente radicata nella routine quotidiana che alla fine viene incoraggiata anche dal basso, dai gradini più bassi della gerarchia. La creatività si sprigiona naturalmente e si estende da un dipendente all'altro.

Un altro indizio di una cultura aziendale creativa è la "pubblicità" dell'innovazione continuativa, ossia il fatto che tutti sono consapevoli dei cambiamenti implementati e dei risultati che producono. L'innovazione non è appannaggio esclusivo di certi reparti o di certi dirigenti. Le informazioni fluiscono liberamente e i risultati conseguiti dall'azienda sul piano dell'innovazione vengono portati all'attenzione di tutti. Le imprese che innovano con successo tendono a essere leader nei loro segmenti target. Questa leadership si traduce in un giustificato orgoglio, che non ha nulla a che fare con la vanità o con l'autocompiacimento, ma riflette la consapevolezza di coloro che sanno di scrivere il futuro del proprio settore.

Tutto ciò è molto attraente e facile a dirsi, ma come si realizza concretamente? Come si acquisisce una cultura innovativa? I CEO di alcune grandi aziende sono convinti che sia praticamente impossibile trasformare la cultura – gli atteggiamenti e le abitudini di migliaia di persone, l'inerzia e la paralisi – delle loro organizzazioni. È vero che più grande è l'organizzazione, più difficile diventa promuovere una cultura creativa; ma ciò non significa che sia impossibile. Per esempio, nessuno metterebbe seriamente in dubbio il fatto che IBM e Procter & Gamble siano due colossi. Eppure hanno dimostrato entrambe che con l'impegno, la pianificazione, la perseveranza e le risorse si può passare da una cultura conservatrice a una cultura innovativa. Con oltre 110.000 dipendenti in tutto il mondo, P&G si è trasformata da dinosauro a modello inimitabile di efficienza nell'innovazione.

Abbiamo visto come la cultura creativa sia (insieme alla pianificazione, ai processi e alle ricompense) uno dei quattro fattori che costituiscono l'essenza di un'azienda innovativa. È un punto estremamente importante: molti top manager pensano che basti introdurre una cultura creativa per ottenere, prima o poi, l'innovazione. Come abbiamo visto, non è così. Di conseguenza, in questo capitolo, il lettore dovrebbe tenere sempre presente gli altri tre fattori. È inutile seguire tutte le regole per la promozione di una cultura creativa se non avete, per esempio, solidi processi di innovazione come quelli descritti nella prima parte di questo libro.

Ciò premesso, vediamo quali sono i fattori principali per la creazione di una cultura creativa all'interno di un'azienda.

I RESPONSABILI DELLA COSTRUZIONE DELLA CULTURA

Il CEO

La responsabilità di creare una cultura creativa risiede al vertice dell'azienda, nella persona del CEO. La libertà di pensare in maniera creativa e indipendente, lo spirito collaborativo e l'incoraggiamento di tutti i portatori di idee a esprimerle e a farle conoscere all'interno della struttura può venire solo dal senior management.

> "Questo tipo di supporto da parte del CEO è fondamentale", dice Jon R. Katzenbach, cofondatore della società di consulenza manageriale di New York Katzenbach Partners LLC. "Il CEO determina la cultura", spiega. "Se il CEO è deciso a fare emergere più idee e a fare scelte critiche, le probabilità che un'organizzazione adotti quell'approccio sono molto, molto maggiori"[3].
>
> Infosys Technologies Ltd (INFY), l'azienda di servizi informatici di Bangalore che è balzata al decimo posto della classifica delle aziende più innovative nella regione Asia-Pacifico, usa un approccio diretto per fare in modo che il top management rimanga costantemente coinvolto nel processo di innovazione.

In questo capitolo prenderemo Procter & Gamble a modello di come trasformare la cultura di una grande organizzazione. Qui ci occupiamo del CEO:

FIGURA 12.1 **CORRELAZIONE TRA PERFORMANCE DEI NUOVI PRODOTTI E IMPEGNO DEL MANAGEMENT**

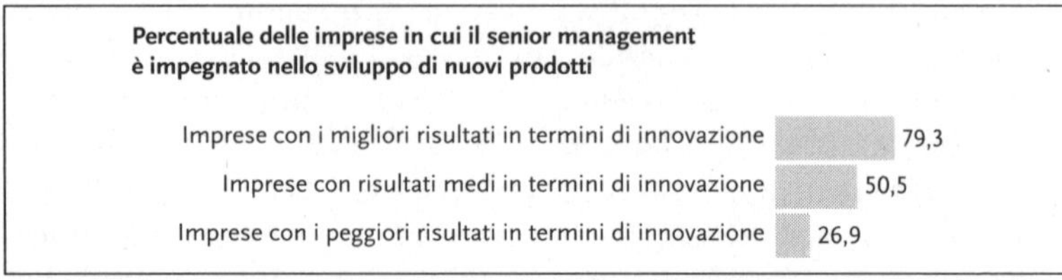

Fonte: Robert G. Cooper, *Winning at new products: Pathway to profitable innovation*, www.stage-gate.com

> Solo il CEO può modificare una cultura aziendale con la massima rapidità, e in Alan G. Lafley P&G ha un grandissimo innovatore. Lafley partecipa a tutte le riunioni sui principali progetti dell'R&D, 15 all'anno, in cui vengono presentati i nuovi prodotti. Trascorre anche tre giorni interi all'anno con il Design Board dell'azienda, un gruppo di progettisti esterni che offrono il loro punto di vista sui prodotti P&G in via di sviluppo. "È il nostro chief innovation officer", afferma Huston di P&G. "Ed è estremamente coinvolto"[4].

La relazione diretta tra coinvolgimento del CEO e risultati dell'innovazione è stata dimostrata empiricamente. Robert G. Cooper ha analizzato tre tipi di imprese in base all'efficacia delle loro politiche di sviluppo di nuovi prodotti. L'impegno del senior management allo sviluppo dei prodotti è fortemente correlato con la performance (*Figura 12.1*).

> Il senior management ha un ruolo di primo piano nel promuovere lo sforzo di innovazione nelle aziende che danno la performance più brillante, in quanto crea un clima positivo e una cultura favorevole all'innovazione e all'imprenditorialità, molto più di quanto non avvenga nelle aziende che hanno una performance insoddisfacente[5].

E non si tratta solo di mostrare un effettivo interesse: il senior management di un'azienda statica e conservatrice che vuole promuovere la creatività deve agire di conseguenza. Vale a dire che anche i manager devono proporre idee ed essere creativi, altrimenti non ci si può aspettare che i loro sottoposti prendano sul serio la volontà dichiarata di modificare la cultura organizzativa. Un esempio di ciò che intendiamo dire lo dà il presidente di Starbucks, che riunisce ogni mese i 250 senior manager in "sessioni di domande e risposte" focalizzate sui progetti di innovazione dell'azienda.

Il CIO

In alcune grandi imprese, dove il CEO non può dedicarsi a tempo pieno alla gestione e al monitoraggio dell'innovazione, è consigliabile creare una posizione di alto profilo che ha il compito di guidare l'innovazione. Il titolare di questa posizione potrebbe chiamarsi vicepresidente per l'innovazione, CIO (*Chief Innovation Officer*) o in altro modo: il titolo formale non conta. L'importante è che la persona abbia un potere effettivo sugli altri reparti e sugli altri dirigenti; altrimenti mancherà dell'autorità necessaria[6].

> Per avviare gli sforzi di sviluppo integrato in P&G, Larry Huston ha assunto il ruolo neocostituito di vice president for innovation and knowledge. Ogni business unit, dai prodotti per la casa alla salute della famiglia, ha nominato un manager incaricato di promuovere il cambiamento culturale intorno al nuovo modello. Questi manager comunicano direttamente con Huston, che supervisiona anche gli imprenditori tecnologici e i manager che gestiscono i network esterni di innovazione[7].

La seconda ragione per avere una figura di questo tipo in azienda è che, come abbiamo visto nel *Capitolo 10*, la pianificazione dell'innovazione, la gestione del portafoglio dei progetti di innovazione e il coordinamento dei processi continuativi di innovazione richiedono un personaggio che abbia una visione a 360 gradi di tutto ciò che avviene in relazione all'attività innovativa. Questi dirigenti sono gli unici ad avere una visione completa dell'innovazione e dell'evoluzione delle idee. Sono in grado di vedere il "quadro complessivo", e quindi trattano ogni innovazione come la tessera di un mosaico più vasto.

> "Bisogna avere una strategia coerente per tutta l'organizzazione. [...] Le idee tendono a essere più valide quando c'è qualcuno che sta al centro e segue gli obiettivi di crescita dell'azienda"[8].

I responsabili dei processi non sono responsabili della cultura

Dobbiamo distinguere tra le responsabilità del CEO e quelle dei leader dei processi di innovazione, il cui compito concerne unicamente un determinato progetto, pur importantissimo. Alcune aziende pensano che basti avviare dei processi di innovazione e affidarli a qualcuno per avere l'innovazione. "In fin dei conti", si dicono, "abbiamo un processo con un budget, una scadenza e un responsabile". Ma non basta. Abbiamo visto che i processi di innovazione, le unità elementari dell'innovazione che l'azienda sta sviluppando in un determinato momento, vanno inquadrati in un portafoglio di progetti che dipende a sua volta da una strategia di business. I responsabili dei progetti di innovazione che non hanno una figura di autorità a cui riportare, che sia il CIO, il direttore generale o il CEO, andranno incontro a seri problemi. Di per sé, né i processi di innovazione né, tantomeno, i loro leader possono sviluppare una cultura creativa in azienda.

INIBITORI ORGANIZZATIVI DELLE IDEE, DELLA CREATIVITÀ E DELL'INNOVAZIONE

L'inibitore è un insieme di fattori che impediscono alle persone di suggerire idee. L'innovazione ha bisogno di idee, e le idee hanno bisogno di creatività. Se i dipendenti di un'azienda non propongono idee, è perché qualcosa glielo sconsiglia fortemente. È un aspetto assolutamente cruciale, e probabilmente una delle considerazioni più importanti nell'implementazione della cultura creativa all'interno di un'azienda. Finché ci saranno degli inibitori non ci sarà innovazione. È ovvio ma vero. Una delle prime cose che deve fare un CEO fermamente deciso a promuovere uno spirito innovativo è togliere di mezzo gli inibitori.

Il problema è che molti dirigenti non sono consapevoli dell'esistenza degli inibitori. E oltre a esserne inconsapevoli, ne sono proprio all'oscuro, perché gli inibitori più forti riguardano lo stile di management, le relazioni informali di potere e il passato più recente dell'azienda.

> Ma io credo che la maggior parte delle persone siano lontanissime dalla realizzazione del loro potenziale creativo, anche perché operano in ambienti che ostacolano la motivazione intrinseca. L'evidenza empirica indica che molte aziende hanno ancora tanta strada da fare per rimuovere le barriere alla creatività[9].

I principali inibitori di creatività hanno a che fare con la paura in generale (paura dell'errore e della rappresaglia, in particolare), con le scadenze, con la pressione organizzativa, con la competizione interna, con le crisi e le ristrutturazioni e con la mancanza di metodo.

Esaminiamo questi inibitori uno per uno e vediamo quali potrebbero essere le soluzioni per sradicarli.

Paura in generale
Creatività e innovazione sono mezzi di cambiamento di cui non si conosce il risultato. L'innovazione è probabilmente l'unico obiettivo di business di cui non possiamo specificare esattamente dove porterà. Potremmo dire che stabilisce una direzione, più che un obiettivo. L'incertezza del risultato accresce il rischio percepito, sia reale sia soggettivo. Gli esseri umani sono generalmente avversi al rischio, all'ignoto. E poiché l'innovazione conduce all'ignoto, genera paura; e la paura agisce da inibitore delle idee e della creatività. La professoressa Teresa Amabile, fra i più grandi esperti del mondo in tema di creatività, ha condotto uno studio empirico su 12.000 annotazioni su diario da un campione di 238 persone in merito al proprio umore. Ogni giorno, quei soggetti annotavano anche i propri input creativi e le proprie idee. Lo studio dimostra che i livelli di ansia, di timore, di tristezza, di felicità e di amore che si riscontrano in un'azienda sono direttamente correlati al numero di idee generate dalle persone. I rispondenti producevano idee migliori quando erano di migliore umore e si sentivano più felici. Curiosamente, erano più inclini a generare idee fortemente innovative quando erano di buon umore il giorno prima. A quanto pare, esiste un circolo virtuoso in cui coloro che hanno una giornata di lavoro positiva sviluppano nella notte delle associazioni cognitive che fungono da incubatori per le idee che emergono il giorno dopo. In altre parole, il buon umore di un giorno è un presupposto per la creatività del giorno successivo[10].

È essenziale perciò sradicare la cultura della paura. Il miglior modo per attenuare il timore di proporre nuove idee è informare i dipendenti che molte delle loro idee e delle loro proposte verranno scartate, in un processo di selezione che esclude quelle non meritevoli di sviluppo (ricordatevi la regola: fallire rapidamente, presto e a basso costo). L'azienda dovrebbe dire ai dipendenti che, pur apprezzando il loro input, ha progettato e introdotto dei metodi per la valutazione delle idee (vedi il *Capitolo 8* sui facilitatori) che verranno applicati da altri membri dell'organizzazione. I collaboratori possono avanzare suggerimenti liberamente e senza timori, perché l'azienda ha dei meccanismi di controllo del rischio. La filosofia di Tesco è la seguente: gli sviluppatori di nuovi prodotti hanno la libertà di assumersi dei rischi, e altri dipendenti dell'azienda hanno il compito di valutare le proposte e distinguere quelle interessanti da quelle non interessanti. Tesco scarta dall'80 al 90% delle proposte di sviluppo, ma sapendo che esiste un meccanismo ben oliato per la selezione delle loro idee, gli sviluppatori di nuove proposte ne generano tantissime.

Paura dell'errore

Nella nostra cultura l'errore è oggetto di disapprovazione sociale. Viene percepito come un segnale di incompetenza. Le persone hanno paura di commettere errori, e poiché la creatività si associa naturalmente a un elevato livello di rischio, il potenziale di errore è alto. La paura del ridicolo è un altro grosso inibitore. Molte idee, finché non vengono migliorate o affinate da qualcun altro, appaiono ridicole; ecco perché le persone tendono a tenere per sé le proprie idee.

> Ha detto Albert Einstein: "Se all'inizio l'idea non sembra assurda, non ha speranze". Per molti, condividere con l'azienda un'idea potenzialmente assurda è eccessivamente rischioso. Nella migliore delle ipotesi, potrebbero essere ridicolizzati dai colleghi[II].

Ci sono quattro modi per ridurre, o addirittura eliminare, la paura del ridicolo, ossia la possibilità che gli altri irridano alle nostre proposte. Il primo è il continuo riciclaggio delle idee. Nel *Capitolo 10* abbiamo visto che, così come teniamo una registrazione dei progetti in cantiere, possiamo tenere un archivio delle idee scartate da riprendere in considerazione in futuro, facendone una fonte secondaria di ispirazione. Il messaggio è ovvio: poiché nessuna idea viene mai scartata definitivamente, nessuna idea si può considerare assurda. Anche le idee che vengono eliminate inizialmente rimangono in archivio come possibilità da riesaminare in futuro.

La seconda opzione è apprendere dagli errori. Gli errori commessi in passato, ossia le innovazioni che non hanno dato i risultati attesi, vengono usati costruttivamente in azienda come meccanismo di apprendimento per non ripeterli in futuro. Pur non eliminando del tutto l'avversione all'errore, questo approccio modifica effettivamente la percezione degli errori e promuove una cultura più incline all'assunzione di rischi.

La terza opzione è garantire l'anonimato delle idee. Ci sono molte formule a questo scopo, e le nuove tecnologie rendono ancora più facile per i dipendenti proporre idee in forma anonima (ne parliamo un po' più avanti), eliminando del tutto la paura del ridicolo o del rimprovero per un'idea che fallisce al momento dell'implementazione.

La quarta possibilità è premiare l'orientamento al rischio. Per esempio, i top manager di GE vengono valutati anche per l'immaginazione e il coraggio; vengono addestrati ad assumersi dei rischi e a ricercare nuove sfide. La valutazione dei loro risultati tiene conto di questo aspetto, e l'azienda premia i dirigenti che hanno portato avanti le proposte più audaci[12].

Paura della rappresaglia

La paura della rappresaglia è tangibile e tutt'altro che soggettiva. Gli errori costano soldi. Perciò, quando un'azienda chiede ai suoi dipendenti idee, creatività e innovazione, loro non lo diranno apertamente, ma penseranno: "Sì, ci chiedono di proporre idee, di innovare, di essere più creativi; ma se qualcosa va per il verso storto, se le mie idee generano perdite anziché profitti, sarà colpa mia? Che cosa mi succederà? Ne andrà di mezzo la mia carriera?".

> Se i dipendenti non si fidano dell'azienda, non faranno innovazione. Tutte le indagini hanno dimostrato che la fiducia è uno dei fattori più critici per la creazione di una cultura di innovazione. Se i vostri dipendenti si fidano dell'azienda, questo non è un problema. Se non si fidano, costruire un clima di fiducia dev'essere la vostra prima preoccupazione[13].

È impossibile promuovere una cultura creativa se non si mette bene in chiaro chi si assumerà la responsabilità per gli errori insiti nell'innovazione. Perché innovare significa in larga misura gestire l'insuccesso. Per ottenere qualche buona idea, dobbiamo generarne tante cattive. È un fatto incontrovertibile.

Forse scindiamo già chiaramente le responsabilità nello sviluppo di nuovi prodotti, ma le cose cambiano quando parliamo di miglioramenti del processo, come per esempio l'innovazione marginale di una procedura seguita dall'ufficio acquisti, caso in cui il processo potrebbe essere sviluppato direttamente dall'ufficio stesso. Se il capo degli acquisti è sempre stato poco trasparente con i suoi collaboratori, colpevolizzandoli per gli errori commessi dal reparto, non possiamo ovviamente aspettarci che producano delle idee.

Ci sono tre soluzioni per aggirare questo ostacolo. Soluzione numero 1: fare in modo che la generazione e la valutazione delle idee siano anonime. Soluzione numero 2: assegnare il processi di innovazione, anche se marginali, a determinati dirigenti che riportano ad altri senior manager; ciò risolve almeno in parte il problema. Soluzione numero 3: modificare il comportamento dei responsabili di reparto o di funzione che non si assumono la responsabilità degli errori commessi dai loro subordinati; questo è un compito che spetta al direttore generale e al responsabile delle risorse umane.

Scadenza e pressione organizzativa

C'è una diffusa tendenza a credere che le persone siano più creative quando lavorano sotto pressione. Un mezzo classico per aumentare la pressione è fissare delle scadenze: "Entro il giorno tale dovrai sottopormi un concept ad alto potenziale, pienamente sviluppato". Un ordine di questo tipo rende veramente più creativi i collaboratori? Teresa Amabile ha dimostrato empiricamente che la risposta è negativa:

> Nel nostro studio, i partecipanti pensavano spesso di essere creativi al massimo quando lavoravano sotto la pressione di scadenze estremamente ravvicinate. Ma le 12.000 giornate aggregate che abbiamo analizzato dimostravano esattamente l'opposto: le persone erano al minimo della creatività quando combattevano conto l'orologio. In effetti, abbiamo rilevato una sorta di ubriacatura da pressione temporale: quando le persone lavoravano sotto una pressione molto forte, la loro creatività diminuiva, non solo in quel giorno, ma anche nei due successivi. La pressione temporale soffoca la creatività perché le persone non possono farsi coinvolgere profondamente dal problema. La creatività richiede un periodo di incubazione; le persone hanno bisogno di tempo per immergersi in un problema e lasciare affiorare le idee[14].

Dovremmo anche distinguere tra i meccanismi che attivano la creatività e quelli che la promuovono. Attivare significa risvegliare, mettere in moto. Promuovere la creatività significa migliorare gli sforzi creativi, renderli più utili ed efficaci, fare in modo che producano risultati più soddisfacenti. Da questo punto di vista è vero che avere delle scadenze, nonché dei processi e delle persone che se ne fanno carico, infonde energia nei collaboratori; ma la pressione non migliora la qualità del lavoro creativo: la peggiora. Le persone commettono più errori quando lavorano con un occhio al calendario o all'orologio. Sono distrazioni di questo tipo che pregiudicano la qualità del lavoro creativo. Dobbiamo perciò mettere in equilibrio la necessità di una scadenza – ineludibile in qualunque processo, quantomeno come mezzo per far sapere alle persone che c'è un lavoro da svolgere e che non può andare avanti all'infinito – e l'esigenza di lasciare ai collaboratori la libertà di creare senza farsi condizionare dai tempi di avanzamento del progetto. È meglio lasciare che si concentrino sul loro lavoro, anziché sottoporli a una pressione che finirà per dimostrarsi controproducente.

Enfasi eccessiva sulla concorrenza interna

Ci sono dei manager che esagerano nel promuovere la concorrenza interna tra reparti o divisioni. Nella pubblicità, per esempio, troviamo grandi gruppi al cui interno operano varie agenzie pubblicitarie che si contendono gli stessi incarichi e gli stessi clienti, e a volte convivono addirittura sotto lo stesso tetto. È un trend in crescita, perché gli ex concorrenti si fondono, e i pesci grandi mangiano i pesci piccoli per creare sempre più conglomerate che hanno al loro interno team in competizione. La competizione interna ha senza dubbio i suoi vantaggi, ma ha anche degli svantaggi, uno dei quali è che inibisce la creatività:

> Si crede comunemente che la competizione interna favorisca l'innovazione. Noi abbiamo scoperto che la creatività diminuisce quando i membri di un gruppo di lavoro competono, invece di collaborare[15].

I team sono creativi al massimo quando hanno la fiducia in se stessi che occorre per condividere e discutere le idee. Ma quando competono per gli incentivi e per l'apprezzamento esplicito dei loro superiori, se c'è in gioco il successo personale, smettono di mettere in comune le informazioni.

Tuttavia, non dobbiamo confondere l'attivazione con la qualità dell'innovazione. Certo, la competizione è uno stimolo, e serve a far sapere alle persone che dobbiamo cominciare a innovare, ma dopo aver stimolato quel bisogno e quella consapevolezza, un'eccessiva competizione interna rischia di distruggere la cooperazione che è essenziale per costruire una cultura di innovazione.

Crisi e ristrutturazione

A partire dal 2007, il mondo è entrato in una crisi economica molto grave, che in molte aziende si è tradotta in licenziamenti di massa e riduzioni di personale. La ristrutturazione crea timore e ansia nei lavoratori e ha un impatto generalizzato sulla cultura creativa.

> La creatività soffre pesantemente durante una ristrutturazione, ma è ancora peggio di quanto pensavamo. Abbiamo studiato una divisione da 6.000 persone di un'azienda elettronica globale per tutta la durata di un processo di riduzione del personale del 25%, che è andato avanti per 18,

terribili, mesi. Ogni singolo stimolo della creatività nell'ambiente di lavoro ha perso efficacia in misura significativa[16].

La minaccia della ristrutturazione compromette la comunicazione aperta, la disponibilità a cooperare e il senso di libertà e d'indipendenza, e induce le persone a coprirsi le spalle e a evitare i rischi. L'impatto della ristrutturazione si determina prima che inizi, e aleggia a lungo dopo la sua fine: quando filtra la notizia dei piani di riduzione del personale, i dipendenti si preoccupano e cominciano a fare ipotesi su dove cadrà la mannaia. Fino all'ufficializzazione dei piani, la loro disponibilità a innovare verrà seriamente pregiudicata. E, una volta attuata la ristrutturazione, il morale delle persone ci metterà del tempo a risollevarsi. Ecco perché, almeno per quanto riguarda la preservazione della nostra capacità d'innovare e della nostra cultura creativa, è meglio – ove possibile – ridurre drasticamente il personale in una sola volta, piuttosto che portare avanti uno stillicidio di licenziamenti.

Mancanza di metodi e di processi

Un altro inibitore è la mancanza di metodi per generare idee. Oltre a essere insegnata raramente nelle scuole, la creatività è stata pressoché eliminata dal sistema educativo occidentale, che pone un'enfasi molto maggiore sull'insegnamento dei metodi, della logica e del pensiero analitico. C'è la diffusa ed errata convinzione che la creatività non si possa insegnare, ma se non mostrate alle persone come generare idee, probabilmente non sapranno cosa fare quando chiederete loro di essere creative.

Per eliminare questo inibitore c'è un mezzo molto semplice: la formazione alle tecniche e ai sistemi creativi per la generazione di idee, che si può ottenere tramite società specializzate. Nel *Capitolo* 5 abbiamo passato in rassegna una serie di tecniche per sviluppare la capacità di escogitare idee. E ce ne sono tante altre[17].

Per esempio, P&G ha creato il Clay Street Project, un esperimento in cui vari gruppi di dipendenti hanno passato diverse settimane a imparare a liberare il proprio talento creativo.

Tante persone che non pensano di essere particolarmente creative restano piacevolmente sorprese quando sperimentano le tecniche di produzione delle idee. Molti conoscono il brainstorming, ma non vanno oltre. I giochi creativi possono infondere creatività in soggetti che pensavano di esserne totalmente privi. Non dobbiamo sottovalutare questo inibitore. Di per sé non basta (c'è ancora una grossa differenza tra creatività e innovazione), ma se non si addestra il personale all'utilizzo delle tecniche creative, tutti gli altri sforzi (pianificazione, processi, ricompense) saranno vani.

FATTORI ORGANIZZATIVI CHE PROMUOVONO LE IDEE, LA CREATIVITÀ E L'INNOVAZIONE

Abbiamo visto quali sono gli inibitori. La loro eliminazione è una condizione necessaria per la costruzione di una cultura creativa. Oltre a eliminare queste barriere, però, possiamo promuovere la creatività latente fra i membri della nostra organizzazione. Diciamo che senza gli inibitori le idee cominceranno a fluire, ma che con i fattori motivanti il flusso delle idee sarà più profondo e più ampio.

Teresa Amabile distingue fra due tipi di motivazione: intrinseca ed estrinseca.

La motivazione intrinseca è ciò che ci spinge a fare una determinata cosa perché ci piace farla, perché la troviamo interessante, piacevole o soddisfacente. La motivazione intrinseca è qualcosa che non possiamo pretendere dai collaboratori. Viene dall'interno, dalle loro inclinazioni, dalle loro affinità, dai loro gusti. Non possiamo controllare le preferenze di una persona, ma possiamo fare in modo che i nostri dipendenti siano in linea con la posizione che occupano, con il lavoro che svolgono, con le responsabilità che ricoprono e con il settore in cui operano. Ed è una corrispondenza che può essere controllata, dalla funzione risorse umane, sia in fase di assunzione sia in fase di mobilità interna. Ovviamente, in qualunque lavoro ci sono compiti sgradevoli che vorremmo poter evitare, ma se vogliamo che i nostri dipendenti propongano delle idee dovremmo fare in modo che siano esattamente dove vorrebbero essere. In alcuni casi, questa corrispondenza ideale potrebbe includere non solo la mansione o il reparto, ma anche il settore. Mettete, per esempio, una persona che odia i libri a dirigere una casa editrice, e sarà difficile che diventi una fonte di innovazione. Le persone sono creative quando hanno valide ragioni per apprezzare il loro lavoro.

Quanto alla motivazione estrinseca, di cui parleremo diffusamente nel *Capitolo 13* sulle ricompense, facciamo solo una considerazione: non conta solo la ricompensa economica, ma anche la ricompensa extramonetaria.

LA MALINTESA POPOLARIZZAZIONE DELLA CREATIVITÀ

Da ciò che abbiamo detto finora il lettore potrebbe dedurre che la cultura creativa si debba estendere a tutti i membri di un'organizzazione che innova. È vero, ma solo in parte.

Dobbiamo distinguere tra meccanismi che permettono a tutti di offrire delle idee e leadership del progetto di innovazione. I dipendenti suggeriscono delle idee, che vengono selezionate fino a che qualcuna si trasforma in progetti. Dobbiamo scegliere con molta cura chi sarà chiamato a dirigere i nostri progetti e i nostri processi di innovazione. Non è un lavoro che va bene per tutti. Un conto è riconoscere che aziende come 3M, Google o Kraft lasciano ai dipendenti il tempo di riflettere sulle idee, e un altro conto è mettere chiunque a dirigere un processo di innovazione.

Ciò premesso, abbiamo bisogno che tutti i membri dell'organizzazione forniscano il maggior numero possibile di proposte e di idee. Lo si può fare con la cassetta delle idee, o con una bacheca virtuale sull'intranet aziendale. È essenziale che questi sistemi siano semplici, facili da usare e non troppo dispendiosi in termini di tempo. Più complicati sono, meno verranno usati. Questi sistemi hanno anche il vantaggio di garantire l'anonimato nella presentazione delle idee, il che elimina vari inibitori, come la paura del ridicolo o della colpevolizzazione (ancorché parziale) per eventuali errori. L'anonimato tende a favorire idee più audaci, più rischiose e più originali.

I tre maggiori problemi che potrebbero insorgere con la cassetta delle idee e la bacheca virtuale sull'intranet sono il sovraccarico, la dispersione e la ripetizione.

Il sovraccarico si crea quando ci sono così tante idee che l'organizzazione non è in grado di elaborarle o di esaminarle adeguatamente. Per risolvere questo problema si potrebbe chiedere ai dipendenti di effettuare direttamente la prima valutazione e lo screening iniziale delle idee. Questo processo di baserebbe sugli stessi principi a cui si ispirano siti collaborativi come Wikipedia o YouTube, dove sono gli stessi utenti a classificare, valutare, recensire e scartare i contributi degli altri utilizzatori.

Vedremo come evitare la ripetizione e la dispersione (in cui le idee sono sparpagliate anziché concentrate intorno agli obiettivi dell'azienda) nel paragrafo successivo, ma possiamo già anticipare che si tratta di promuovere la comunicazione interna delle priorità strategiche dell'azienda in tema di innovazione. Nel *Capitolo 3*, dedicato agli attivatori, abbiamo spiegato che il pensiero creativo richiede una focalizzazione e che questa non limita la creatività. Per evitare la dispersione delle idee occorre mettere a disposizione uno schema di riferimento. Anziché sollecitare genericamente delle idee, l'azienda può lanciare campagne periodiche in cui chiede a tutti i dipendenti proposte su come affrontare determinate opportunità o risolvere determinati problemi. Per esempio, una compagnia di assicurazioni potrebbe annunciare ai suoi dipendenti: "Siamo convinti che esista la possibilità di sfruttare le stazioni di servizio come punti vendita di polizze per l'assicurazione dei veicoli. Le vostre idee in proposito sono benvenute".

Oltre a evitare la dispersione, le idee vengono organizzate in funzione dell'obiettivo, e le idee ripetitive vengono identificate più facilmente che in presenza di una sola piattaforma per la raccolta di tutte le possibili proposte su una vasta gamma di argomenti.

IL RUOLO DELLA COMUNICAZIONE

La comunicazione interna è uno strumento fondamentale per la modifica della cultura organizzativa. L'azienda dovrebbe informare i dipendenti sulle strategie, sui progetti, sugli eroi, sulla performance di innovazione e sulle idee scartate. Esaminiamo questi argomenti uno per uno.

Comunicazione della strategia e dei progetti di innovazione

Il personale dovrebbe essere a conoscenza della strategia complessiva di innovazione dell'azienda, per orientare correttamente i propri sforzi e le proprie idee ed evitare la mancanza di focalizzazione.

Di conseguenza, ogni volta che lanciamo un processo di innovazione per un determinato progetto, dovremmo spiegare ai collaboratori quello che stiamo facendo, rispondendo alle seguenti domande: perché ci imbarchiamo in questo progetto? Che cosa vogliamo ottenere da esso? Quali sono i risultati attesi? Quale contributo possono fornire gli altri reparti? Quali altri reparti saranno coinvolti nell'implementazione o nello sviluppo del progetto? Quale beneficio ne trarranno? Quanto tempo ci vorrà per approvare e implementare il progetto?

Per esempio, Starbucks tiene i cosiddetti Open Forums, riunioni trimestrali organizzate per regione in cui i dirigenti riferiscono sullo status dei rispettivi progetti di innovazione. Per ciascun progetto, i dipendenti ricevono un cartoncino su cui possono annotare le loro opinioni o le loro proposte.

Comunicazione sugli eroi dell'innovazione

Come abbiamo detto a proposito delle ricompense, dobbiamo far sapere ai dipendenti anche quali sono i nostri "eroi dell'innovazione", ossia le persone che hanno avuto un ruolo critico in un'innovazione di successo, e meritano un riconoscimento pubblico. L'elenco degli eroi dovrebbe includere la persona o le persone che hanno avuto l'idea originale e coloro che l'hanno sviluppata ed eseguita. Le imprese elogiano spesso solo coloro che hanno avuto l'idea, ignorando i developer e gli esecutori. I loro ruoli saranno anche di più basso profilo, ma sono altrettanto necessari.

Comunicazione dei risultati ottenuti con l'innovazione

Parliamo infine della comunicazione dei risultati. È un punto cruciale, specie nelle aziende conservatrici, rigide e statiche che si trovano di fronte a una completa revisione della propria cultura innovativa. Quando il management annuncia l'intenzione di innovare, i dipendenti non lo prendono sul serio. È passato tantissimo tempo da quando hanno visto l'ultima innovazione interna; benché tutti riconoscano quell'esigenza, l'annuncio suona più come un pio desiderio che come un evento destinato a realizzarsi. Trasformare una cultura conservatrice in una cultura innovativa significa fare delle cose, introdurre dei cambiamenti, preferibilmente semplici e limitati nella fase iniziale, e comunicarli rapidamente. Facendo sapere a tutti i membri dell'organizzazione che qualcosa è cambiato e comunicando i risultati, per quanto apparentemente insignificanti, i cambiamenti cominciano ad acquisire credibilità: c'è la prova che le intenzioni vengono messe in pratica. Ecco perché, quando si crea una cultura innovativa partendo da zero, conviene partire da cambiamenti modesti e comunicare i risultati appena si concretizzano. Sappiamo tutti che la credibilità deriva dai successi e che ci vuole tempo per costruirla.

Per esempio, IBM, che aveva sempre attribuito una grandissima importanza allo sviluppo delle sue *cash cow*, ha modificato la propria cultura attraverso il riconoscimento interno di nuove divisioni di business, anche se molto piccole. E la creazione di nuove divisioni è ora considerata una missione di alto profilo. Oggi IBM è molto più disposta a sperimentare, a tollerare gli errori, a trarne degli insegnamenti e ad evolversi[18].

Comunicazione delle idee scartate

L'azienda dovrebbe informare i dipendenti anche delle idee che sono state scartate. Diversamente da quanto si crede comunemente, ciò non scoraggia le persone. Anzi, ciò che dissuade i dipendenti dal proporre nuove idee è rimanere all'oscuro su ciò che ne viene fatto. Si stancano di non ricevere alcun feedback e rinunciano. Ma se a coloro che propongono un'idea si dice che è stata scartata e perché, saranno ancora più motivati a cercare di superare gli ostacoli o le ragioni che ne giustificano il respingimento. Quando ci sono troppe idee per poter spiegare le ragioni del respingimento di ciascuna, possiamo applicare il metodo di valutazione popolare che abbiamo visto prima, in modo che chi avanza un suggerimento sappia quantomeno che molti suoi colleghi non credono che abbia un potenziale sufficiente.

MULTICULTURALISMO E TRASVERSALITÀ

La creatività si basa su una diversa combinazione di idee preesistenti. Quando visitiamo un altro paese riceviamo nuovi stimoli, che interagendo con il nostro ambiente naturale producono nuove combinazioni e quindi la tendenza a sviluppare tante nuove idee. Nel suo libro *The Medici Effect: Breakthrough Insights at the Intersection of Ideas, Concepts, and Cultures* (trad. it. *Effetto Medici. Innovare all'intersezione tra idee, concetti e culture*, Etas, 2006) Frans Johansson spiega come nella Firenze del Rinascimento i Medici, con il loro mecenatismo, abbiamo messo a lavorare nello stesso ambiente statisti, astronomi, pittori, architetti e musicisti. L'interscambio di metodologie e di idee diede origine a uno dei periodi più fertili della storia occidentale in termini di creatività.

Alla luce di questo fatto, molti esperti di creatività suggeriscono alle imprese di rafforzare la propria cultura creativa per promuovere l'eterogeneità culturale, mettendo a lavorare insieme persone di diverse estrazioni, esperienze, culture e tradizioni. L'idea è che l'eterogeneità dei background produca una maggiore eterogeneità nelle idee.

Ciò vale anche per le competenze o per l'esperienza dei dipendenti, la cui creatività può essere accresciuta dall'interfunzionalità. In questo libro, il modello A-F promuove l'interfunzionalità fra i leader del processo di innovazione. Una pluralità di punti di vista su un singolo progetto accresce le probabilità di successo e riduce le probabilità di errori o omissioni. I team interfunzionali sono una caratteristica comune delle aziende innovative. Per esempio, quando avvia un progetto di innovazione, General Electric mobilita esperti di svariate materie, incoraggiando la mobilità interfunzionale per promuovere

FIGURA 12.2 **CORRELAZIONE TRA PERFORMANCE DEI NUOVI PRODOTTI E INTERFUNZIONALITÀ**

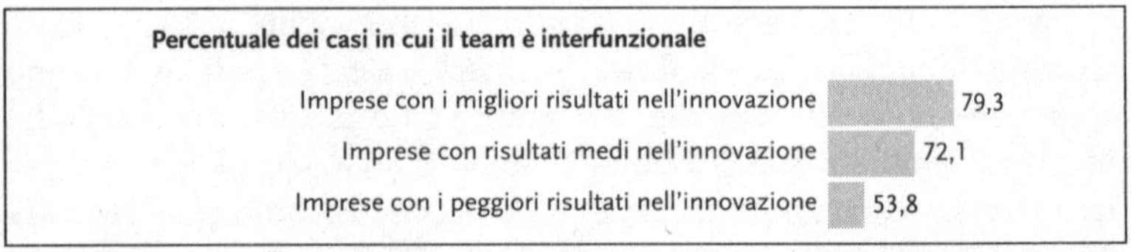

Fonte: Robert G. Cooper, *Winning at new products: Pathway to profitable innovation*, www.stage-gate.com

le relazioni interne e collegare i progetti. Ecco un altro esempio: in Procter & Gamble, questi team interfunzionali sono vitali per lo sviluppo di nuovi prodotti. P&G ha messo a punto un modello per la strutturazione dei team che enfatizza l'interfunzionalità dei leader del processo di innovazione, provenienti da tutte le aree dell'azienda (marketing, engineering, R&D ecc.)[19].

La ricerca di Robert Cooper che abbiamo menzionato in precedenza dimostra empiricamente che l'interfunzionalità è correlata alla performance nello sviluppo di nuovi prodotti (NPD).

Prossimità al cliente

Come abbiamo spiegato nella prima parte di questo libro, la prossimità al cliente dovrebbe far parte del processo di innovazione, ma una cultura dell'innovazione comporta necessariamente un mutamento di prospettiva: da un orientamento esclusivamente all'interno a uno all'interno *e* all'esterno.

Quando si è impegnato all'adozione di una cultura creativa, il presidente di P&G, A.G. Lafley, ha scoperto che l'azienda era focalizzata sulla performance del prodotto, a scapito della percezione del cliente. P&G aveva i migliori tecnici del settore, ma non si preoccupava abbastanza dell'esperienza che vivevano gli utilizzatori dei suoi prodotti. Per superare questo limite, Lafley ha modificato radicalmente l'approccio al cliente. Questo mutamento di prospettiva (dal prodotto al cliente, dall'interno all'esterno) ha contribuito fortemente a sviluppare la cultura creativa dell'azienda.

ALTRE CONSIDERAZIONI NON MENO IMPORTANTI

I quotidiani e i media hanno riservato una grandissima attenzione ad aziende creative come Google, che offrono ai loro dipendenti spazi ricreativi con tanto di tavoli da biliardo, da ping pong ecc. Sono ambienti che ricordano più una sala giochi che un centro di sviluppo di nuovi prodotti. Questa pubblicità ha diffuso la convinzione che la cultura creativa abbia bisogno di uno spazio "ludico" in cui i dipendenti possono scatenare la propria immaginazione. Abbiamo lasciato questo argomento alla fine del capitolo, perché a questo punto dovrebbe essere ormai chiaro al lettore che lo spazio destinato alla creatività ha un'importanza molto relativa.

È vero che alcuni ambienti incoraggiano la creatività più di altri, e che per un'azienda priva di spazi destinati alla creatività sarà più difficile implementare una cultura creativa. Ma dobbiamo dare a questo aspetto l'importanza che merita: è un fattore importante, ma non decisivo.

Tra le caratteristiche di un ambiente in cui le idee fluiscono più liberamente ci sono quelle che seguono.

Spazi comuni

La mancanza di collaborazione tra i reparti si considera la seconda barriera all'innovazione, in ordine di grandezza[20]; per promuovere la collaborazione, tuttavia, non bastano i processi. Le aziende più innovative creano appositi spazi fisici per favorire la collaborazione e il lavoro di gruppo.

Per esempio, P&G ha la Innovation Gym ("palestra dell'innovazione"), in cui i manager funzionali familiarizzano con la nuova cultura dell'azienda e si abituano a riflettere criticamente sulla progettazione. Altri esempi che abbiamo descritto in questo libro sono gli Innovation Centers di 3M e l'Innovation Lab di Dutch Shell.

Inoltre, gli spazi dedicati alla creatività prevengono le distrazioni, che secondo Teresa Amabile sarebbero uno dei fattori che più contribuiscono a una performance creativa insoddisfacente.

Atmosfera

Google è nota per la sua capacità di progettare un'atmosfera organizzativa che promuove la creatività. Ne fanno parte gli spazi di rilassamento per i dipendenti, il caffè gratis, la lavanderia interna ecc.[21].

Un altro elemento che incide sulla creatività nell'ambiente di lavoro è l'illuminazione: la luce naturale è più gradevole e più favorevole alla creatività rispetto alla luce artificiale.

Tempo

La creatività richiede una certa quantità di "tempo libero" rispetto all'operatività quotidiana. Le politiche che abbiamo descritto nel *Capitolo 3*, come *free time* di 3M, o *free thinking time* di Google, incoraggiano una cultura creativa. Le persone non possono immaginare nuovi modi di lavorare mentre portano avanti un *modus operandi* consolidato.

> I senior manager promuovono la creatività e l'innovazione lasciando ai collaboratori tempo libero per perseguire nuove idee o istituzionalizzando i cosiddetti *Friday projects* come avviene in Kraft Foods e in W.L. Gore & Associates; non sono eccessivamente avversi al rischio e sono disposti a investire di tanto in tanto in un progetto ad alto rischio; incoraggiano i cosiddetti *skunk works*, progetti e team che lavorano al di fuori della burocrazia ufficiale dell'azienda[22].

LE FASI DA SEGUIRE PER CREARE UNA CULTURA INNOVATIVA

Abbiamo passato in rassegna tutti gli elementi essenziali per lo sviluppo di una cultura creativa – che non coincide necessariamente con una cultura innovativa. Dobbiamo sottolineare, anche a costo di ripeterci, che l'implementazione di una cultura creativa non garantisce l'innovazione. Per implementare l'equazione e costruire un'azienda innovativa è indispensabile che la cultura creativa coesista con la pianificazione dell'innovazione, con i processi di innovazione e con un sistema incentivante.

Eppure, i fattori che concorrono a formare una cultura creativa sono talmente tanti che un dirigente potrebbe domandarsi: "Da dove devo partire? Quali fasi dovrei seguire?".

Ecco il percorso più efficace da seguire:

1. il CEO informa il consiglio di amministrazione e i dirigenti di primo livello della sua volontà di trasformare la cultura organizzativa, costruendo una coalizione a supporto dell'idea;
2. il CEO assume un impegno formale: il resto dell'organizzazione viene informato del processo di cambiamento che verrà adottato;
3. eliminare gli inibitori;
4. implementare i fattori motivanti;
5. definire e implementare un piano di comunicazione interna sull'innovazione;
6. costruire un sistema per la gestione delle idee;
7. adottare un modello di innovazione (come l'A-F o lo stage-gate);
8. Pubblicizzare i casi di successo nell'innovazione e scoprire le cause di insuccesso.

Capitolo 13

Incentivi e ricompense

CHE COSA SONO GLI INCENTIVI ALL'INNOVAZIONE?

Per incentivi all'innovazione intendiamo una serie di politiche il cui obiettivo è indurre i dipendenti a innovare (e metterli in condizione di condividere il valore derivante dall'innovazione).

DOVREMMO INCENTIVARE L'INNOVAZIONE?

Questo argomento è oggetto di un acceso dibattito. Da una parte, i sostenitori degli incentivi non hanno dubbi:

> Alcune tra le aziende più innovative del mondo attribuiscono ricompense formali ai migliori innovatori[1].
>
> Premiare il pensiero innovativo è una componente importante di una strategia di innovazione basata sulla gestione delle idee. Le ricompense accrescono la motivazione a continuare a sviluppare e a condividere le idee[2].

Gli oppositori, per contro, non sono nemici giurati degli incentivi; contestano soltanto l'idea di premiare l'innovazione con il denaro, ossia con ricompense monetarie.

> Mi fa sorridere l'idea che le persone siano a favore o contro "gli incentivi e le ricompense". Gli incentivi devono funzionare per definizione, men-

tre le ricompense monetarie potrebbero anche non funzionare. [...] L'efficacia motivante del denaro dipende dal valore relativo del premio e da come si correla con i risultati[3].

Le ricerche empiriche condotte sulla creatività dimostrano che il denaro non è tutto. Gli intervistati dicono molto spesso di non pensare in continuazione ai soldi. E i pochi che pensavano costantemente al bonus utilizzavano molto poco il pensiero creativo. I bonus e i piani retributivi legati alla performance possono diventare addirittura problematici quando le persone sono convinte che ogni loro mossa vada a incidere sulla retribuzione. In quelle situazioni, le persone tendono a diventare avverse al rischio[4].

Uno dei più gravi errori che commettono le aziende è collegare troppo direttamente gli incentivi dei manager a parametri specifici di innovazione. Legando in maniera troppo stretta la retribuzione a parametri quantitativi di innovazione si potrebbero indurre i manager a cercare di manipolare il sistema[5].

Uno studio recente di McKinsey indica che tre tipi di incentivi non economici venivano apprezzati più di tutti gli altri: l'encomio del senior management, il senso di appagamento generato dal pubblico riconoscimento della propria innovatività e l'opportunità di dirigere nuovi progetti e gruppi di lavoro come premio per l'innovazione.

Oppure, come scrive Sheldon Laube di PricewaterhouseCoopers Office Innovation:

Si crede comunemente che i dipendenti vengano motivati prevalentemente dal denaro. Ma da tutte le ricerche risulta che il denaro non è quasi mai il fattore di motivazione più importante. Poco tempo fa, abbiamo chiesto ai principali membri del nostro sistema di idea management che tipo di ricompensa o di gratificazione apprezzavano maggiormente. Al numero uno si posizionavano le opportunità di sviluppo con il 55% dei voti, mentre le ricompense monetarie si piazzavano al terzo posto con appena l'11% dei voti.

È proprio vero che l'innovazione, una delle aree più importanti del management aziendale, non dovrebbe essere incoraggiata con il denaro?

Per rispondere, dobbiamo prendere in considerazioni diversi fattori che giocano a favore o contro l'opportunità di usare il denaro come leva motivazionale per l'innovazione.

Il primo è il profilo della persona che riceve l'incentivo finanziario. Il ricercatore non ha le stesse motivazioni dell'operaio che lavora alla catena di montaggio. Anche per un professional del marketing e per un ingegnere dell'R&D, il ruolo del denaro come leva motivazionale per l'innovazione è diverso.

Come abbiamo detto nel *Capitolo 12*, coloro che lavorano esclusivamente nel campo dell'innovazione amano quasi sempre il proprio lavoro. Per i ricercatori potrebbe essere offensivo vedersi offrire altri soldi per innovare, perché è già il loro lavoro, quello che ci si aspetta da loro. Potrebbero vedere nei "premi in denaro" anche un modo per pagarli di meno, o un segnale del fatto che il management non si fida delle loro capacità e quindi è disposto a mettere mano al portafoglio solo quando scoprono, brevettano o sviluppano qualcosa. Le figure tecniche, come è stato dimostrato, preferiscono altri incentivi, meno legati direttamente al denaro, come l'apprezzamento professionale.

I professional del marketing, per contro, vengono retribuiti generalmente con una parte fissa e una parte variabile, legata al raggiungimento degli obiettivi. Poiché il marketing è parzialmente responsabile dell'innovazione (quantomeno a livello commerciale), ha senso che una parte della sua retribuzione variabile derivi dal business ordinario e che un'altra parte derivi dai risultati delle nuove iniziative. Possiamo renderci conto che l'incentivo all'innovazione non è diretto come potrebbe apparire. Non stiamo dicendo: "Ti pago per innovare", stiamo dicendo: "L'innovazione è uno dei fattori di cui teniamo conto per calcolare il tuo bonus annuale". Alcuni autori affermano che nel marketing gli incentivi finanziari all'innovazione funzionano al meglio quando la loro entità non è troppo alta e quando si tratta di innovazioni marginali come le estensioni di linea o le integrazioni del portafoglio.

Quanto ai venditori, uno schema retributivo analogo è perfettamente logico. Se avete una retribuzione fissa e una retribuzione variabile, è corretto legare il variabile alle vendite di nuovi prodotti. I team o le divisioni che gestiscono i nuovi prodotti dovrebbero essere ricompensati in percentuale sulle vendite di questi, perché tale approccio garantisce una costante promozione del prodotto dopo il lancio.

Altri dati empirici sembrano indicare che gli incentivi monetari sono particolarmente efficaci in presenza di progetti relativamente poco sofisticati. È qui che dei piccoli incentivi per il personale di più basso livello (impiegati amministrativi, operai ecc.) possono dimostrarsi produttivi.

Ha senso usare gli incentivi per indurre i dipendenti a proporre delle idee?

> Il management non dovrebbe offrire ricompense consistenti per le idee. Ciò induce inevitabilmente avidità e senso di ingiustizia[6].

> Una ricerca effettuata congiuntamente dalla Employee Involvement Association e dalla Japan Human Relations Associations rivela che il numero medio di idee suggerite ogni anno da un dipendente è 100 volte maggiore nelle aziende giapponesi rispetto alle aziende americane. Perché? Tanto per cominciare, noi premiamo la cosa sbagliata nel modo sbagliato. Il premio medio pagato dalle aziende giapponesi è 100 volte inferiore al premio medio pagato dalle aziende americane, pari a circa 500 dollari. Noi agiamo nel senso sbagliato! In poche parole, pagare le idee significa andare contro l'obiettivo che ci si prefigge.

Eppure, come abbiamo detto, le imprese hanno bisogno di tantissime idee. Perché allora non dovrebbero ricompensarle? Forse il problema sta nel premiare solo le idee "valide", che potrebbe apparire un comportamento scorretto. In questo modo si ottiene di solito una percentuale molto bassa di partecipazione alle campagne di promozione delle idee.

L'incentivazione economica dell'innovazione pone un altro problema: a chi vanno i soldi? Qualunque innovazione coinvolge tante persone, dunque sarebbe ingiusto premiare solo chi ha avuto l'idea e non anche chi l'ha sviluppata o l'ha implementata. E se premiassimo tutte queste persone? Sembra che anche questa soluzione non funzioni. Gli incentivi di gruppo hanno lo svantaggio che le persone meno coinvolte, o che danno il contributo più scarso, ricevono la stessa somma dei colleghi che ce l'hanno messa tutta per portare al successo il progetto. La soluzione intermedia più efficace è prevedere un bonus per il team (basato sulla valutazione, il più possibile obiettiva, dei risultati) di cui ognuno dei componenti riceve una quota proporzionale al suo contributo (basata in questo caso sulla valutazione soggettiva dei superiori o dei colleghi).

Un altro problema legato alle ricompense monetarie dell'innovazione è questo: che cosa accade se a un certo punto dobbiamo eliminare gli incentivi? I nostri collaboratori smetteranno di innovare?

La controversia sulla desiderabilità degli incentivi monetari all'innovazione, e sulla natura della creatività, che trova incoraggiamento sia nell'encomio pubblico sia nell'incentivazione finanziaria, ha dato origine ad altri tipi di ricompense, di natura intangibile, come gli elogi o i trofei. Ce ne occupiamo nel paragrafo successivo.

In ogni caso, sappiamo per certo che gli incentivi incoraggiano la creatività e l'innovazione. Nel *Capitolo 12* sulla cultura creativa abbiamo detto che la motivazione intrinseca è sufficiente a tirar fuori la creatività delle persone. La motivazione estrinseca (indotta dagli incentivi) rafforza certamente la motivazione intrinseca. Dunque non c'è motivo di disconoscerne il valore. La realtà è che tante aziende altamente innovative usano gli incentivi economici.

Secondo noi il problema non è incentivare o non incentivare, premiare o non premiare; il problema è fare in modo che il valore creato dall'innovazione venga diviso equamente. Ecco perché all'inizio di questo capitolo abbiamo definito "incentivo" una serie di politiche il cui obiettivo è indurre i dipendenti a innovare e metterli in condizione di condividere il valore derivante dall'innovazione.

Se spieghiamo la finalità degli incentivi con la prima parte della nostra definizione (meccanismo per indurre i dipendenti a innovare), incontreremo parecchie critiche, ma se consideriamo l'incentivo un meccanismo per condividere il valore creato (la seconda parte della nostra definizione), otterremo ampi consensi. Dunque il problema potrebbe riguardare più la finalità che attribuiamo all'incentivo e l'uso che ne facciamo, anziché la sua struttura.

Esaurita questa doverosa premessa, andiamo a esaminare i tipi più comuni di incentivo.

TIPI DI INCENTIVO

Incentivi finanziari

1. Denaro

L'incentivo principale è di natura finanziaria: il denaro. Viene corrisposto di solito sotto forma di:

- pagamento mensile;
- incremento retributivo;
- bonus mensile. Per esempio, il 20% dei bonus mensili pagati in General Electric nel 2005 mirava a promuovere il raggiungimento di obiettivi misurati in termini di miglioramenti apportati alle relazioni con i clienti;
- bonus per il successo. Corning, per esempio, offre premi in denaro per gli sforzi di innovazione.

Gli incentivi economici all'innovazione sono legati spesso ai brevetti: Texas Instruments paga 175.000 dollari per ogni brevetto; Motorola offre un bonus da 10.000 a 40.000 dollari per brevetto. Adobe India si spinge ancora più in là e paga 5.000 dollari le idee che arrivano alla fase di richiesta del brevetto.

2. Azioni dell'azienda

In questo caso la ricompensa è costituita da azioni dell'azienda. Uno studio di McKinsey ha classificato gli incentivi economici principali in quest'ordine: bonus, aumenti di stipendio e azioni o stock option.

Per esempio, Google conferisce ogni anno i Founder's Awards, che premiano con stock option i progetti più promettenti. Anche Starbucks usa le stock option come incentivo per le innovazioni proposte dai dipendenti.

Le azioni rappresentano probabilmente lo strumento più efficace e quello che riflette meglio, a nostro giudizio, la logica che sta alla base degli incentivi: condividere il valore creato. Le azioni sono l'incarnazione del valore di un'azienda.

3. Quota del fatturato

Un modo diverso e originale di premiare l'innovazione è riconoscere ai dipendenti una quota del fatturato derivante da certi prodotti e da certi sviluppi, o una quota dei risparmi ottenuti dall'implementazione dei miglioramenti ecc. Nella distribuzione al dettaglio, questo approccio si applica talvolta a un determinato orizzonte temporale. Per esempio, nel 1999, quando ha superato quota 53.000 dipendenti, Ikea ha istituito l'"Employee Appreciation Day". Il fatturato mondiale di quel giorno viene diviso in parti uguali fra tutti i dipendenti. Per qualcuno può significare uno stipendio in più![7]

Troviamo un'ulteriore variante di questo sistema in Baxter, azienda multinazionale del settore farmaceutico e medicale, dove i dipendenti ricevono un bonus pari allo 0,33% del fatturato generato dai nuovi prodotti, con un massimo di 50.000 dollari.

4. Pagamento in natura

Per evitare di legare direttamente gli incentivi a una certa somma di denaro, le aziende preferiscono ricompensare i dipendenti in natura: i sistemi più comuni sono gli incrementi retributivi legati all'anzianità, l'assistenza sanitaria indiretta, la polizza vita sottoscritta dall'azienda ecc. Ma questi incentivi non si usano quasi mai per premiare l'innovazione, e sono generalmente legati ai risultati conseguiti in altre aree.

Premi intangibili

5. Encomio pubblico

Forse pensate che l'encomio pubblico sia una soluzione di comodo, ma vi sbagliate. In realtà l'encomio pubblico si considera uno degli stimoli più efficaci e motivanti alla creatività e all'innovazione. In termini semplificati, esso consiste nel far sapere a tutti chi c'era dietro una data realizzazione, attribuendo pubblicamente a determinate persone il merito di aver attuato un'innovazione. È interessante notare come la comunicazione, un elemento essenziale della cultura creativa come abbiamo visto nel capitolo precedente, possa diventare un incentivo in se stesso.

A volte questo riconoscimento viene enfatizzato con premi simbolici.

> Quando giro per gli uffici, resto sempre colpito dall'abitudine delle persone di decorare il proprio ufficio con i simboli delle proprie realizzazioni. Vedo certificati, attestati, medaglie ecc. Questa è la fotografia dell'ufficio di un senior manager della mia azienda. Quale che sia il loro livello gerarchico, le persone vogliono mostrare le proprie realizzazioni. L'apprezzamento ufficiale non è un gioco a somma zero, e si possono distribuire certificati, targhe ecc. in quantità, secondo le esigenze specifiche. Inoltre, più persone vengono premiate, più forte sarà l'impatto[8].

L'azienda spagnola Metalquimia è leader mondiale nell'innovazione delle macchine per la lavorazione della carne. Quando entrate nel quartier generale, una delle prime cose che vedete è una spada gigantesca su cui è inciso il nome del dipendente più innovativo dell'anno. In una comunità di professional innovativi, questo tipo di riconoscimento è fonte di orgoglio e ha lo stesso potere motivazionale del denaro.

L'apprezzamento ufficiale dell'individuo, del team o del reparto che ha innovato con successo, creando così valore per l'azienda, assume di solito una di queste tre forme:

- cartacea, attraverso le newsletter;
- digitale, attraverso Internet. Per esempio, il sito web di 3M pubblica i nomi dei tecnici che hanno sviluppato prodotti innovativi, oltre a rievocare la storia di quella innovazione;
- diretta, in riunioni o eventi speciali.

6. Accesso a circoli esclusivi

Un altro tipo di incentivo è il riconoscimento che si accompagna alla partecipazione a circoli, eventi o ambienti esclusivi. Per esempio, per gli ingegneri che arrivano a totalizzare dieci brevetti, Nokia ha creato il "Club 10", che prevede una cerimonia formale con la presenza del CEO.

Procter & Gamble motiva i suoi migliori ricercatori con la possibilità di entrare a far parte della Victor Mills Society, un gruppo elitario composto da una dozzina di eminenti scienziati e ricercatori. Essere ammessi a questo prestigioso circolo è un premio ambitissimo dai dipendenti dell'azienda.

Un'altra opzione è offrire corsi di formazione particolari, all'interno o all'esterno dell'azienda.

Anche l'accesso a riunioni strategiche può essere usato come incentivo. Infosys Technologies Ltd seleziona nove giovani professional (di età inferiore a trent'anni) che danno una performance eccezionale nell'innovazione, e li invita a partecipare alle sessioni annuali del consiglio di amministrazione, oltre che a presentare le loro idee al senior management.

Alcune aziende usano molto intelligentemente l'accesso a circoli ristretti per promuovere la generazione di idee: invitano persone le cui idee sono state selezionate per un ulteriore sviluppo, indipendentemente dalla loro esperienza nei processi di innovazione e dal ruolo che occupano nella gerarchia interna, a partecipare attivamente al processo che è stato originato dalle loro idee. Questi collaboratori vengono chiamati a far parte dell'intero processo di innovazione, dalla raccolta di informazioni allo sviluppo tecnico, all'implementazione.

7. Tempo

Alcune aziende premiano alcuni collaboratori che propongono idee innovative con più tempo per riflettere. A coloro che non lavorano direttamente nell'innovazione viene concessa una sorta di "distacco parziale" dai loro compiti abituali perché possano produrre idee da sottoporre all'azienda.

8. Risorse per la ricerca

Anziché regalare ai dipendenti del tempo, alcune imprese offrono loro incentivi economici all'innovazione, sotto forma di risorse per la ricerca. Molto probabilmente, un ricercatore sarà più contento di ricevere risorse addizionali che un bonus in denaro. 3M offre da anni ai suoi ricercatori un premio denominato "Genesis Grant". L'azienda concede ogni anno tra 12 e 20 di queste donazioni, la cui entità è compresa tra 50.000 e 100.000 dollari. I ricercatori possono usare questi soldi per ingaggiare altri collaboratori e per acquistare nuove attrezzature.

CRITERI PER L'ATTRIBUZIONE DELLE RICOMPENSE

Tutti i parametri andrebbero gestiti, ma non tutti meritano necessariamente una ricompensa.

Anzitutto perché le ricompense possono essere controproducenti, come abbiamo spiegato nel *Capitolo 11*. Il collegamento tra un determinato parametro e gli incentivi deve essere studiato con attenzione, perché i risultati possono essere disastrosi. Quando è esplosa la bolla delle dot.com, molti bonus erano legati alla vendita di start-up a fondi di venture capital o a grandi aziende, che pagavano somme enormi senza sapere bene che cosa stavano acquistando. Il parametro principale era la valutazione finanziaria dell'azienda, che non teneva conto di alcun indicatore relativo alle vendite, al profitto o alla capacità di trattenere i clienti. Questo tipo di incentivo ha indirizzato il lavoro dei dirigenti in una direzione che ha portato al fallimento di tante aziende.

Un secondo motivo di cautela è che alcuni parametri di innovazione possono generare risultati deludenti non solo per le funzioni responsabili dell'innovazione, ma anche per altri reparti. E ci sono parametri che mirano unicamente a monitorare i processi, come il numero dei progetti di innovazione in cantiere: vengono usati per fare in modo che l'attività di innovazione non si esaurisca, ma di solito non sono legati a incentivi.

In aggiunta a criteri quantitativi e oggettivi come gli indicatori numerici, dovremmo accennare anche ai criteri soggettivi di valutazione (qui sono i colleghi e/o i capi a valutare gli innovatori) che vengono usati per premiare l'innovazione. I criteri soggettivi funzionano bene quando utilizziamo una base sufficientemente vasta di valutatori.

Un altro criterio è che, in linea generale, gli incentivi legati ai processi o ai progetti vanno definiti preventivamente, mentre le ricompense vanno erogate successivamente, quando il processo è terminato e i risultati sono noti.

Le valutazioni soggettive e le ricompense funzionano al meglio per le innovazioni radicali o scardinanti, in cui è più difficile definire l'obiettivo. Si è scoperto che legando i bonus alle vendite generate da un'innovazione si innesca un comportamento difensivo; ragione per cui queste ricompense sono meno adatte alle innovazioni radicali. In questo tipo di innovazioni, gli obiettivi a cui si rapportano i bonus devono essere molto più flessibili e aperti.

E IL VINCITORE È...

Chi dovrebbe assegnare i premi e formulare gli encomi? In genere, dovrebbe farlo il CEO, per sottolineare l'importanza strategica dell'innovazione. Se il CEO presiede gli eventi celebrativi, significa che l'innovazione è importante; non è vero?

Non è così scontato. Uno dei paradossi delle grandi imprese è che più elevata è la posizione che una persona occupa nella gerarchia, meno influenza ha sui collaboratori di più basso livello. I dipendenti dedicano meno attenzione a una e-mail del CEO che a una e-mail del loro diretto superiore. La stessa cosa si può dire per gli elogi.

La conclusione è che l'encomio pubblico dovrebbe venire dai livelli più elevati dell'organizzazione, mentre gli incentivi economici dovrebbero venire dai manager di linea.

PER CONCLUDERE...

Ricompense, premi e incentivi possono accrescere l'impegno organizzativo dei dipendenti, rafforzarne il morale e indurli a rimanere vigili e aperti nei confronti delle opportunità che l'azienda potrebbe sfruttare[9]. Gli incentivi rafforzano i legami fra strategia e risultati, come dimostra il nostro Sistema di innovazione totale.

Ecco perché il segreto è scegliere la giusta combinazione tra gli incentivi che più si addicono alla vostra azienda: i più adeguati al vostro settore, quelli che riflettono meglio gli obiettivi che perseguite, quelli che rinforzano maggiormente la vostra cultura creativa e quelli che si integrano meglio tra di loro.

Note

Introduzione

1. T. Davila, M.J. Epstein e R. Shelton, *Making Innovation Work: How to Manage It, Measure It, and Profit from It*, Wharton School Publishing, 2006; trad. it. *L'innovazione che funziona*, Sperling & Kupfer, 2006.

Capitolo 1

1. Ruth Mortimer, "Turn creativity into strategy for success", *Marketing Week*, 16 luglio 2009.
2. Darrell K. Rigby, Kara Gruver e James Allen, "Innovation in turbulent times", *Harvard Business Review*, giugno 2009.
3. *McKinsey Quarterly*, ottobre 2007.
4. *The Economist*, 13-19 ottobre 2007.
5. *Analysis on 3M innovation policy*, www.infonomia.com.
6. *Business Week*, 9 aprile 2009.
7. Philip Kotler, Robert C. Wolcott e Suj Chandrasekhar, "Masters of value and possibility: optimizing the marketing and research & development relationship", *Kellogg School of Management Pubblications*, Northwestern University, settembre 2009.
8. T. Davila, M.J. Epstein e R. Shelton, *Making Innovation Work: How to Manage It, Measure It, and Profit from It*, Wharton School Publishing, 2006; trad. it. *L'innovazione che funziona*, Sperling & Kupfer, 2006.
9. Philip Kotler, Robert C. Wolcott e Suj Chandrasekhar, "Masters of value and possibility: optimizing the marketing and research & development relationship", cit.
10. *McKinsey Quarterly*, ottobre 2007.
11. Philip Kotler, Dipak C. Jain e Suvit Maesincee, *Marketing Moves: A New Approach to Profits, Growth, and Renewal*, Harvard Business Press, 2001; trad. it. *Il marketing che cambia: un nuovo approccio al profitto, alla crescita e al rinnovamento*, Il Sole-24 Ore, 2002.
12. *McKinsey Quarterly*, ottobre 2007.
13. Alfons Cornella, *Visionomics*, www.infonomia.com, p. 95.

14. Theodore Levitt, "Creativity is not enough", *Harvard Business Review*, agosto 2002.
15. *Marketing Week*, 16 luglio 2009.
16. *McKinsey Quarterly*, ottobre 2007.
17. "Making P&G new and improved", *Time Magazine*, 17 aprile 2008.
18. "The world's most innovative companies", Special report on Innovation, *Business Week*, 24 aprile 2006.
19. Robert Shaw (professore onorario di Marketing Metrics alla Cass Business School), *Return on Ideas*, www.conspectus.com, 2010.
20. "The world's most innovative companies", cit.

Capitolo 2

1. www.fastcompany.com, 9 agosto 2005.
2. T. Davila, M.J. Epstein e R. Shelton, *Making Innovation Work: How to Manage It, Measure It, and Profit from It*, Wharton School Publishing, 2006; trad. it. *L'innovazione che funziona*, Sperling & Kupfer, 2006.

Capitolo 3

1. Philip Kotler e Fernando Trias de Bes, *Lateral Marketing, New Techniques for Finding Breakthrough Ideas*, John Wiley, 2003; trad. it. *Il marketing laterale. Tecniche nuove per trovare idee rivoluzionarie*, Il Sole-24 Ore, 2008.
2. Gli esempi sono tratti da www.brighthub.com/office/project-management/articles/34656.aspx.
3. *Working Knowledge for Business Leaders. P&G's Innovation Model*, Harvard Business School, 2006.

Capitolo 4

1. Philip Kotler e Fernando Trias de Bes, *Lateral Marketing, New Techniques for Finding Breakthrough Ideas*, John Wiley, 2003; trad. it. *Il marketing laterale. Tecniche nuove per trovare idee rivoluzionarie*, Il Sole-24 Ore, 2008.
2. Monica Casabayó e Borja Martin, *Fuzzy Marketing*, Deusto, 2010.
3. Doug Gross, *The 10 biggest tech "fails" of 2010*, CNN, 29 dicembre 2010.
4. Matthew E. May, *Customer-centric design. Got emphaty?*, www.openforum.com, 10 agosto 2009.
5. *Ibid.*

Capitolo 5

1. www.businessweek.com/magazine/content/06_17/b3981401.htm.
2. G. Waisburd, *Creatividad y transformaciones*, Trillas, Messico, 1996.
3. *Business Life*, novembre 2010, p. 32.
4. Alex Osborn, *Applied Imagination*, 3ª ed., Scribner's, 1963; trad. it. *L'arte della creatività. Principi e procedure di creative problem-solving*, 7ª ed., Franco Angeli, 2003.
5. Includiamo l'espansione e la riduzione in una sola operazione, l'esagerazione, perché l'esagerazione di una qualità o di una caratteristica può essere verso l'alto o verso il basso.
6. Non includiamo il brainstorming perché è già universalmente noto.

7. Esempio tratto da W. Chan Kim e Renée Mauborgne, *Blue Ocean Strategy: How to Create Uncontested Market Space and Make Competition Irrelevant*, Harvard Business Press, 2005; trad. it. *Strategia Oceano Blu. Vincere senza competere*, Etas, 2011.
8. www.innovaforum.com
9. Tony Proctor, *Creative Problem Solving for Managers: Developing Skills for Decision Making and Innovation*, Routledge, 3ª ed., 2010.
10. www.innovateam.com
11. "The world's most innovative companies", Special report on Innovation, *Business Week*, 24 aprile 2006.
12. Stephan Thomke e Eric von Hippel, "Customer as innovators: A new way to create value", *Harvard Business Review*, aprile 2002, pp. 74-81.
13. Robert Cooper e Scott Edgett, "Ideation for product innovation: What are the best methods?", *PDMA Visions Magazine*, marzo 2008.

Capitolo 6

1. Philip Kotler, Robert C. Wolcott e Suj Chandrasekhar, "Masters of value and possibility: Optimizing the marketing and research & development relationship", *Kellogg School of Management Pubblications*, Northwestern University, settembre 2009.
2. John T. Hauser e Don Clausing, "The House of Quality", *Harvard Business Review*, vol. 3, maggio-giugno 1988, pp. 63-73.
3. Al lettore interessato all'analisi congiunta consigliamo Bryan K. Orme, *Getting Started with Conjoint Analysis: Strategies for Product Design and Pricing Research*, Research Publishers, 2ª ed., 2009.
4. Esempio fornito dalla società di ricerche di mercato Salvetti & Llombart.

Capitolo 7

1. Jeffrey Baumgartner, *The corporate innovation machine*, www.jpb.com.
2. Vijay Govindarajan e Chris Trimble, *The Other Side of Innovation: Solving the Execution Challenge*, Harvard Business Review Press, 2010.
3. www.vijagovindarajan.com/2010/08/the_order_side_of_innovation_s.htm.
4. Theodore Levitt, "Creativity is not enough", *Harvard Business Review*, agosto 2002.
5. www.jpb.com/creative/ciip.php.
6. Clayton M. Christensen, *The Innovator's Dilemma*, Harvard Business School Press, 1997, p. XX; trad. it. *Il dilemma dell'innovatore. Le nuove tecnologie possono estromettere dal mercato le grandi aziende e assicurare il successo alle imprese agili e intraprendenti*, Franco Angeli, 2001.
7. Chris Zook e James Allen, *Profit from the Core: A Return to Growth in Turbulent Times*, Harvard Business Press, 2010.
8. James Collins, *Good to Great*, Harper Business, 2001; trad. it. *O meglio o niente: come si vince la mediocrità e si raggiunge l'eccellenza*, Mondadori, 2007.
9. Richard Foster e Sarah Kaplan, *Creative Destruction: Why Companies That Are Built to Last Underperform the Market – and How to Successfully Transform Them*, Crown Business, 2001; trad. it. *Distruzione creatrice. Strategie di discontinuità e trasformazione per le imprese che vogliono conservare l'eccellenza*, Etas, 2001.
10. "The world's most innovative companies", Special report on Innovation, *Business Week*, 24 aprile 2006.
11. Jeffrey Baumgartner, *The corporate innovation machine*, cit.
12. www.infonomia.com.
13. www.creativityandinnovation.blogspot.com, articolo di Sanjay Dalal basato sul li-

bro di Dan e Chip Heath, *Made to Stick. Why Some Ideas Survive and Others Die*, Random House, 2007; trad. it. *Idee forti. Dalle leggende metropolitane ai nuovi prodotti: perché alcuni concetti durano e altri no*, Etas, 2007.
14. www.infonomia.com.
15. Mark Turrell e Yvonne Lindow, *The innovation pipeline*, www.imaginatik.com.
16. www.infonomia.com.
17. Constantinos C. Markides, con Paul A. Geroski, *Fast Second: How Smart Companies Bypass Radical Innovation to Enter and Dominate New Markets*, Jossey-Bass, 2004.
18. http://innovationmarketing.wordpress.com/2007/04/08/%C2%BFcomo-llegar-a-entender-un-mercado-que-todavia-no-existe/.

Capitolo 8

1. Steve Blank, *The four steps to the epiphany*, www.Cafepress.com, settembre 2010.
2. www.brighthub.com/office/project-management/articles/2947.aspx.
3. www.economia48.com/spa/d/analisis-coste-beneficio/analisis-coste-beneficio.htm.
4. http://ec.europa.eu/regional_policy/sources/docgener/guides/cost/guide02_es.pdf.
5. www.programaempresa.com/empresa/empresa.nsf/paginas/2E2A01A75B5E3BD5C125702800546C66?OpenDocument.
6. La stima della domanda di un nuovo prodotto o di un nuovo servizio è una componente dell'analisi del profitto.
7. www.fao.org/docrep/008/a0323s/a0323s03htm.
8. www.americanchoicemodeling.com/2009/demand-estimation-and-pricing/.
9. Adolfo Blanco, *Formulación y evaluación de proyectos*, 2ª ed., Edisofer, 2005; ILPES, *Guia para la presentación de proyectos*, Siglo XXI Editores, 2002; John Mariotti, *Marketing Express*, Capstone/John Wiley, 2001. Cfr. www.gestiopolis.com/recursos3/docs/mar/estmktpref.htm.
10. www.isixsigma.com/index.php?option=com_k2&view=item&id=1519:calculating-roi-to-realize-project-value&tmpl=component&print=1&Itemid=190.
11. Patricia Pulliam Phillips e Jack J. Phillips, *Return On Investment (ROI) Basics*, ASTD Training Basics, 2006.
12. http://creativityandinnovation.blogspot.com/2008/07/how-successful-is-your-new-innovation.html.
13. www.jpb.com/creative/ciip.php.
14. Jeffrey Baumgartner, *The corporate innovation machine*, www.jpb.com, pp. 10-11.
15. http://creativityandinnovation.blogspot.com/2008/07/how-successful-is-your-new-innovation-html

Capitolo 9

1. Bruce Nussbaum, "Get creative! How to build innovative companies", *Business Week*, 1° agosto 2005.

Capitolo 10

1. Robert G. Cooper, *Winning at new products: Pathways to profitable innovation*, www.stage-gate.com.
2. Robert G. Cooper e Michael S. Mills, "Succeeding at new product development the P&G way", *PDMA Visions Magazine*, ottobre 2005, p. 10.

3. Vijay Kumar, *Innovation planning toolkit*, documento presentato alla Futureground International Conference, Melbourne, novembre 2004.
4. Mark Turrell e Yvonne Lindow, *The innovation pipeline*, Imaginatik Research White Paper, marzo 2003, p. 3 (www.imaginatik.com/web.nsf/docs/idea_reports_imaginatik).
5. Bradley T. Gale, *Managing Customer Value: Creating Quality and Service that Customers Can See*, Free Press, 2010.
6. Michael E. Porter, *Competitive Strategy: Techniques for Analyzing Industries and Competitors*, Free Press, 1998, p. 156; trad. it. *La strategia competitiva*, Compositori, 2004.
7. Michael E. Porter, *On Competition*, update and expanded edition, Harvard Business School Press, 2008.
8. Thomas Egner, *McKinsey Seven S Model*, rapporto di ricerca, Grin Verlag, 2009.
9. Philip Kotler, *Marketing Management*, Prentice Hall, 13ª ed., 2008.
10. "How companies approach innovation: A McKinsey Global Survey", *McKinsey Quarterly*, ottobre 2007.
11. Vijay Kumar, *Innovation planning toolkit*, cit.
12. Edwin A. Locke e Gary Latham, *A Theory of Goal Setting & Task Performance*, Prentice Hall, 1990.
13. *Analysis of Tesco Innovation policies*, www.infonomia.com.
14. T. Davila, M.J. Epstein e R. Shelton, *Making Innovation Work: How to Manage It, Measure It, and Profit from It*, Wharton School Publishing, 2006; trad. it. *L'innovazione che funziona*, Sperling & Kupfer, 2006.
15. Robert G. Cooper, *Winning at new products: Pathways to profitable innovation*, cit.
16. Doblin Group, *The ten types of innovation*, www.doblin.com/AboutInno/innotyp[illegible].html.
17. "How companies approach innovation: A McKinsey Global Survey", cit.
18. Robert G. Cooper e Michael S. Mills, "Succeeding at new product development the P&G way", cit.
19. Robert G. Cooper, *Winning at new products: Pathways to profitable innovation*, cit., p. 12.
20. Mark Turrell e Yvonne Lindow, *The innovation pipeline*, cit., p. 3.

Capitolo 11

1. Amy Muller, Liisa Välokangas e Paul Merlyn, "Metrics for innovation: Guidelines for developing a customized suite of innovation metrics", *Strategy & Leadership*, 33(1), pp. 37-45.
2. *McKinsey Quarterly*, novembre 2009.
3. T. Davila, M.J. Epstein e R. Shelton, *Making Innovation Work: How to Manage It, Measure It, and Profit from It*, Wharton School Publishing, 2006; trad. it. *L'innovazione che funziona*, Sperling & Kupfer, 2006.
4. "Assessing innovation metrics: McKinsey Global Survey Results", *McKinsey Quarterly*, novembre 2008.
5. *McKinsey Quarterly*, novembre 2009.
6. Amy Muller, Liisa Välikangas e Paul Merlyn, "Metrics for innovation: Guidelines for developing a customized suite of innovation metrics", cit.
7. Robert G. Cooper, *Winning at new products: Pathways to profitable innovation*, www.stage-gate.com, p. 12.
8. *Ibid.*
9. T. Davila, M. J. Epstein e R. Shelton, *Making Innovation Work: How to Manage It, Measure It, and Profit from It*, cit.

10. *Ibid.*
11. "The world's most innovative companies", Special report on Innovation, *Business Week*, aprile 2006.
12. *McKinsey Quarterly*, novembre 2009.
13. Amy Muller, Liisa Välikangas e Paul Merlyn, "Metrics for innovation: Guidelines for developing a customized suite of innovation metrics", cit.
14. "The world's most innovative companies", cit.
15. Brian Glassman, *Metrics for idea generation*, White Papers Series on Idea Generation, www.jpb.com, 3 agosto 2009.
16. *McKinsey Quarterly*, novembre 2009.
17. Diversi autori sottolineano e descrivono la creazione di schemi di riferimento per la combinazione dei parametri di innovazione. Vedi in particolare Amy Muller, Liisa Välikangas, Paul Merlyn, "Metrics for innovation: Guidelines for developing a customized suite of innovation metrics", cit.; T. Davila, M.J. Epstein e R. Shelton, *Making Innovation Work: How to Manage It, Measure It, and Profit from It*, cit.

Capitolo 12

1. Bill Breen, *The 6 myths of creativity*, www.fastcompany.com.
2. Jeffrey Baumgartner, *The four kinds of corporate innovation*, www.jpb.com.
3. "The world's most innovative companies", Special report on Innovation, *Businessweek*, 24 aprile 2006.
4. *Ibid.*
5. Robert G. Cooper, *Winning at new products: Pathways to profitable innovation*, www.stage-gate.com.
6. Darrell K. Rigby, Kara Gruver e James Allen, "Innovation in turbulent times", *Harvard Business Review*, 2009, http://hbr.org/2009/06/innovation-in-turbulent-times/ar/pr.
7. "The world's most innovative companies", cit.; Julia Hanna, "Getting down to the business of creativity", *Harvard Business School Working Knowledge*, 14 maggio 2008.
8. *Ibid.*
9. *Ibid.*
10. *Ibid.*
11. Jeffrey Baumgartner, *The corporate innovation machine*, www.jpb.com.
12. www.infonomia.com.
13. Jeffrey Baumgartner, *The corporate innovation machine*, cit.
14. Bill Breen, *The 6 myths of creativity*, cit.
15. *Ibid.*
16. *Ibid.*
17. Michael Michalko, *Thinkertoys: A Handbook of Creative-Thinking Techniques*, Speed Press, 2ª ed., 2006.
18. www.infonomia.com.
19. Robert Cooper e Michael S. Mills, "Succeeding at NPD the P&G way: A key element using the 'Innovation Diamond'", *PDMA Visions Magazine*, ottobre 2005, vol. XXIX, n. 4, p. 13.
20. "The world's most innovative companies", cit.
21. www.infonomia.com.
22. Robert G. Cooper, *Winning at new products: Pathways to profitable innovation*, cit.

Capitolo 13

1. "The world's most innovative companies", Special report on Innovation, *Businessweek,* 24 aprile 2006.
2. Jeffrey Baumgartner, *The corporate innovation machine,* www.jpb.com.
3. Padmanabh Dabke, www.spigit.com.
4. Bill Breen, *The 6 myths of creativity*, www.fastcompany.com.
5. "The world's most innovative companies", cit.
6. Jeffrey Baumgartner, *The corporate innovation machine,* cit.
7. www.infonomia.com.
8. Sheldon Laube, Innovation Office PwC.
9. Robert Brands, www.innovationcoach.com.

Ringraziamenti

Un ringraziamento speciale alle aziende e ai professionisti dell'innovazione che ci hanno consentito di mettere in pratica alcune delle teorie raccolte in questo libro, autorizzandoci a descrivere alcune delle loro innovazioni, in particolate Nestlé, Pepsico, 3M e Google.

Ad Alfons Cornella, fondatore di Infonomia, che ci ha procurato un'abbondante documentazione sui processi di innovazione di molte imprese e che è stato determinante per validare il modello A-F. A José Maria Capella e Natalia Lasaosa, che ci hanno aiutato nell'estesa fase di documentazione.

A Carlos Losada, Cesc Bordas e Carlo Corbella, per il loro apporto e i loro commenti che ci hanno aiutato a migliorare questo testo.

A Sergio Pascual di Nestlé, il primo professionista del marketing che ci ha dato l'opportunità di mettere in pratica le metodologie di *Marketing laterale*, il nostro primo libro.

A International Editors' Co., i nostri agenti editoriali, che si sono occupati della pubblicazione dell'opera in una moltitudine di paesi.

E, infine, a tutti i professionisti dell'innovazione, autori e divulgatori, e a coloro che in Internet promuovono il dibattito e lo scambio di idee in materia di innovazione. Le loro continue idee, contributi e ricerche sono stati illuminanti per gli autori.

Fernando Trías de Bes e Philip Kotler

Finito di stampare nel mese di settembre 2011
presso Grafica Veneta S.p.A. – Trebaseleghe (PD)
Printed in Italy